Teachers and pupils

Schwarzkopf
Ivogün Cebotari
Seinemeyer Welitsch
Streich Berger

Dedicated to Dame Elisabeth Schwarzkopf on her 80th birthday

Discographies compiled by John Hunt

With valuable assistance from Clifford Elkin

ISBN O 9525827 3 2

Contents

- 3 Acknowledgement
- 4 Introduction
- 9 Elisabeth Schwarzkopf discography
- 174 Elisabeth Schwarzkopf TV documentaries and interviews
- 175 Elisabeth Schwarzkopf appearances in cinema films
- 176 Elisabeth Schwarzkopf bibliography
- 177 Maria Ivogün discography
- 195 Maria Cebotari discography
- 215 Maria Cebotari appearances in cinema films
- 217 Meta Seinemeyer discography
- 233 Ljuba Welitsch discography
- 253 Ljuba Welitsch appearances in cinema and TV films
- 255 Rita Streich discography
- 317 Rita Streich appearances in cinema films
- 319 Erna Berger discography
- 391 Erna Berger appearances in cinema films
- 393 Credits

Published 1996 by John Hunt
Designed by Richard Chlupaty, London
Printed by Short Run Press, Exeter

ISBN 0 9525827 3 2
Copyright 1996   John Hunt

ACKNOWLEDGEMENT

This publication has been made possible by generous support from the following

Richard Ames, New Barnet
Stefano Angeloni, Italy
Yoshihiro Asada, Japan
Jack Atkinson, Tasmania
Gary Bagnall, Eire
Javier Casellas, Barcelona
J. Charrington, Cardiff
Edward Chibas, Caracas
F. De Vilder, Bussum
John Derry, Newcastle-upon-Tyne
Erik Dervos, London
J. Dietz, Gateshead
Christopher Dowling, London
Peter Ebner, Milan
Shuntaro Enatsu, Japan
Bill Flowers, London
Henry Fogel, Chicago
Gerhard Frenzel, Celle
Peter Fu, Hong Kong
Nobuo Fukumoto, Japan
Peter Fulop, Toronto
James Giles, Sidcup
Jean-Pierre Goossens, Luxemburg
Gordon Grant, Seattle
Johann Gratz, Vienna
Peter Hamann, Bochum
Michael Harris, London
Tadashi Hasegawa, Japan
Naoya Hirabayashi, Japan
Donald Hodgman, New York
Martin Holland, Sale
John Hughes, Brisbane
Richard Igler, Vienna
Shiro Kawai, Japan
Masahito Kawashima, Japan
Koji Kinoshima, Japan
Detlef Kissmann, Solingen
Eric Kobe, Lucerne
Jean-Fr. Longerstay, Brussels

Ernst Lumpe, Soest
John Mallinson, Hurst Green
Carlo Marinelli, Rome
Kevork Marouchian, Munich
John Meriton, Manchester
Philip Moores, Stafford
Bruce Morrison, Gillingham
W. Moyle, Ombersley
Alan Newcombe, Hamburg
Takaaki Omoto, Japan
Gregory Page-Turner, Bridport
Hugh Palmer, Chelmsford
James Pearson, Vienna
Sergi Petit, Barcelona
Donald Priddon, London
Patrick Russell, Calstock
Yves Saillard, Mollie-Margot
Robin Scott, Bradford
R. Simmons, Pewsey
Roger Smithson, London
Göran Söderwall, Stockholm
T. Spoors, Newcastle-upon-Tyne
Holger Steinhauff, Stemwede
Neville Sumpter, Northolt
Yoshihiro Suzuki, Japan
Swiss Sound Archive, Lugano
Masashi Takenata, Japan
H.A. Van Dijk, Apeldoorn
Mario Vicentini, Italy
Hiromitsu Wada, Japan
Malcolm Walker, Harrow
Urs Weber, St. Gallen
Nigel Wood, London
G. Wright, Romford
Ken Wyman, Brentwood
Michiaki Yabuta, Japan

TEACHERS AND PUPILS

The German lyric sopranos whose recorded careers are surveyed in these pages cover a vocal span from pure coloratura through to lyric dramatic. They embody a tradition of fine singing which, certainly on the evidence of their recordings, was the norm, in fact taken for granted, until well into the 1950s and 1960s.

The heading of **Teachers and pupils** is not to be interpreted with full literalness, but merely suggests an empathy of approach (I am thinking of the German word **Einfühlung**) to the craft of singing. The approach was highly serious and methodical without ever losing sight of that ultimate goal in music-making, the conveying of spontaneity and pleasure.

Among these particular teachers and pupils there are, nonetheless, certain direct and acknowledged links: from Maria Ivogün to Elisabeth Schwarzkopf on the one hand, and from Ivogün to Erna Berger and Rita Streich on the other (all of them at one time pupils of Ivogün). Maria Cebotari, and to an even greater extent Ljuba Welitsch, stand somewhat apart with their Slav origins and their highly individual timbres. These two shone like pure lyric sopranos in central Mozart roles as well as in Italian repertoire, but also became ideal interpreters (and we do not need to qualify the "ideal" with "almost") of Strauss' **Salome**, impetuously child-like and sexually aware at one and the same time. Incidentally, the composer himself is known to have expressed a preference for Cebotari over Welitsch: on the recorded evidence, which I concede may not be the entire story, I am inclined to agree, although I know of many record collectors who would not. **Salome** is surely the part of which Meta Seinemeyer would in due course have become another fascinating interpreter had death not intervened when Seinemeyer was only 33 years old. Here was a passionate advocate of Italian and German lyric roles with the special gift of imparting **morbidezza**, one of the trade marks of singing actresses like Muzio, Olivero and Callas. And the voice of Seinemeyer was one of the examples invoked to Elisabeth Schwarzkopf by her husband Walter Legge to demonstrate how an intrinsically German sound could be moulded to produce genuine Italian warmth.

In certain cases I have added to the discographies a list of films in which the artists appeared, sometimes singing and sometimes also capitalising on their good looks and acting ability. In Germany as in Hollywood there were ample opportunities as the movie industry burgeoned in the 1930s and 1940s: it is cynical and simplistic nonsense to suggest, as has been recently done by certain commentators, that the films in question were mere Nazi propaganda.

In Elisabeth Schwarzkopf, as equally in the cases of Cebotari, Berger, Welitsch and Streich, we view careers beginning to flourish against the less than auspicious background of a totalitarian political regime (Germany 1933-1945). This should, I feel, heighten our appreciation of the single-minded determination of the performers concerned to achieve artistic integrity against all odds, rather than lead to blandishments and accusations of callous opportunism. The emphasis given to these matters in a very recent biography of Schwarzkopf, accompanied as it is by incomplete and highly inaccurate documentary evidence, is offensive, distasteful and ultimately irrelevant to any serious study of a singer and her recordings.

My regular subscribers will note that I am chronicling the discographies of Schwarzkopf and Streich for a second time. So much new material has been unearthed in the past 5 years, so many re-issues compiled for CD, that up-dates were essential. In the case of the eminent figure who is, so to speak, the centrepiece of this book, both in terms of achievement and affection from her followers, it also provides me with an opportunity to give much more emphasis to her place in musical history as the leading female **Lieder** interpreter of our time, if not of the present century.

As in a recent volume which included Dietrich Fischer-Dieskau, **Lieder** are now listed individually rather than in groups: this affords a valuable chance to access all alternative versions of any given song (the sort of in-depth comparison which can be so illuminating for the student of recordings). Titles of songs are followed by indication of any cycle or group from which they are taken, and then, in brackets, by the first words of the text if these differ from the title.

Official and non-official recordings are covered, also as many surviving video recordings as could be unearthed. A valuable example from this category is the recent issue by Deutsche Grammophon of the film of Furtwängler's 1954 **Don Giovanni** at Salzburg, in which one can observe the mature Erna Berger giving an impersonation of the young peasant girl Zerlina, all gestures and other interpretative features being drawn from the music itself.

Apart from the versatility of her far-reaching discography itself, there are certain other contributions from Elisabeth Schwarzkopf which often escape the chronicler's notice. They are the supplying of certain top notes for Kirsten Flagstad in her HMV recordings of **Tristan und Isolde** and the closing scene of **Siegfried,** the spoken dialogue for Marzelline in Klemperer's recording of **Fidelio,** and unspecified lines or phrases for other colleagues in certain ensemble passages in the Karajan **Falstaff** (presumably taken at re-make or patching sessions when the original artist or artists were no longer available).

In the case of Erna Berger. I have not included the many Lieder recordings which she undertook after the war for the various German radio stations (these may, of course, still see the light of day). And for Ljuba Welitsch I have had to disregard the numerous sides made for Decca after the war whose 78rpm matrices were reputedly destroyed.

John Hunt 1996

There follows a tabulation of the operatic roles taken by the singers in these discographies: this should help to underline similarities and differences in their respective repertoires. It includes parts where perhaps one aria was recorded without the complete opera ever having been attempted on stage.

TEACHERS AND PUPILS
Their operatic roles recorded

Role/opera	Schwarzkopf	Ivogün	Cebotari	Seinemeyer	Welitsch	Streich	Berger
Belinda/Dido and Aeneas	O						
Amor/Orfeo ed Euridice						O	
Euridice/Orfeo ed Euridice	O		O				O
Blondchen/Entführung	(O)					O	O
Cherubino/Nozze di Figaro	O				O		O
Zerlina/Don Giovanni	O		O			O	O
Ilia/Idomeneo	O					O	O
Pamina/Zauberflöte	O					(O)	O
Susanna/Nozze di Figaro	O	O	O			O	O
Contessa/Nozze di Figaro	O		O	O			
Elvira/Don Giovanni	O						
Anna/Don Giovanni	O		O		O		
Fiordiligi/Così fan tutte	O						
DesPina/Così fan tutte						O	O
Zaide						O	O
Aminta/Il rè pastore	O					O	O
Königin der Nacht/Zauberflöte		O				O	O
Dorabella/Così fan tutte	O						
Konstanze/Entführung	O	O	O				O
Leonore/Fidelio	O						
Marzelline/Fidelio	O						O
Aennchen/Freischütz	(O)					O	O
Agathe/Freischütz	O				O	O	
Fatima/Abu Hassan	O						
Margiana/Barbier von Bagdad	O						
Gretel/Hänsel und Gretel	O			O		O	O
Frau Fluth/Die lustigen Weiber		O	O				O
Lady Harriet/Martha						O	O
Amina/La Sonnambula		O					
Giulietta/Capuleti ed i Montecchi							O
Semiramide							O
Lucia/Lucia di Lammermoor		O					
Rosina/Barbiere di Siviglia	(O)	O				O	O
Norina/Don Pasquale		O				O	O
Olympia/Contes d'Hoffmann		O					(O)
Giulietta/Contes d'Hoffmann	O						
Antonia/Contes d'Hoffmann							O
Manon	(O)	O				O	
Marguerite/Faust			O	O			
Margarethe/La Damnation de Faust	O						(O)
Micaela/Carmen	O	O		O		O	O
Louise	O						
Mignon		O				O	
Urbain/Les Huguenots		O				O	
Dinorah						O	
Violetta/La Traviata	O	O	O			O	O
Gilda/Rigoletto	(O)	O				O	O
Aida				O	O		
Amelia/Ballo in maschera				O	O		
Oscar/Ballo in maschera		O				O	O
Leonora/Il Trovatore				O	O		
Luisa Miller			O				
Leonora/Forza del destino				O			

Role/opera	Schwarzkopf	Ivogün	Cebotari	Seinemeyer	Welitsch	Streich	Berger
Elena/Vespri siciliani					0		
Alice Ford/Falstaff	0						
Nanetta/Falstaff					0		
Woglinde/Das Rheingold	0						0
Woglinde/Götterdämmerung	0						0
Hirt/Tannhäuser	(0)					0	0
Elisabeth/Tannhäuser	0						
Waldvogel/Siegfried	0					0	
Isolde/Tristan und Isolde				0			
Sieglinde/Die Walküre				0			
Elsa/Lohengrin	0			0			
Eva/Meistersinger	0			0			
Marfa/The Tsar's Bride				0			
Feodor/Boris Godunov	0						
Rusalka						0	0
Marenka/Bartered Bride	0		0		0		0
Tatiana/Eugene Onegin	0				0		
Lisa/Pique Dame					0		
Madeleine/Andrea Chenier				0			
Nedda/I Pagliacci	(0)		0				(0)
La Gioconda				0			
Lauretta/La Rondine				0			
Mimi/La Bohème	0	0	0	0		0	0
Musetta/La Bohème	0		0		0	0	0
Cio-Cio-San/Madama Butterfly	0		0	0	0		0
Tosca			0	0	0		
Turandot			(0)				
Liù/Turandot	0					0	
Lauretta/Gianni Schicchi	0					0	
Manon Lescaut				0			
Daphne			0				
Salome			0			0	
Chrysothemis/Elektra				0			
Marschallin/Rosenkavalier	0			0			
Sophie/Rosenkavalier	0		0			0	0
Ariadne/Ariadne auf Naxos	0		0				
Zerbinetta/Ariadne auf Naxos	(0)	0				0	0
Gräfin/Capriccio	0						
Lucile/Dantons Tod			0				
Cressida/Troilus and Cressida	0						
Operetta(Rosalinde/Adele/Glawari)	0	0	0		0	0	0

Single arias only recorded in certain roles; (0) denotes role sung on stage but no recording survives

Elisabeth Schwarzkopf
born 1915

Discography compiled
by John Hunt

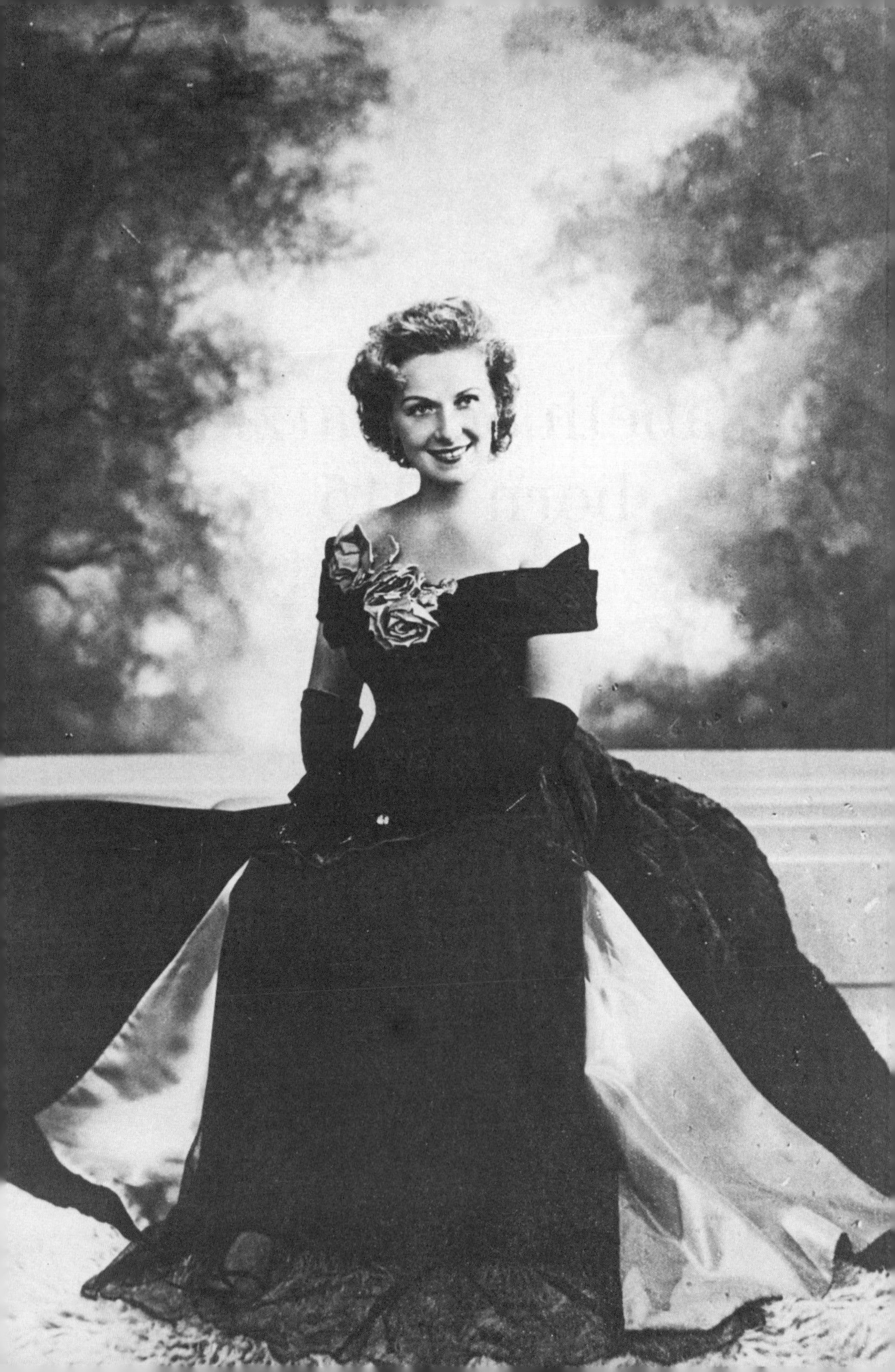

THOMAS ARNE (1710-1778)

The lass with the delicate air

Berlin 1942-1943	Raucheisen <u>Sung in German</u>	LP: Acanta 40 23557 CD: Acanta 42 43801

When daisies pied

Vienna November 1946	Hudez	Columbia unpublished
London October 1947	Moore	78: Columbia LB 73 LP: EMI RLS 763/154 6133 CD: EMI CDM 763 6542/CMS 763 7902

Where the bee sucks

London October 1947	Moore	78: Columbia LB 73 LP: EMI RLS 763/154 6133 CD: EMI CDM 763 6542/CMS 763 7902
Berlin March 1958	Raucheisen	LP: Melodram MEL 082 <u>Incorrectly dated 1953</u>

JOHANN SEBASTIAN BACH (1685-1750)

Mass in B minor

Vienna June 1950	Ferrier, W.Ludwig, Poell, Schöffler, Wiener Singverein VSO Karajan	CD: Foyer 2CF 2022 CD: Hunt CDKAR 212 CD: Verona 27073-27074 <u>Excerpts</u> CD: Verona 27076
London July 1953	Höffgen, Gedda, Rehfuss Wiener Singverein Philharmonia Karajan	LP: Columbia 33CX 1121-1123 LP: Columbia (Germany) C 90337-90339 LP: Angel 3500 LP: World Records T 854-856 LP: EMI RLS 746/29 09743 CD: EMI CHS 763 5052 <u>Choruses recorded in Vienna in November</u> <u>1952; CHS 763 5052 incorrectly dated</u>

Mass in B minor: Excerpts (Christe eleison; Laudamus te; Et in unum Dominum)

Vienna June 1950	Ferrier VSO Karajan	CD: EMI CDM 763 6552/CHS 763 7902 These excerpts are not from the complete performance listed previously, but from a prior rehearsal privately taped by Columbia engineers

Saint Matthew Passion

Vienna November 1948	Höngen, W.Ludwig, Schmitt-Walter, Braun Wiener Singverein VPO Karajan	Soundtrack only for a film depicting the Passion story with paintings from the 15th-17th centuries; some spoken commentary is imposed over the music

London
November 1960-
December 1961
	C.Ludwig, Pears,
	Gedda, Berry,
	Fischer-Dieskau
	Philharmonia
	Orchestra & Chorus
	Klemperer
		LP: Columbia 33CX 1799-1803/
		   SAX 2446-2450
		LP: Angel 3599
		LP: Columbia (Germany) C 91200-91203/
		   STC 91200-91203
		LP: EMI SLS 827
		CD: EMI CMS 763 0582
		Excerpts
		LP: Columbia 33CX 1881/SAX 2526
		CD: EMI CDEMX 2223

Cantata No 51 "Jauchzet Gott in allen Landen"

London May 1948	Philharmonia Süsskind	Columbia unpublished
London October 1950	Philharmonia Gellhorn	78: Columbia LX 1334-1336/8756-8758 auto LP: Columbia (USA) ML 4792 LP: Columbia (Germany) C 80628 LP: Angel 60013/Melodiya M10 43861-43862 LP: EMI RLS 154 6133 CD: EMI CDM 763 2012
Munich October 1951	Bavarian RO Jochum	LP: Melodram MEL 082 CD: Melodram MEL 16501

Cantata No 68 "Also hat Gott die Welt geliebt":   Excerpt (Mein gläubiges Herze)

London October 1950	Parikian, violin Sutcliffe, oboe Clark, cello Jones, organ	78: Columbia LX 1336 LP: Columbia (USA) ML 4792 CD: EMI CDH 763 2012
London May 1957- May 1958	Philharmonia Dart	Columbia unpublished

Cantata No 92 "Ich habe in Gottes Herz und Sinn":   Excerpt (Meinem Hirten bleib' ich treu)

London May 1957- May 1958	Philharmonia Dart	Columbia unpublished
Naples April 1958	RAI Napoli Orchestra Rapalo	CD: Melodram CDM 16529

Cantata No 199 "Mein Herze schwimmt in Blut"

London May 1957- May 1958	Philharmonia Dart	CD: EMI CDM 763 6552/CMS 763 7902

Cantata No 202 "Weichet nur, betrübte Schatten"

Stratford Ontario August 1955	Hart House Orchestra Neel	LP: Rococo 5374 Final recitative and aria missing
Amsterdam February 1957	Concertgebouw Klemperer	LP: Discocorp RR 208/RR 537 CD: Hunt CD 727 CD: AS-Disc AS 533
London May and June 1957	Philharmonia Dart	Columbia unpublished
Naples April 1958	RAI Napoli Orchestra Rapalo	CD: Melodram CDM 16529

Cantata No 208 "Was mir behagt ist die munt're Jagd": Excerpt (Schafe können sicher weiden)

Berlin 1942-1943	Scheck, flute Wolf, flute Schulz, violin Schonecke, cello Raucheisen, piano	CD: Acanta 42 43128
Vienna November 1946	Niedermayer, flute Reznicek, flute Maurer, cello Ahlgrimm, harpsichord	78: Columbia LX 1051 LP: Columbia (USA) ML 4792 LP: EMI ALP 143 5501 CD: EMI CDH 763 2012
London May 1957- May 1958	Philharmonia Dart	Columbia unpublished

Ave Maria, arranged by Gounod

London October 1947	Moore Pougnet, violin	Columbia unpublished
London May 1957	Chorus Philharmonia Mackerras	Columbia unpublished

Bist du bei mir

London September 1952	Moore	78: Columbia LX 1580
London July 1953	Moore	Columbia unpublished
London January 1954	Moore	LP: Columbia 33CX 1044 LP: Columbia (Germany) C 90306 LP: Angel 35023 LP: EMI RLS 763 CD: EMI CDM 763 6542/CMS 763 7902
Aix-en- Provence July 1954	Rosbaud	CD: Melodram CDM 26524

LUDWIG VAN BEETHOVEN (1770-1827)

Symphony No 9 "Choral"

Vienna November and December 1947	Höngen, Patzak, Hotter Wiener Singverein VPO Karajan	78: Columbia LX 1097-1105/8612-8620 auto LP: Toshiba EAC 30101 LP: EMI RLS 7714/2C 153 03200-03205 CD: EMI CDH 761 0762
Bayreuth July 1951	Höngen, Hopf, Edelmann Bayreuth Festival Orchestra & Chorus Furtwängler	LP: HMV ALP 1286-1287/COLH 78-79 LP: Electrola E 90115-90116 LP: Victor LM 6043 LP: EMI 1C 147 00811-00812/RLS 727 LP: EMI 2C 151 53678-53679 LP: Angel 6068 LP: Toshiba WF 60006-7/WF 70020-1 CD: EMI CDC 747 0812/CDH 769 0812 CD: EMI CHS 763 6062 <u>Last movement</u> LP: Electrola E 80005
Lucerne August 1954	Cavelti, Haefliger, Edelmann Lucerne Festival Chorus Philharmonia Furtwängler	LP: Furtwängler Series (Japan) MF 18862-18863 LP: Cetra LO 530 LP: Discocorp RR 390 CD: Seven Seas (Japan) K35Y-41 CD: Hunt CDLSMH 34006 CD: Rodolphe RPC 32522-32524 CD: Tahra FURT 1003 <u>Last movement</u> CD: Relief CR 1882 <u>Extract from last movement</u> LP: French Furtwängler Society 7701
Vienna July 1955	Höffgen, Haefliger, Edelmann Wiener Singverein Philharmonia Karajan	LP: Columbia 33CX 1391-1392 LP: Columbia (Germany) C 90515-6 LP: Angel 3544 LP: EMI SLS 5053/HZE 107 LP: World Records SH 143-149 LP: Toshiba EAC 37001-37019 CD: EMI CMS 763 3102

Missa Solemnis

Amsterdam May 1957	Merriman, Simandy, Rehfuss Concertgebouw Orchestra & Chorus Klemperer	Unpublished radio broadcast
Vienna September 1958	C.Ludwig, Gedda, Zaccaria Wiener Singverein Philharmonia Karajan	LP: Columbia 33CX 1634-1635 LP: Angel 3598 LP: World Records T 914-5/ST 914-5 LP: EMI 1C 191 00627-00628 LP: EMI SLS 5198

Fidelio

London September 1947	Role of Marzelline Konetzni, Friedrich, Klein, Weber, Schöffler, Alsen Vienna Opera Chorus VPO Krauss	Unpublished radio broadcast
Salzburg August 1950	Flagstad, Patzak, Dermota, Greindl, Schöffler, Braun Vienna Opera Chorus VPO Furtwängler	LP: Morgan MOR 5001 LP: MRF 50/BJR 112 LP: Discocorp IGI 328 LP: Cetra FE 44 CD: Hunt CDWFE 304/CDWFE 354 CD: Verona 27044-27045 CD: EMI CHS 764 9012 Excerpts LP: Melodram MEL 082/Discoreale DR 10037 CD: Melodram MEL 16501

Fidelio: Excerpt (O wär' ich schon mit dir vereint)

London October 1950	Philharmonia Galliera	78: Columbia LX 1410 45: Columbia SCD 2114 LP: EMI EX 769 7411 CD: EMI CHS 769 7412/CDM 565 5772

Fidelio: Excerpt (Mir ist so wunderbar)

London May 1951	Flagstad, Gwynne, Stevenson Covent Garden Orchestra Rankl	LP: Ed Smith EJS 390 Recording also includes spoken dialogue (in English) both before and after the quartet

Fidelio: Excerpt (Abscheulicher, wo eilst du hin?)

Watford September 1954	Role of Leonore Philharmonia Karajan	LP: Columbia 33CX 1266 LP: Angel 35231 LP: Toshiba EAC 37001-37019 LP: EMI RLS 7715/154 6133 CD: EMI CDH 763 2012

Ah perfido!, concert aria

Watford September 1954	Philharmonia Karajan	LP: Columbia 33CX 1278 LP: Angel 35203 LP: Toshiba EAC 37001-37019 LP: EMI RLS 7715/154 6133 CD: EMI CDH 763 2012

Das Geheimnis (Wo blüht das Blümchen, das nie verblüht?)

Berlin 1942-1943	Raucheisen	LP: Acanta 40 23557 CD: Acanta 42 43801

Wonne der Wehmut (Trocknet nicht, Tränen der ewigen Liebe)

London April 1952- July 1953	Moore	Columbia unpublished
London January 1954	Moore	LP: Columbia 33CX 1044 LP: EMI 154 6133 LP: Melodiya M10 43861-43862 CD: EMI CDM 763 6542/CMS 763 7902
Aix-en- Provence July 1954	Rosbaud	CD: Melodram CDM 26524

THE MAGIC BEAUTY OF HUMPERDINCK'S

"Hansel and Gretel"

SUNG BY

ELISABETH SCHWARZKOPF
and
IRMGARD SEEFRIED

with the
PHILHARMONIA ORCHESTRA
conducted by JOSEF KRIPS

Suse, liebe Suse; Und willst du nun nicht mehr (Dance Duet) - - - LX 1036

Brüderchen, komm tanz' mit Mir (Dance Duet conclusion); (a) Der Kleine Sandmann bin ich (Sandman's Song); (b) Abends, will ich schlafen geh'n (Evening Prayer) - LX 1037

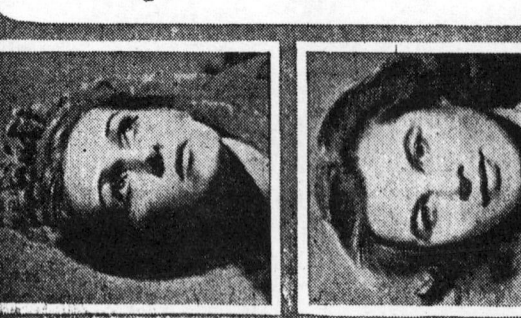

KINGSWAY HALL
Kingsway, W.C.2

ELISABETH
SCHWARZKOPF

GERALD MOORE

STEINWAY PIANOFORTE

Thursday, May 8th, 1952

Management: IBBS & TILLETT LTD., 124 WIGMORE STREET, W.1

HECTOR BERLIOZ (1803-1869)

La Damnation de Faust

Lucerne August 1950	Role of Marguerite Vroons, Hotter, Pernerstorfer Lucerne Festival Orchestra & Chorus Furtwängler Sung in German	LP: Cetra FE 21
London June 1957	Lloyd, Roux, Brannigan Goldsmiths Choir Philharmonia Freccia	Unpublished radio broadcast

GEORGES BIZET (1838-1875)

Carmen: Excerpt (Je dis que rien ne m'épouvante)

London October 1950	Philharmonia Galliera	78: Columbia LX 1410 45: Columbia SCD 2114 LP: EMI ALP 143 5501

Pastorale

London June 1957	Moore	Columbia unpublished

CARL BOHM (1844-1920)

Was i hab'

London June 1957	Moore	Columbia unpublished
London 1958	Moore	VHS Video: EMI MVC 491 4763

JOHANNES BRAHMS (1833-1897)

Ein deutsches Requiem

Lucerne August 1947	Hotter Lucerne Festival Orchestra & Chorus Furtwängler	LP: Furtwängler Series (Japan) W 24 CD: Wing (Japan) WCD 1-2 Ihr habt nun Traurigkeit LP: Furtwängler Series (Japan) W22-23
Vienna October 1947	Hotter Wiener Singverein VPO Karajan	78: Columbia LX 1055-1064/ LX 8595-8604 auto 78: Columbia (USA) M 755 LP: Toshiba EAC 30103 LP: EMI RLS 7714/2C 051 43176 LP: EMI 2C 153 03200-03205 CD: EMI CDH 761 0102
London March-May 1961	Fischer-Dieskau Philharmonia Orchestra & Chorus Klemperer	LP: Columbia 33CX 1781-1782/ SAX 2430-2431 LP: EMI SLS 821 CD: EMI CDC 747 2382

Ach englische Schäferin/Deutsche Volkslieder

Berlin August- September 1965	Fischer-Dieskau Moore	LP: EMI AN 163-164/SAN 163-164 LP: EMI 1C 193 00054-00055 CD: EMI CDS 749 5252

Ach könnt' ich diesen Abend/Deutsche Volkslieder

Berlin August- September 1965	Fischer-Dieskau Moore	LP: EMI AN 163-164/SAN 163-164 LP: EMI 1C 193 00054-00055 CD: EMI CDS 749 5252

An die Nachtigall (Geuss' nicht so laut der liebentflammten Lieder)

Berlin December 1975	Parsons	EMI unpublished

Blinde Kuh (Im Finstern geh' ich suchen)

Berlin December 1975	Parsons	EMI unpublished
Vienna January 1979	Parsons	LP: Decca SXL 6943 CD: Decca 430 0002

Brahms Lieder/continued

Da unten im Tale/Deutsche Volkslieder

Berlin 1942-1943	Raucheisen	LP: Acanta 40 23524/40 23557 CD: Acanta 42 43801
London November 1951	Moore	Columbia unpublished
London December 1951	Moore	78: Columbia LB 118
London July 1953	Moore	Columbia unpublished
London January 1954	Moore	LP: Columbia 33CX 1044 LP: Columbia (Germany) C 90306 LP: Angel 35023 LP: EMI RLS 763/154 6133 CD: EMI CDM 763 6532/CMS 763 7902
Rome February 1954	Fischer	CD: Hunt CD 535/CDHP 535
Aix-en- Provence July 1954	Rosbaud	CD: Melodram CDM 26524
Hannover March 1962	Reutter	LP: Movimento musica 02.017 CD: Movimento musica 051.015 CD: Verona 27025
Berlin August- September 1965	Moore	LP: EMI AN 163-164/SAN 163-164 LP: EMI 1C 193 00054-00055 CD: EMI CDS 749 5252

Dort in den Weiden/Deutsche Volkslieder

Berlin August- September 1965	Moore	LP: EMI AN 163-164/SAN 163-164 LP: EMI 1C 193 00054-00055 CD: EMI CDS 749 5252

Es ging ein Maidlein zarte/Deutsche Volkslieder

Berlin August- September 1965	Moore	LP: EMI AN 163-164/SAN 163-164 LP: EMI 1C 193 00054-00055 CD: EMI CDS 749 5252

Brahms Lieder/continued

Es ritt ein Ritter/Deutsche Volkslieder

Berlin	Fischer-Dieskau	LP: EMI AN 163-164/SAN 163-164
August-	Moore	LP: EMI 1C 193 00054-00055
September 1965		CD: EMI CDS 749 5252

Es steht ein Lind'/Deutsche Volkslieder

Berlin	Moore	LP: EMI AN 163-164/SAN 163-164
August-		LP: EMI 1C 193 00054-00055
September 1965		CD: EMI CDS 749 5252

Es war ein Markgraf überm Rhein/Deutsche Volkslieder

Berlin	Moore	LP: EMI AN 163-164/SAN 163-164
August-		LP: EMI 1C 193 00054-00055
September 1965		CD: EMI CDS 749 5252

Es war eine schöne Jüdin/Deutsche Volkslieder

Berlin	Fischer-Dieskau	LP: EMI AN 163-164/SAN 163-164
August-	Moore	LP: EMI 1C 193 00054-00055
September 1965		CD: EMI CDS 749 5252

Es wohnet ein Fiedler/Deutsche Volkslieder

Berlin	Moore	LP: EMI AN 163-164/SAN 163-164
August-		LP: EMI 1C 193 00054-00055
September 1965		CD: EMI CDS 749 5252

Feinsliebchen, du sollst mir nicht barfuss geh'n/Deutsche Volkslieder

Berlin	Fischer-Dieskau	LP: EMI AN 163-164/SAN 163-164
August-	Moore	LP: EMI 1C 193 00054-00055
September 1965		CD: EMI CDS 749 5252

Brahms Lieder/continued

Feldeinsamkeit (Ich ruhe still im hohen grünen Gras)

Rome Fischer CD: Hunt CD 535/CDHP 535
February 1954

Geheimnis (O Frühlingsabend-Dämmerung)

Berlin Parsons EMI unpublished
December 1975

Gunhilde lebt' gar still und fromm/Deutsche Volkslieder

Berlin Moore LP: EMI AN 163-164/SAN 163-164
August- LP: EMI 1C 193 00054-00055
September 1965 CD: EMI CDS 749 5252

Guten Abend, mein tausiger Schatz/Deutsche Volkslieder

Berlin Moore LP: EMI AN 163-164/SAN 163-164
August- LP: EMI 1C 193 00054-00055
September 1965 CD: EMI CDS 749 5252

Heimkehr (O brich' nicht, Steg!)

Berlin Parsons EMI unpublished
December 1975

Heimweh (O wüsst' ich doch den Weg zurück)

Berlin Parsons EMI unpublished
December 1975

Ich stand auf hohem Berge/Deutsche Volkslieder

Berlin Moore LP: EMI AN 163-164/SAN 163-164
August- LP: EMI 1C 193 00054-00055
September 1965 CD: EMI CDS 749 5252

Brahms Lieder/continued

Immer leiser wird mein Schlummer

Berlin	Parsons	LP: EMI ASD 2844/1C 063 02331
August-		CD: EMI CHS 565 8602
September 1970		CD: Toshiba TOCE

In stiller Nacht/Deutsche Volkslieder

Rome	Fischer	CD: Hunt CD 535/CDHP 535
February 1954		

London	Moore	Columbia unpublished
January 1958		

London	Moore	Columbia unpublished
December 1962		

Berlin	Moore	LP: EMI AN 163-164/SAN 163-164
August-		LP: EMI 1C 193 00054-00055
September 1965		CD: EMI CDS 749 5252

Der Jäger (Mein Lieb ist ein Jäger und grün ist sein Kleid)

Berlin	Parsons	LP: EMI ASD 2844/1C 063 02331
August-		CD: EMI CHS 565 8602
September 1970		CD: Toshiba TOCE

Junge Lieder I (Meine Liebe ist grün)

Rome	Fischer	CD: Hunt CD 535/CDHP 535
February 1954		

Berlin	Parsons	EMI unpublished
December 1975		

Jungfräulein, soll ich mit euch geh'n?/Deutsche Volkslieder

Berlin	Moore	LP: EMI AN 163-164/SAN 163-164
August-		LP: EMI 1C 193 00054-00055
September 1965		CD: EMI CDS 749 5252

Brahms Lieder/continued

Klage (Feinsliebchen, trau' du nicht)

Berlin   Parsons   EMI unpublished
December 1975

Des Liebsten Schwur (Es schmollte mein Vater)

Berlin   Parsons   EMI unpublished
December 1975

Liebestreu (O versenk', o versenk' dein Leid)

Rome   Fischer   CD: Hunt CD 535/CDHP 535
February 1954

Hannover   Reutter   LP: Movimento musica 02.017
March 1962   CD: Movimento musica 051.015
                                        CD: Verona 27025

Berlin   Parsons   LP: EMI ASD 2844/1C 063 02331
August-   CD: EMI CHS 565 8602
September 1970   CD: Toshiba TOCE

Das Mädchen spricht (Schwalbe, sag' mir an!)

Berlin   Parsons   EMI unpublished
December 1975

Mädchenfluch (Ruft die Mutter, ruft die Tochter)

Berlin   Parsons   EMI unpublished
December 1975

Mädchenlied (Am jüngsten Tag ich aufersteh')

Berlin   Parsons   EMI unpublished
December 1975

Vienna   Parsons   LP: Decca SXL 6943
January 1979   CD: Decca 430 0002

Brahms Lieder/continued

Mädchenlied (Ach und du mein kühles Wasser)

Berlin   Parsons   EMI unpublished
December 1975

Mädchenlied (Auf die Nacht in den Spinnstub'n)

Berlin   Parsons   EMI unpublished
December 1975

Maria ging aus wandern/Deutsche Volkslieder

Berlin   Moore   LP: EMI AN 163-164/SAN 163-164
August-   LP: EMI 1C 193 00054-00055
September 1965   CD: EMI CDS 749 5252

O kühler Wald, wo rauschest du?

Berlin   Parsons   EMI unpublished
December 1975

Och Mod'r, ich well en Ding han/Deutsche Volkslieder

London   Moore   LP: EMI RLS 154 7003
September 1952

London   Moore   LP: Columbia 33CX 1044
January 1954   LP: Columbia (Germany) C 90306
                                     LP: Angel 35023
                                     LP: EMI RLS 763
                                     CD: EMI CDM 763 6532/CMS 763 7902

Berlin   Moore   LP: EMI AN 163-164/SAN 163-164
August-   LP: EMI 1C 193 00054-00055
September 1965   CD: EMI CDS 749 5252

Der Reiter/Deutsche Volkslieder (Der Reiter spreitet seinen Mantel aus)

Berlin   Moore   LP: EMI AN 163-164/SAN 163-164
August-   LP: EMI 1C 193 00054-00055
September 1965   CD: EMI CDS 749 5252

Brahms Lieder/continued

Sagt mir, o schönste Schäferin mein/Deutsche Volkslieder

Berlin	Moore	LP: EMI AN 163-164/SAN 163-164
August-		LP: EMI 1C 193 00054-00055
September 1965		CD: EMI CDS 749 5252

Sandmännchen (Die Blümelein, sie schlafen)

London	Chorus	LP: Columbia 33CX 1482
May-June	Philharmonia	LP: Angel 35580/36750
1957	Mackerras	LP: EMI ASD 3798/100 4531
		CD: EMI CDM 763 5742

London	Moore	Columbia unpublished
March 1962		

Der Schmied (Ich hör' meinen Schatz)

Berlin	Parsons	EMI unpublished
December 1975		

Schöner Augen schöne Strahlen/Deutsche Volkslieder

Berlin	Moore	LP: EMI AN 163-164/SAN 163-164
August-		LP: EMI 1C 193 00054-00055
September 1965		CD: EMI CDS 749 5252

Schwesterlein/Deutsche Volkslieder

Berlin	Fischer-Dieskau	LP: EMI AN 163-164/SAN 163-164
August-	Moore	LP: EMI 1C 193 00054-00055
September 1965		CD: EMI CDS 749 5252

Soll sich der Mond nicht heller scheinen/Deutsche Volkslieder

Berlin	Fischer-Dieskau	LP: EMI AN 163-164/SAN 163-164
August-	Moore	LP: EMI 1C 193 00054-00055
September 1965		CD: EMI CDS 749 5252

Die Sonne scheint nicht mehr/Deutsche Volkslieder

Berlin	Moore	LP: EMI AN 163-164/SAN 163-164
August-		LP: EMI 1C 193 00054-00055
September 1965		CD: EMI CDS 749 5252

Brahms Lieder/continued

Ständchen (Der Mond steht über dem Berge)

Hannover March 1962	Reutter	LP: Movimento musica 02.017 CD: Movimento musica 051.015 CD: Verona 27075
Berlin August- September 1970	Parsons	LP: EMI ASD 2844/1C 063 02331 CD: Toshiba TOCE CD: EMI CDM 763 6542/CMS 763 7902 CD: EMI CHS 565 8602

Therese (Du milchjunger Knabe, wie schaust du mich an?)

Rome February 1954	Fischer	CD: Hunt CD 535/CDHP 535
Vienna January 1979	Parsons	LP: Decca SXL 6943 CD: Decca 430 0002

Der Tod, das ist die kühle Nacht

Rome February 1954	Fischer	CD: Hunt CD 535/CDHP 535
Berlin December 1975	Parsons	EMI unpublished

Vergebliches Ständchen (Guten Abend, mein Schatz)

London September 1952	Moore	LP: EMI RLS 154 7003
London January 1954	Moore	LP: Columbia 33CX 1044 LP: Columbia (Germany) C 90306 LP: Angel 35023 LP: EMI RLS 763 CD: EMI CHS 565 8602
Rome February 1954	Fischer	CD: Hunt CD 535/CDHP 535
New York November 1956	Reeves	CD: EMI CHS 761 0432 CD: NotaBlu 935 0911
Berlin August- September 1970	Parsons	LP: EMI ASD 2844/1C 063 02331 CD: EMI CHS 565 8602 CD: Toshiba TOCE

Brahms Lieder/continued

Von ewiger Liebe (Dunkel, wie dunkel, in Wald und in Feld!)

Rome February 1954	Fischer	CD: Hunt CD 535/CDHP 535
Aix-en- Provence July 1954	Rosbaud	CD: Melodram CDM 26524
London February 1961	Moore	Columbia unpublished
London December 1962	Moore	Columbia unpublished
Berlin December 1975	Parsons	EMI unpublished

Wach' auf, mein Hort!/Deutsche Volkslieder

Berlin August- September 1965	Fischer-Dieskau Moore	LP: EMI AN 163-164/SAN 163-164 LP: EMI 1C 193 00054-00055 CD: EMI CDS 749 5252

Wehe, so willst du mich wieder?

Berlin December 1975	Parsons	EMI unpublished

Wie komm' ich denn zur Tür herein?/Deutsche Volkslieder

Berlin August- September 1965	Fischer-Dieskau Moore	LP: EMI AN 163-164/SAN 163-164 LP: EMI 1C 193 00054-00055 CD: EMI CDS 749 5252

Wie Melodien zieht es mir

Rome February 1954	Fischer	CD: Hunt CD 535/CDHP 535
Berlin August- September 1970	Parsons	LP: EMI ASD 2844/1C 063 02331 CD: EMI CHS 565 8602 CD: Toshiba TOCE

2 Brahms Lieder included in a BBC TV recital in 1970

Brahms Lieder/concluded

Wiegenlied (Guten Abend, gut' Nacht)

Rome February 1954	Fischer	CD: Hunt CD 535/CDHP 535
London December 1962	Moore	Columbia unpublished
Berlin December 1975	Parsons	EMI unpublished

FERRUCCIO BUSONI (1866-1924)

Unter den Linden

Berlin 1942-1943	Raucheisen	LP: Acanta 40 23557 CD: Acanta 40 43128

GIACOMO CARISSIMI (1605-1674)

Cantatas: Detesta la cativa sorte; Lungi omai; Il mio core; A piè d'un verde alloro

London May 1955	Seefried Moore	LP: Columbia 33CX 1331 LP: Angel 35290/60376 LP: EMI HLM 7267 CD: EMI CDH 769 7932

GUSTAVE CHARPENTIER (1860-1950)

Louise: Excerpt (Depuis le jour)

London May 1950	Philharmonia Dobrowen	LP: EMI RLS 763/154 6133

FREDERIC CHOPIN (1810-1849)

Maiden's wish

Berlin October 1968	Parsons Sung in German	LP: EMI ASD 2634 LP: Angel 36752 CD: Toshiba TOCE
Nohant June 1969	Ciccolini Sung in German	CD: Hunt CDGI 8021
Berlin April 1970	Parsons Sung in German	EMI unpublished

Lithuanian song

Berlin October 1968	Parsons Sung in German	LP: EMI ASD 2634 LP: Angel 36752 CD: Toshiba TOCE
Nohant June 1969	Ciccolini Sung in German	CD: Hunt CDGI 8021
Berlin April 1970	Parsons Sung in German	EMI unpublished

Charming boy

Nohant June 1969	Ciccolini Sung in German	CD: Hunt CDGI 8021

PETER CORNELIUS (1824-1874)

Der Barbier von Bagdad

Watford and and London May 1956	Role of Margiana G.Hoffman, Gedda, Unger, Wächter, Prey Chorus Philharmonia Leinsdorf	LP: Columbia 33CX 1400-1401 LP: Columbia (Germany) C 90885-90886 LP: Angel 3553 LP: EMI 1C 147 01448-01449M LP: Regal REG 2047-2048 CD: EMI CMS 565 2842

Duets: Heimatgedanken; Scheiden

Berlin 1942-1943	Greindl Raucheisen	CD: Acanta 42 43128

CLAUDE DEBUSSY (1862-1918)

Pelléas et Mélisande

Rome December 1954	Role of Mélisande Sciutti, Haefliger, Roux, Petri, Calabrese RAI Rome Orchestra Karajan	LP: Cetra ARK 6 LP: Rodolphe RP 12393-12395 CD: Hunt CDKAR 218

Mandoline

Berlin August 1965	Moore	LP: Columbia CX 5268/SAX 5268 LP: Angel 36345 LP: EMI RLS 154 6133 CD: EMI CDM 763 6542/CMS 763 7902

JOHN DOWLAND (1563-1626)

Come again! Sweet love doth now invite

Vienna October 1946	Hudez	LP: EMI ALP 143 5501/154 6133

ANTONIN DVORAK (1841-1904)

Moravian Duets

London May 1955	Seefried Moore Sung in German	LP: Columbia 33CX 1331 LP: Angel 35290/60376 LP: EMI HLM 7267 CD: EMI CDH 769 7932

Songs my mother taught me

London April-May 1956	Moore Sung in English	45: Columbia SEL 1589/ESL 6255 LP: Columbia 33CX 1404/SAX 2265 LP: Columbia (Germany) C 90545 LP: Angel 35383 CD: EMI CHS 565 8602

CESAR FRANCK (1822-1890)

Panis angelicus

London May 1957	Chorus Philharmonia Mackerras	LP: Columbia 33CX 1482 LP: Angel 35530/36750 LP: EMI ASD 3798/100 5431 CD: EMI CDM 763 5742

WALTER GIESEKING (1895-1956)

Kinderlieder, song cycle

London April 1955	Gieseking	CD: EMI CDM 763 6553/CMS 763 7902

TOMMASO GIORDANI (1733-1806)

Caro mio ben

London June 1957	Moore	Columbia unpublished

CHRISTOPH WILLIBALD GLUCK (1714-1787)

Orfeo ed Euridice

New York April 1967	Role of Euridice Popp, Fischer-Dieskau American Opera Society Orchestra & Chorus Perlea	Unpublished radio broadcast

La rencontre imprévue: Excerpt (C'est un torrent)

Berlin 1942-1943	Raucheisen Sung in German	LP: Acanta 40 23557 CD: Acanta 42 43801
London November 1951- December 1952	Moore Sung in German	Columbia unpublished
London January 1954	Moore Sung in German	LP: Columbia 33CX 1044 LP: Columbia (Germany) C 90306 LP: Angel 35023 LP: EMI RLS 763 CD: EMI CDM 763 6532/CMS 763 7902
Aix-en- Provence July 1954	Rosbaud Sung in German	CD: Melodram CDM 26524
New York November 1956	Reeves Sung in German	CD: EMI CDH 761 0432 CD: NotaBlu 935 0911

A version of this song also included in a BBC TV recital in 1961

FREDERICK GLUCK

In einem kühlen Grunde, arranged by Mackerras

London July 1957	Chorus Philharmonia Mackerras	LP: Columbia 33CX 1482 LP: Angel 35530/36750 LP: EMI ASD 3798/100 4531 CD: EMI CDM 763 5742

EDVARD GRIEG (1843-1907)

Farmyard Song

London April 1956	Moore Sung in English	45: Columbia SEL 1600/ESL 6274 LP: Columbia 33CX 1404/SAX 2265 LP: Columbia (Germany) C 90545 LP: Angel 35385 CD: EMI CHS 565 8602

First meeting

Berlin August- September 1970	Parsons Sung in German	LP: EMI ASD 2844/1C 063 02331 CD: Toshiba TOCE CD: EMI CHS 565 8602

Jeg elsker dig

London April 1956	Moore Sung in German	45: Columbia SEL 1600/ESL 6274 LP: Columbia 33CX 1404/SAX 2265 LP: Columbia (Germany) C 90545 LP: Angel 35383
Berlin October 1968	Parsons Sung in German	LP: EMI ASD 2634 LP: Angel 36752 CD: Toshiba TOCE CD: EMI CHS 565 8601
Berlin April 1970	Parsons Sung in German	EMI unpublished

En svane

Vienna January 1979	Parsons Sung in German	LP: Decca SXL 6943 CD: Decca 400 0002

Lauf der Welt

Berlin August- September 1970	Parsons	LP: EMI ASD 2844/1C 063 02331 CD: Toshiba TOCE CD: EMI CHS 565 8602

Grieg Songs/concluded

Letzter Frühling

Berlin October 1968	Parsons	LP: EMI ASD 2634 LP: Angel 36752 CD: Toshiba TOCE CD: EMI CHS 565 8602
Berlin April 1970	Parsons	EMI unpublished

Med en primula veris

Berlin August– September 1970	Parsons Sung in German	LP: EMI ASD 2844/1C 063 02331 CD: Toshiba TOCE CD: EMI CHS 565 8602

Med en vandlilje

Berlin October 1968	Parsons Sung in German	LP: EMI ASD 2634 LP: Angel 36752
Berlin April 1970	Parsons Sung in German	EMI unpublished

This song also included in televised recital from Amsterdam in 1977

Zur Rosenzeit

Berlin August– September 1970	Parsons	LP: EMI ASD 2844/1C 063 02331 CD: Toshiba TOCE CD: EMI CHS 565 8602

FRANZ XAVER GRUBER (1787-1863)

Stille Nacht, heilige Nacht

Vienna March 1949	Vienna Opera Chorus Orchestra	78: Columbia LC 32 LP: EMI ALP 143 5501
London October 1952	Covent Garden and Hampstead Parish Church Choirs Philharmonia Pritchard Sung in English	78: Columbia LB 131 45: Columbia SCD 2112
London May-July 1957	Chorus Philharmonia Mackerras	LP: Columbia 33CX 1482 LP: Angel 35530/36750 LP: EMI ASD 3798/100 4531 CD: EMI CDM 763 5742

REYNALDO HAHN (1875-1947)

Si mers vers avaient des ailes

London April 1956	Moore	45: Columbia SEL 1589/ESL 6255 LP: Columbia 33CX 1404/SAX 2265 LP: Columbia (Germany) C 90545 LP: Angel 35383 LP: EMI RLS 154 6133 CD: EMI CDM 763 6542/CMS 763 7902

GEORGE FRIDERIC HANDEL (1685-1759)

Messiah

London February- November 1964	G.Hoffman, Gedda, Hines Philharmonia Orchestra & Chorus Klemperer	LP: EMI AN 146-148/SAN 146-148/SLS 915 LP: Angel 3657 CD: EMI CMS 763 6212 Excerpts LP: EMI ALP 2288/ASD 2288/1C 063 01430 LP: Columbia (Germany) SMC 80936 LP: Angel 36324

Messiah: Excerpt (He shall feed his flock)

Hamburg 1952	NDR Orchestra Schüchter Sung in German	LP: Melodram MEL 082 LP: Discocorp RR 208/RR 537 LP: Discoreale DR 10037 CD: Melodram MEL 16501

Hercules

Milan December 1958	Role of Iole Barbieri, Corelli, Hines, Bastianini La Scala Orchestra & Chorus Matacic Sung in Italian	LP: Ed Smith EJS 395 LP: Di Stefano GDS 3001 LP: Hope HOPE 239

Hercules: Excerpts (Daughter of gods; How blest the maid; Ah, think what ills!)

New York December 1960	American Opera Society Orchestra Rescigno	LP: Discocorp RR 208

Hercules: Excerpt (My father!)

Detroit February 1960	Detroit SO Paray	LP: Rococo 5374

L'Allegro, il pensoroso ed il moderato: Excerpt (Sweet bird)

Vienna November 1946	Niedermayer, flute VPO Krips	78: Columbia LX 1010 LP: EMI ALP 143 5501/154 6133 CD: EMI CDH 763 2012

Atalanta: Excerpt (Caro selve)

Aix-en- Provence July 1954	Rosbaud	CD: Melodram CDM 26524
New York November 1956	Reeves	CD: EMI CHS 761 0432 CD: NotaBlu 935 0911

Giulio Cesare: Excerpt (V'adoro pupille)

Detroit February 1960	Detroit SO Paray	LP: Rococo 5374

FRANZ JOSEF HAYDN (1732-1809)

Scena di Berenice

Scheveningen June 1958	Netherlands CO Goldberg	LP: Discocorp RR 208

An den Vetter (Ja, Vetter, ja!)

London February 1967	De los Angeles, Fischer-Dieskau Moore	LP: EMI AN 182-183/SAN 182-183 LP: EMI SLS 926/ASD 143 5941 CD: EMI CDC 749 2382/CDEMX 2233

Daphnens einziger Fehler (Sie hat das Auge)

London February 1967	De los Angeles, Fischer-Dieskau Moore	LP: EMI AN 182-183/SAN 182-183 LP: EMI SLS 926/ASD 143 5941 CD: EMI CDC 749 2382/CDEMX 2233

RICHARD HEUBERGER (1850-1914)

Der Opernball: Excerpt (Geh'n wir ins chambre separée)

London July 1957	Philharmonia Ackermann	45: Columbia SEL 1648/ESL 6267 LP: Columbia 33CX 1570/SAX 2283/ASD 2807 LP: Angel 35696/3754 CD: EMI CDC 747 2842/CDM 565 5772
Montreal 1963	CBC Orchestra Boskovsky	Unpublished video recording

ENGELBERT HUMPERDINCK (1854-1921)

Hänsel und Gretel

London June-July 1953	Role of Gretel Grümmer, Ilosvay, Schürhoff, Felbermayer, Metternich Choirs Philharmonia Karajan	LP: Columbia 33CX 1096-1097 LP: Columbia (Germany) C 90327-90328 LP: Angel 3506 LP: World Records OC 187-188 LP: EMI SLS 5145 CD: EMI CMS 769 2932 Excerpts LP: Columbia 33CX 1819 LP: Columbia (Germany) C 80528 LP: World Records OH 189 CD: EMI CDM 763 6572/CMS 763 7902
Milan December 1954	Jurinac, Streich, Palombini, Panerai RAI Milan Orchestra & Chorus Karajan Sung in Italian	CD: Datum DAT 12314 Excerpts CD: Legato LCD 197

Hänsel und Gretel: Excerpt (Suse, liebe Suse/Brüderchen, komm' tanz mit mir)

London September 1947	Seefried Philharmonia Krips	78: Columbia LX 1036-1037 LP: Columbia (USA) RO 5417 LP: EMI RLS 763 CD: EMI CDH 769 7932

Hänsel und Gretel: Excerpt (Der kleine Sandmann bin ich)

London	Philharmonia	78: Columbia LX 1037
September 1947	Krips	LP: EMI RLS 763

Hänsel und Gretel: Excerpt (Abends will ich schlafen geh'n)

London	Seefried	78: Columbia LX 1037
September 1947	Philharmonia	LP: EMI RLS 763
	Krips	

Winterlied

Berlin	Raucheisen	LP: Acanta 40 23557
1942-1943		CD: Acanta 42 43128

Weihnachten

London	Chorus	LP: Columbia 33CX 1482
May-June	Philharmonia	LP: Angel 36750/35530
1957	Mackerras	LP: EMI ASD 3798/100 5431
		CD: EMI CDM 763 5742

ADOLF JENSEN (1837-1879)

Murmelndes Lüftchen

London	Moore	45: Columbia SEL 1600/ESL 6274
April 1956		LP: Columbia 33CX 1404/SAX 2265
		LP: Columbia (Germany) C 90545
		LP: Angel 35383
		CD: EMI CHS 565 8602

YRVO KILPINEN (1892-1959)

Kleines Lied (Lieder der Liebe)

Vienna	Parsons	Decca unpublished
January 1979		

ERICH WOLFGANG KORNGOLD (1897-1957)

Die tote Stadt: Excerpt (Glück, das mir verblieb)

Hamburg 1952	NDR Orchestra Schüchter	LP: Melodram MEL 088

FRANZ LEHAR (1870-1948)

Giuditta: Excerpt (Meine Lippen, sie küssen so heiss)

London July 1957	Chorus Philharmonia Ackermann	45: Columbia SEL 1648/ESL 6267 LP: Columbia 33CX 1570/SAX 2283/ASD 2807 LP: Angel 35696 CD: EMI CDC 747 2842

Der Graf von Luxemburg: Excerpt (Heut' noch werd' ich Ehefrau)

London July 1957	Philharmonia Ackermann	45: Columbia SEL 1652/ESL 6270 LP: Columbia 33CX 1570/SAX 2283/ASD 2807 LP: Angel 35696 CD: EMI CDC 747 2842

Der Graf von Luxemburg: Excerpt (Hoch, Evoe Angèle!)

London July 1957	Chorus Philharmonia Ackermann	45: Columbia SEL 1652/ESL 6270 LP: Columbia 33CX 1570/SAX 2283/ASD 2807 LP: Angel 35696 CD: EMI CDC 747 2842

Das Land des Lächelns

London April- June 1953	Role of Lisa Loose, Gedda, Kunz BBC Chorus Philharmonia Ackermann	LP: Columbia 33CX 1114-1115/SXDW 3044 LP: Columbia (Germany) C 80514-80515 LP: Angel 3507 CD: EMI CHS 763 5232 <u>Excerpts</u> LP: Columbia 33CX 1712 LP: Columbia (Germany) C 80587 LP: EMI RLS 763/SLS 5250

Das Land des Lächelns, Querschnitt

Berlin August 1940	Glawitsch Städtische Oper Orchestra Lütze	78: Telefunken E 3115 45: Telefunken UE45-3115

Die lustige Witwe

London April 1953	Role of Hanna Loose, Gedda, Kunz BBC Chorus Philharmonia Ackermann	LP: Columbia 33CX 1051-1052 LP: Columbia (Germany) C 80516-80517 LP: Angel 3501 LP: EMI SXDW 3045 CD: EMI CDH 769 5202 Excerpts 78: Columbia LX 1597 45: Columbia SEL 1559 LP: Columbia 33CX 1712 LP: Columbia (Germany) C 80587 LP: EMI RLS 763 CD: EMI CDM 763 6572/CMS 763 7902
London July 1962	Steffek, Gedda, Wächter Philharmonia Orchestra & Chorus Matacic	LP: EMI AN 101-102/SAN 101-102/SLS 823 LP: Angel 3630 CD: EMI CDS 747 1788 Excerpts LP: EMI ALP 2252/ASD 2252 LP: Angel 36340/3754

Die lustige Witwe: Excerpt (Viljalied)

London 1959	Orchestra Mackerras	Unpublished video recording
Montreal 1963	CBC Orchestra Boskovsky	Unpublished video recording

Paganini, Querschnitt

Berlin September 1939	Glawitsch Städtische Oper Orchestra Otto	78: Telefunken E 3041/E 1172 78: Capitol (USA) ECL 2501 LP: Capitol (USA) P 8033

Der Zarewitsch: Excerpt (Einer wird kommen)

London July 1957	Philharmonia Ackermann	45: Columbia SEL 1652/ESL 6270 LP: Columbia 33CX 1570/SAX 2283/ASD 2807 LP: Angel 35696 CD: EMI CDC 747 2842

RICHARD LEVERIDGE (1670-1758)

This great world is a trouble

Berlin 1942-1943	Raucheisen <u>Sung in German</u>	LP: Acanta 40 23557 CD: Acanta 42 43801

FRANZ LISZT (1811-1886)

Es muss ein Wunderbares sein

Nohant June 1969	Ciccolini	CD: Hunt CDGI 8021

Die drei Zigeuner

Berlin October 1968	Parsons	LP: EMI ASD 2634 LP: Angel 36752 CD: Toshiba TOCE CD: EMI CHS 565 8602
Nohant June 1969	Ciccolini	CD: Hunt CDGI 8021

O lieb', solang du lieben kannst

London June 1957	Moore	Columbia unpublished

CARL LOEWE (1796-1869)

Abendstunde (Die Amsel flötet)

Berlin	Raucheisen	LP: Melodiya M10 41285-41286/5289-73
March 1943		LP: Discocorp IGI 385/RR 208
		LP: Acanta 40 23534/40 23557
		CD: Acanta 42 43801

Abschied (Niemals dich wieder zu sehen)

Berlin	Piltti	LP: Melodiya M10 41285-41286/5289-73
June 1942	Raucheisen	LP: Discocorp IGI 385/RR 208

An Sami (Als er, Sami, mit dir)

Berlin	Piltti	LP: Melodram MEL 082
June 1942	Raucheisen	LP: Acanta 40 23534
		LP: Discoreale DR 10038

Blume der Ergebung (Ich bin die Blum' im Garten)

Berlin	Raucheisen	LP: Melodiya M10 41285-41286/5289-73
March 1943		LP: Discocorp IGI 385/RR 208
		LP: Acanta 40 23524

Die Freude (Es flattert um die Quelle)

Berlin	Piltti	LP: Acanta 40 23534
June 1942	Raucheisen	

Frühling (Der Frühling begrüsset die junge Natur)

Berlin	Raucheisen	LP: Melodiya M10 41285-41286/5289-73
March 1943		LP: Discocorp IGI 385/RR 208
		LP: Melodram MEL 082/Discoreale DR 10038
		LP: Acanta 40 23534/40 23557

Loewe Lieder and duets/continued

Frühlingsankunft (Es ist mein Herz verengt, verdorrt)

Berlin	Raucheisen	LP: Melodiya M10 41285-41286/5289-73
March 1943		LP: Discocorp IGI 385/RR 208
		LP: Melodram MEL 082/Discoreale DR 10038
		LP: Acanta 40 23534/40 23557

Das Glockenspiel (Das Glockenspiel der Fantasie)

Berlin	Raucheisen	LP: Acanta 40 23534
March 1943		

Ihr Spaziergang (Will die Holde sich ergehen)

Berlin	Raucheisen	LP: Acanta 40 23534
March 1943		

Irrlichter (Irrlichter, die Knaben)

Berlin	Raucheisen	LP: Acanta 40 23534
1942-1943		

Kind und Mädchen (Die mich hält am Fädchen)

Berlin	Raucheisen	LP: Acanta 40 23534
1942-1943		

Kleiner Haushalt (Einen Haushalt klein und fein)

Berlin	Parsons	LP: EMI ASD 2634
October 1968		LP: Angel 36752
		CD: EMI CDM 763 6542/CMS 763 7902
		CD: Toshiba TOCE
Berlin	Parsons	EMI unpublished
April 1970		

Liebesliedchen (Winter vorbei, Herzchen, mein Liebchen!)

Berlin	Piltti	LP: Melodiya M10 41285-41286/5289-73
June 1942	Raucheisen	LP: Discocorp IGI 385/RR 208

Loewe Lieder and duets/continued

März (Es ist ein Schnee gefallen)

Berlin June 1942	Piltti Raucheisen	LP: Melodiya M10 41285-41286/5289-73 LP: Discocorp IGI 385/RR 208 LP: Melodram MEL 088/Scandia SLP 546 LP: Acanta 40 23534

O süsse Mutter

Berlin March 1943	Raucheisen	LP: Melodiya M10 41285-41286/5289-73 LP: Discocorp IGI 385/RR 208 LP: Acanta 40 23534

Sonnenlicht (Noch ahnt man kaum der Sonne Licht)

Berlin June 1942	Piltti Raucheisen	LP: Melodiya M10 41285-41286 LP: Discocorp IGI 385/RR 208

Die Sylphide (Liebes leichtes luft'ges Ding!)

Berlin March 1943	Raucheisen	LP: Acanta 40 23534/40 23557

Tom der Reimer (Der Reimer Thomas lag am Bach)

Vienna January 1979	Parsons	Decca unpublished

Die verliebte Schäferin (Gern in stillen Melancholien)

Berlin March 1943	Raucheisen	LP: Acanta 40 23534

Vogelgesang (Wir lustigen Bürger in grüner Stadt)

Berlin March 1943	Raucheisen	LP: Acanta 40 23534

Loewe Lieder and duets/concluded

Die wandelnde Glocke (Es war ein Kind, das wollte nie)

| Vienna | Parsons | LP: Decca SXL 6943 |
| January 1979 | | CD: Decca 430 0002 |

Zeislein (Zeislein, wo ist dein Häuslein?)

| Berlin | Raucheisen | LP: Acanta 40 23534 |
| 1942-1943 | | |

GUSTAV MAHLER (1860-1911)

Symphony No 2 "Resurrection"

London	Rössel-Majdan	LP: Columbia 33CX 1929-1930/SAX 2473-2474
November 1961-	Philharmonia	LP: Columbia (Germany) C 91268-91269/
March 1962	Orchestra & Chorus	STC 91268-91269
	Klemperer	LP: Angel 3634
		LP: EMI SLS 806
		CD: EMI CDM 769 6622

Symphony No 4

Vienna	VPO	LP: Discocorp BWS 705
May 1960	Walter	CD: Music and Arts CD 705
		CD: Wing (Japan) WCD 1-2
		<u>4th movement only</u>
		CD: Verona 27075

London	Philharmonia	LP: Columbia 33CX 1793/SAX 2441/ASD 2799
April 1961	Klemperer	LP: Columbia (Germany) C 91191/STC 91191
		LP: Angel 35829
		CD: EMI CDM 769 6672

Des Antonius von Padua Fischpredigt/Des Knaben Wunderhorn (Antonius zur Predigt die Kirche find't ledig)

Berlin	Parsons	LP: EMI ASD 2404/1C 187 01307-01308
April 1966		LP: Angel 36545/3754
		CD: EMI CDM 763 6542/CMS 763 7902
		CD: Toshiba TOCE

Mahler Lieder/continued

Ich atmet' einen linden Duft/Rückert-Lieder

Vienna May 1960	VPO Walter	LP: Discocorp BWS 705/RR 208/RR 537 CD: Music and Arts CD 705 CD: Verona 27075
Berlin April 1966	Parsons	LP: EMI ASD 2404/1C 187 01307-01308 LP: Angel 36545 CD: EMI CDM 763 6542/CMS 763 7902 CD: Toshiba TOCE

Ich bin der Welt abhanden gekommen/Rückert-Lieder

Vienna May 1960	VPO Walter	LP: Discocorp BWS 705/RR 208/RR 537 CD: Music and Arts CD 705 CD: Verona 27075

Das irdische Leben/Des Knaben Wunderhorn (Mutter, ach Mutter, es hungert mich)

London March 1968	LSO Szell	LP: EMI SAN 218/ASD 143 4424/1C 065 00098 LP: Angel 36547 CD: EMI CDC 747 2772

Lied des Verfolgten im Turm/Des Knaben Wunderhorn (Die Gedanken sind frei)

London March 1968	Fischer-Dieskau LSO Szell	LP: EMI SAN 218/ASD 143 4424/1C 065 00098 LP: Angel 36547 CD: EMI CDC 747 2772

Lob des hohen Verstandes/Des Knaben Wunderhorn (Einstmals in einem tiefen Tal)

Berlin April 1966	Parsons	LP: EMI ASD 2404/1C 187 01307-01308 LP: Angel 36545 CD: EMI CDM 763 6542/CMS 763 7902 CD: Toshiba TOCE CD: EMI CHS 565 8602
London March 1968	LSO Szell	LP: EMI SAN 218/ASD 143 4424/1C 065 00098 LP: Angel 36547 CD: EMI CDC 747 2772

Version of this song also included in a BBC TV recital in 1970

Rheinlegendchen/Des Knaben Wunderhorn (Bald gras' ich am Neckar)

London March 1968	LSO Szell	LP: EMI SAN 218/ASD 143 4424/1C 065 00098 LP: Angel 36547 CD: EMI CDC 747 2772

Mahler Lieder/concluded

Der Schildwache Nachtlied/Des Knaben Wunderhorn (Ich kann und mag nicht fröhlich sein)

London	Fischer-Dieskau	LP: EMI SAN 218/ASD 143 4424/1C 065 00098
March 1968	LSO	LP: Angel 36547
	Szell	CD: EMI CDC 747 2772

Um schlimme Kinder artig zu machen/Lieder und Gesänge aus der Jugendzeit
(Es kam ein Herr zum Schlösseli)

Berlin	Parsons	LP: EMI ASD 2634
October 1968		LP: Angel 36752
		CD: EMI CDM 763 6542/CMS 763 7902
		CD: Toshiba TOCE

Verlor'ne Müh'/Des Knaben Wunderhorn (Büble, wir wollen aussegehe!)

London	Fischer-Dieskau	LP: EMI SAN 218/ASD 143 4424/1C 065 00098
March 1968	LSO	LP: Angel 36547
	Szell	CD: EMI CDC 747 2772

Wo die schönen Trompeten blasen/Des Knaben Wunderhorn (Wer ist denn draussen und wer klopfet an?)

Vienna	VPO	LP: Discocorp BWS 705/RR 208/RR 537
May 1960	Walter	CD: Music and Arts CD 705
		CD: Verona 27075

London	Fischer-Dieskau	LP: EMI SAN 218/ASD 143 4424/1C 065 00098
March 1968	LSO	LP: Angel 36547
	Szell	CD: EMI CDC 747 2772

JOHANN PAUL MARTINI (1741-1816)

Plaisir d'amour

Aix-en-Provence	Rosbaud	CD: Melodram CDM 26524
July 1954		

London	Moore	45: Columbia SEL 1589/ESL 6255
April 1956		LP: Columbia 33CX 1404/SAX 2265
		LP: Columbia (Germany) C 90545
		LP: Angel 35383
		LP: EMI RLS 154 6133
		CD: EMI CDM 763 6542/CMS 763 7902

JOSEPH MARX (1882-1964)

Venezianisches Wiegenlied

Vienna   Parsons   Decca unpublished
January 1979

NIKOLAY MEDTNER (1880-1951)

Einsamkeit (Die ihr Felsen und Bäume bewohnt)

London   Medtner   78: Columbia LX 1426
October 1950   CD: EMI CDC 754 8392/CHS 565 8602

Elfenliedchen (Um Mitternacht, wenn die Menschen erst schlafen)

London   Medtner   78: Columbia LX 1423
November 1950   CD: EMI CDC 754 8392/CHS 565 8602

Glückliche Fahrt (Die Nebel zerreissen, der Himmel ist helle)

London   Medtner   78: Columbia LX 1424
November 1950   CD: EMI CDC 754 8392/CHS 565 8602

Im Vorübergehen (Ich ging im Felde so für mich hin)

London   Medtner   78: Columbia LX 1423
November 1950   CD: EMI CDC 754 8392/CHS 565 8602

Meeresstille (Tiefe Stille herrscht im Wasser)

London   Medtner   78: Columbia LX 1424
November 1950   CD: EMI CDC 754 8392/CHS 565 8602

The Muse (In days when I was young)

London   Medtner   78: Columbia LX 1425
October 1950   Sung in English   CD: EMI CDC 754 8392/CHS 565 8602

Medtner Songs/concluded

Präludium (Wenn im Unendlichen dasselbe)

London   Medtner   78: Columbia LX 1426
October 1950   CD: EMI CDC 754 8392/CHS 565 8602

Die Quelle (Unsre Quelle kommt im Schatten)

London   Medtner   78: Columbia LX 1424
November 1950   CD: EMI CDC 754 8392/CHS 565 8602

The Rose (Where the rose-bud, the child of dawn?)

London   Medtner   78: Columbia LX 1423
November 1950   Sung in English   CD: EMI CDC 754 8392/CHS 565 8602

Selbstbetrug (Der Vorhang schwebet hin und her)

London   Medtner   78: Columbia LX 1424
November 1950   CD: EMI CDC 754 8392/CHS 565 8602

Aus Lila (So tanzet und springet)

London   Medtner   78: Columbia LX 1425
October 1950   CD: EMI CDC 754 8392/CHS 565 8602

The Waltz (How can I forget that wondrously sweet moment?)

London   Medtner   78: Columbia LX 1425
October 1950   Sung in English   CD: EMI CDC 754 8392/CHS 565 8602

When roses fade (When roses are about to fade)

London   Medtner   78: Columbia LX 1423
November 1950   Sung in English   CD: EMI CDC 754 8392/CHS 565 8602

Winternacht (Verschneit liegt rings die ganze Welt)

London   Medtner   78: Columbia LX 1426
October 1950   CD: EMI CDC 754 8392/CHS 565 8602

FELIX MENDELSSOHN-BARTHOLDY (1809-1847)

Auf Flügeln des Gesanges

London	Moore	45: Columbia SEL 1589/ESL 6255/SCD 2149
April 1956		LP: Columbia 33CX 1404/SAX 2265
		LP: Columbia (Germany) C 90545
		LP: Angel 35383
		CD: EMI CHS 565 8602

CARL MILLOECKER (1842-1899)

Die Dubarry: Excerpts (Ich schenk' mein Herz; Was ich im Leben beginne)

London	Philharmonia	LP: Columbia 33CX 1507/SAX 2283/ASD 2807
July 1957	Ackermann	LP: Angel 35696/3754
		CD: EMI CDC 747 2842

CLAUDIO MONTEVERDI (1567-1643)

Madrigals: Io son pur vezzosetta pastorella; Ardo e scoprir; Baci cari; Dialogo di ninfa e pastore

London	Seefried	LP: Columbia 33CX 1331
May 1955	Moore	LP: Angel 35290/60376
		LP: EMI HLM 7267
		CD: EMI CDH 769 7932

THOMAS MORLEY (1557-1602)

It was a lover and his lass

| Vienna | Hudez | Columbia unpublished |
| November 1946 | | |

WOLFGANG AMADEUS MOZART (1756-1791)

Bastien und Bastienne

Berlin 1939	Role of Bastienne Sinimberghi, Hausschild BPO Gebhardt	Unpublished video recording Recorded for television: tape probably no longer preserved

Cosí fan tutte

London July- November 1954	Role of Fiordiligi Merriman, Otto, Simoneau, Panerai, Bruscantini Chorus Philharmonia Karajan	LP: Columbia 33CX 1262-1264 LP: Columbia (Germany) C 90432-90434 LP: Angel 3522 LP: World Records SOC 195-197 LP: EMI RLS 7709/1C 197 54200-54208M CD: EMI CHS 769 6352 Excerpts LP: Columbia (Germany) C 80574 LP: World Records OH 198/SOH 198 CD: EMI CDM 763 6572/CMS 763 7902/CDEMX 2211
Milan January 1956	Merriman, Sciutti, Alva, Panerai, Calabrese La Scala Orchestra & Chorus Cantelli	LP: Discocorp IGI 326 LP: Cetra LO 13 LP: Estro Armonico EA 029 LP: Pantheon C 87662 CD: Stradivarius STR 13597-13599
Salzburg July 1960	C.Ludwig, Sciutti, Kmennt, Prey, Dönch Vienna Opera Chorus VPO Böhm	LP: Melodram MEL 708/Movimento 03.026 Excerpts LP: Melodram MEL 082/MEL 088 CD: Melodram MEL 16501 CD: Gala GL 100.501
Salzburg August 1962	C.Ludwig, Sciutti, Kmennt, Prey, Dönch Vienna Opera Chorus VPO Böhm	CD: Hunt CDMP 455
London September 1962	C.Ludwig, Steffek, Kraus, Taddei, Berry Philharmonia Orchestra & Chorus Böhm	LP: EMI AN 103-106/SAN 103-106/SLS 5028 LP: Angel 3631 CD: EMI CMS 769 3302 Excerpts LP: EMI ALP 2265/ASD 2265/SXLP 30457 LP: Angel 36167/36948/3754 LP: EMI ASD 3915/YKM 5002/1C 063 00838 CD: EMI CDM 565 5772

Salzburg Festival performances of the opera with Schwarzkopf recorded by
Austrian television in 1958 and 1961

Così fan tutte: Excerpt (Come scoglio)

New York November 1956	Reeves	CD: EMI CHS 761 0432 CD: NotaBlu 935 0911
Salzburg August 1958	VPO Böhm	LP: Gioielli della lirica GML 052

Così fan tutte: Excerpt (Per pietà)

Salzburg August 1958	VPO Böhm	LP: Gioielli della lirica GML 052
Naples October 1961	RAI Napoli Orchestra Franci	CD: Melodram CDM 16529

Così fan tutte: Excerpts (Ah, guarda sorella!; Richiamati da regio contrordine)

Salzburg August 1958	C.Ludwig, Sciutti, Alva, Panerai, Schmidt VPO Böhm	LP: Gioielli della lirica GML 052

Così fan tutte: Excerpt (Soave sia il vento)

Salzburg August 1958	C.Ludwig, Schmidt VPO Böhm	LP: Gioielli della lirica GML 052
London February 1967	De los Angeles, Fischer-Dieskau Moore	EMI unpublished

Così fan tutte: Excerpt (Prenderò quel brunettino)

Salzburg August 1958	C.Ludwig VPO Böhm	CD: Orfeo C394 201B/C408 955R

Così fan tutte: Excerpt (L'amore è un ladroncello)

Naples October 1961	Role of Dorabella RAI Napoli Orchestra Franci	CD: Melodram CDM 16529
Blossom July 1968	Cleveland Orchestra Szell	LP: Rococo 5374 CD: Hunt CDGPI 745

La Betulia liberata

Turin May 1952	Role of Amital Pirazzini, Valletti, Christoff RAI Torino Orchestra & Chorus Rossi	LP: Melodram MEL 211 CD: Nuova Era 2377 CD: Memories HR 4222

Don Giovanni

Salzburg July-August 1950	Role of Elvira Welitsch, Seefried, Dermota, Gobbi, Greindl, Kunz, Poell Vienna Opera Chorus VPO Furtwängler	LP: Ed Smith EJS 419 LP: Olympic 9109 LP: Discocorp RR 407 LP: Turnabout THS 65154-65156 LP: Melodram MEL 713 CD: JVC (Japan) R30C 1014-1016 CD: Priceless D 16581 CD: Laudis LCD 34001 Excerpts LP: Melodram MEL 082/MEL 088 LP: Discoreale DR 10037 CD: Melodram MEL 16501 Part of side 3 of Olympic version derives from the 1953 performance listed below
Salzburg July 1953	Grümmer, Berger, Dermota, Siepi, Edelmann, Arié, Berry Vienna Opera Chorus VPO Furtwängler	CD: Rodolphe RPC 32527-32530 CD: Virtuoso 269.9052 CD: Gala 100.602
Salzburg August 1954	Grümmer, Berger, Dermota, Siepi, Edelmann, Ernster, Berry Vienna Opera Chorus VPO Furtwängler	LP: Morgan MOR 5302 LP: Discocorp MORG 003 LP: Cetra LO 7 LP: Foyer FO 1017 LP: Nippon Columbia OZ 7568-7571 LP: EMI EX 29 06673 CD: Nippon Columbia 90C37-7313 CD: Music and Arts CD 003 CD: Cetra CDE 1050 CD: Hunt CD 509 CD: EMI CMS 763 8602 Final scene missing from this recording: final scene spliced in from 1953 version
Salzburg August 1954	Grümmer, Berger, Dermota, Siepi, Edelmann, Ernster, Berry Vienna Opera Chorus VPO Furtwängler	Unused soundtrack recording for Czinner's film version; this recording may not have been completed, as Schwarzkopf did not in the event participate in the film

Mozart Don Giovanni/continued

London October 1959	Sutherland, Sciutti, Alva, Wächter, Taddei, Cappuccilli, Frick Philharmonia Orchestra & Chorus Klemperer	Columbia unpublished Recording incomplete
London October 1959	Sutherland, Sciutti, Alva, Wächter, Taddei, Cappuccilli, Frick Philharmonia Orchestra & Chorus C.Davis	Unpublished radio broadcast
London October- November 1959	Sutherland Sciutti, Alva, Wächter, Taddei, Cappuccilli, Frick Philharmonia Orchestra & Chorus Giulini	LP: Columbia 33CX 1717-1720/SAX 2369-2372 LP: Columbia (Germany) C 91059-91062/ STC 91059-91062 LP: Angel 3605 LP: EMI SLS 5083 CD: EMI CDS 747 2608 Excerpts LP: Columbia 33CX 1918/SAX 2559 LP: Angel 36948/3754 LP: EMI SXLP 30300/1C 061 02056 CD: EMI CDM 763 0782/CDM 565 5772
Salzburg August 1960	L.Price, Sciutti, Valletti, Wächter, Berry, Panerai, Zaccaria Vienna Opera Chorus VPO Karajan	LP: HRE Records HRE 247 LP: Movimento musica 03.001 CD: Movimento musica 013.6012 CD: Curcio-Hunt OP 6 Excerpts CD: Orfeo C394 201B/C408 955R
New York January 1966	Stich-Randall, Elias, Peerce, Siepi, G.Evans, Uppmann, Ghiuselev Metropolitan Opera Orchestra & Chorus Rosenstock	Unpublished Met broadcast

Don Giovanni: Excerpt (Mi tradi)

London September 1947	Philharmonia Krips	78: Columbia LX 1210 45: Columbia SEL 1511 LP: EMI RLS 763
London September 1952	Philharmonia Pritchard	Columbia unpublished
Turin December 1952	RAI Torino Orchestra Rossi	LP: Cetra LMR 5018 LP: Discocorp RR 208 CD: Melodram CDM 16529 CD: Cetra CDMR 5018
Blossom July 1968	Cleveland Orchestra Szell	LP: Rococo 5374 CD: Hunt CDGPI 745 *

This aria performed in a 1961 BBC TV profile, but probably mimed to the recording from the 1959 complete version of the opera

Don Giovanni: Excerpt (Non mi dir)

| London
July 1952 | Philharmonia
Pritchard | 45: Columbia SEL 1515
LP: Columbia 33CX 1069
LP: Columbia (Germany) C 90321
LP: Angel 35021
LP: World Records T 583
LP: EMI RLS 763/2C 051 43222
CD: EMI CDC 747 9502/CDH 763 7082
CD: NotaBlu 935 0911 |

Don Giovanni: Excerpts (Batti, batti; Vedrai carino)

| London
July 1952 | Philharmonia
Pritchard | 78: Columbia LB 145
45: Columbia SEL 1511
LP: Columbia 33CX 1069
LP: Columbia (Germany) C 90321
LP: Angel 35021
LP: World Records T 583
LP: EMI 2C 051 43222
CD: EMI CDC 747 9502/CDH 763 7082 |

Die Entführung aus dem Serail

Vienna	Role of Konstanze	LP: Melodram MEL 047
September	Loose, Dermota,	CD: Gala GL 100.501
1944	Klein, Alsen	Excerpts
	Vienna Opera Chorus	LP: Urania URLP 7036
	VPO	LP: Saga XIG 8011/ST 7011/5911
	Moralt	LP: Saga FDY 2143/STFDY 2143
		LP: Rococo 5374
		LP: Discoreale DR 10037
		LP: Melodram MEL 082/MEL 088
		LP: Historia H 677-678
		LP: Acanta BB 23119
		CD: Melodram MEL 16501
		Urania and Saga issues (Martern aller Arten) and Historia issue (Welch ein Geschick) incorrectly describe singer as Maria Cebotari

Die Entführung aus dem Serail: Excerpt (Martern aller Arten)

Vienna	VPO	LP: EMI RLS 763/RLS 7714/154 6133
October 1946	Karajan	CD: EMI CDH 763 7082
		CD: NotaBlu 935 0923

Die Entführung aus dem Serail: Excerpt (Welcher Kummer herrscht in meiner Seele/Traurigkeit ward mir zum Lose)

Vienna	VPO	78: Columbia LX 1249
October 1946	Krips	LP: Columbia (USA) ML 4649
		LP: EMI RLS 763/154 6133
		CD: EMI CDH 763 7082

Idomeneo: Excerpt (Zeffiretti lusinghieri)

London	Philharmonia	45: Columbia SEL 1515
September 1952	Pritchard	LP: Columbia 33CX 1069
		LP: Columbia (Germany) C 90321
		LP: Angel 35021
		LP: World Records T 583
		LP: EMI 2C 051 43222
		CD: EMI CDC 747 9502/CDH 763 7082
Turin	RAI Torino	LP: Cetra LMR 5018
December 1952	Orchestra	LP: Melodram MEL 047/MEL 088
	Rossi	LP: Discocorp RR 208
		CD: Melodram CDM 16529
		CD: Cetra CDMR 5018

Il rè pastore: Excerpt (L'amerò, sarò costante)

Vienna November 1946	Sedlak, violin VPO Krips	78: Columbia LX 1096 LP: EMI RLS 763 CD: EMI CMS 763 7502

Le Nozze di Figaro

Vienna June- October 1950	Role of Contessa Seefried, Jurinac, Kunz, London Vienna Opera Chorus VPO Karajan	78: Columbia (Germany) LWX 410-425 LP: Columbia 33CX 1007-1009 LP: Columbia (Germany) C 90294-90296 LP: EMI 1C 197 54200-54208M CD: EMI CMS 769 6392 Excerpts 78: Columbia LX 1575 LP: Columbia 33CX 1558/RLS 764 LP: Columbia (Germany) C 80531/C 70373 LP: Angel 35326 CD: EMI CDM 763 6572/CMS 763 7902
Salzburg August 1953	Seefried, Güden, Kunz, Schöffler, Vienna Opera Chorus VPO Furtwängler Sung in German	LP: Ed Smith GMR 999 LP: Discocorp IGI 343 LP: Cetra LO 8/FE 27 CD: Rodolphe RPC 32527-32530 Excerpts LP: Melodram MEL 082 CD: Orfeo C394 201B/C408 955R CD: Melodram MEL 16501 2 different performances of Porgi amor can be heard on these recordings
Milan February 1954	Seefried, Jurinac, Panerai, Petri La Scala Orchestra & Chorus Karajan	LP: Cetra LO 70 CD: Hunt CDKAR 225 CD: Melodram MEL 37075 Excerpts LP: Gioielli della lirica GML 030
Salzburg July 1957	Seefried, C.Ludwig, Kunz, Fischer-Dieskau Vienna Opera Chorus VPO Böhm	LP: Melodram MEL 709 CD: Di Stefano GDS 31019 CD: Orfeo C296 932D/Gala GL 100.601 Excerpts LP: Melodram MEL 047 CD: Virtuoso 269.7152 CD: Verona 27092-27094
London September 1959	Moffo, Cossotto, Taddei, Wächter Philharmonia Orchestra & Chorus Giulini	LP: Columbia 33CX 1732-1735/SAX 2381-2384 LP: Angel 3608 LP: EMI SLS 5512 CD: EMI CMS 763 2662 Excerpts LP: Columbia 33CX 1934/SAX 2573 LP: Angel 3754 LP: EMI SXLP 30303/1C 063 00839 CD: EMI CDM 763 4092/CDM 565 5772

Mozart Le Nozze di Figaro/continued

London　　　　　　Söderström,　　　　　　Unpublished radio broadcast
February 1961　　　Berganza, Corena,
　　　　　　　　　Blanc
　　　　　　　　　Philharmonia
　　　　　　　　　Orchestra & Chorus
　　　　　　　　　Giulini

Amsterdam　　　　　Sciutti, Malagù,　　　　CD: Verona 27092-27094
July 1961　　　　　Taddei, Prey
　　　　　　　　　Netherlands
　　　　　　　　　Chamber Choir
　　　　　　　　　Residentie Orchestra
　　　　　　　　　Giulini

Le Nozze di Figaro:　Excerpt (Porgi amor)

London　　　　　　Philharmonia　　　　　　LP: Columbia 33CX 1069
July 1952　　　　　Pritchard　　　　　　　 LP: Columbia (Germany) C 90321
　　　　　　　　　　　　　　　　　　　　　 LP: Angel 35021
　　　　　　　　　　　　　　　　　　　　　 LP: World Records T 583
　　　　　　　　　　　　　　　　　　　　　 LP: EMI RLS 763/2C 051 43222
　　　　　　　　　　　　　　　　　　　　　 CD: EMI CDH 763 7082
　　　　　　　　　　　　　　　　　　　　　 CD: NotaBlu 935 0911

Hamburg　　　　　　NDR Orchestra　　　　　 LP: Melodram MEL 082
December 1952　　　Schüchter　　　　　　　 LP: Discoreale DR 10037

Stuttgart　　　　　SDR Orchestra　　　　　 VHS Video: EMI MVC 491 4763
1959　　　　　　　 Schuricht

Le Nozze di Figaro:　Excerpt (Dove sono)

London　　　　　　　Philharmonia　　　　　　LP: Columbia 33CX 1069
September 1952　　　Pritchard　　　　　　　 LP: Columbia (Germany) C 90321
　　　　　　　　　　　　　　　　　　　　　 LP: Angel 35021
　　　　　　　　　　　　　　　　　　　　　 LP: World Records T 583
　　　　　　　　　　　　　　　　　　　　　 LP: EMI RLS 763/2C 051 43222
　　　　　　　　　　　　　　　　　　　　　 CD: EMI CDH 763 7082

Le Nozze di Figaro:　Excerpt (Ah, la cieca gelosia!)

Milan　　　　　　　 Seefried,　　　　　　　LP: Melodram MEL 088
December 1948　　　 Höfermeyer
　　　　　　　　　　VPO
　　　　　　　　　　Karajan

Le Nozze di Figaro: Excerpt (Esci omai, garzon malnato!)

Salzburg	Seefried, Kunz	CD: Orfeo C335 931B
August 1958	VPO	
	Böhm	

Le Nozze di Figaro: Excerpt (Deh vieni non tardar)

London	Role of Susanna	LP: Columbia 33CX 1069
July 1952	Philharmonia	LP: Columbia (Germany) C 90321
	Pritchard	LP: Angel 35021
		LP: World Records T 583
		LP: EMI RLS 763/2C 051 43222
		CD: EMI CDC 747 6502/CDH 763 7082
		CD: NotaBlu 935 0911
		CD: EMI CDM 565 5772
Turin	RAI Torino	CD: Melodram CDM 16529
December 1952	Orchestra	
	Rossi	
Blossom	Cleveland	LP: Rococo 5374
July 1968	Orchestra	CD: Hunt CDGPI 745
	Szell	

Le Nozze di Figaro: Excerpt (Non so più)

London	Role of Cherubino	LP: Columbia 33CX 1069
July 1952	Philharmonia	LP: Columbia (Germany) C 90321
	Pritchard	LP: Angel 35021
		LP: World Records T 583
		LP: EMI 2C 051 43222
		CD: EMI CDC 747 6502/CDH 763 7082

Le Nozze di Figaro: Excerpt (Voi che sapete)

London	Philharmonia	LP: Columbia 33CX 1069
July 1952	Pritchard	LP: Columbia (Germany) C 90321
		LP: Angel 35021
		LP: World Records T 583
		LP: EMI 2C 051 43222
		CD: EMI CDC 747 6502/CDH 763 7082
London	Goldsborough	LP: Voce VOCE 116
January 1958	Orchestra	Ornamented version
	Mackerras	

Die Zauberflöte

Rome December 1953	Role of Pamina Streich, Gedda, Taddei, Petri RAI Rome Orchestra & Chorus Karajan Sung in Italian	CD: Myto MCD 89007 Excerpts CD: Hunt CD 535/CDHP 535
London March– April 1964	Role of 1st Lady Janowitz, Popp, Gedda, Berry, Frick, Crass Philharmonia Orchestra & Chorus Klemperer	LP: EMI AN 137-139/SAN 137-139/SLS 912 LP: Angel 3651 CD: EMI CMS 769 9712/CDS 555 1732 Excerpts LP: EMI ALP 2314/ASD 2314/ESD 100 3261 CD: EMI CDM 763 4512/CDM 769 0562/CDM 565 5682

Die Zauberflöte: Excerpt (Ach, ich fühl's)

London April 1948	Philharmonia Braithwaite Sung in English	LP: EMI ALP 143 5501/RLS 154 6133 CD: EMI CDH 763 7082
London July 1952	Philharmonia Pritchard	Columbia unpublished
Turin December 1952	RAI Torino Orchestra Rossi	LP: Cetra LMR 5018 LP: Discocorp RR 208 LP: Melodram MEL 047/MEL 088 CD: Gala GL 100.501 CD: Cetra CDMR 5018

Die Zauberflöte: Excerpt (Bei Männern, welche Liebe fühlen)

Vienna December 1947	Kunz VPO Karajan	Columbia unpublished

Abendempfindung (Abend ist's, die Sonne ist verschwunden)

London September 1952	Moore	78: Columbia LX 1580
London July 1953	Moore	Columbia unpublished
London January 1954	Moore	LP: Columbia 33CX 1044 LP: Columbia (Germany) C 90306 LP: Angel 35023/60044 LP: EMI HQM 1072/RLS 763 LP: Melodiya M10 43861-43862
Aix-en- Provence July 1954	Rosbaud	CD: Melodram CDM 26524
London April 1955	Gieseking	LP: Columbia 33CX 1321 LP: Columbia (Germany) C 90478 LP: Angel 35270 LP: EMI 3C 153 52700-52705M/2C 061 01578 LP: Toshiba EAC 81060 LP: EMI ASD 3858 CD: EMI CDC 747 3262/CDH 763 7022
New York November 1956	Reeves	CD: EMI CHS 761 0432 CD: NotaBlu 935 0911
Ascona October 1967	Parsons	CD: Eremitage ERM 109
Berlin August- September 1970	Parsons	LP: EMI ASD 2844/1C 063 02331 CD: Toshiba TOCE

Alma grande e nobil core, concert aria

London March 1968	LSO Szell	LP: EMI ASD 2493/1C 063 01959 LP: Angel 36643 CD: EMI CDC 747 9502/CDH 763 7022

Mozart Songs and concert arias/continued

Als Luise die Briefe ihres ungetreuen Liebhabers verbrannte (Erzeugt von heisser Fantasie)

London April 1955	Gieseking	LP: Columbia 33CX 1321 LP: Columbia (Germany) C 90478 LP: Angel 35270 LP: EMI 3C 153 52700-52705M/2C 061 01578 LP: Toshiba EAC 81060 LP: EMI ASD 3858 LP: Melodiya M10 43861-43862 CD: EMI CDC 747 3262/CDH 763 7022
New York November 1956	Reeves	CD: EMI CHS 761 0432
Amsterdam December 1957	De Nobel	CD: Verona 27021

Die Alte (Zu meiner Zeit bestand noch Recht und Billigkeit)

London April 1955	Gieseking	LP: Columbia 33CX 1321 LP: Columbia (Germany) C 90478 LP: Angel 35270 LP: EMI 3C 153 52700-52705M/2C 061 01578 LP: EMI ASD 3858 LP: Toshiba EAC 81060 CD: EMI CDH 763 7022

An Chloe (Wenn die Lieb' aus deinen blauen hellen Augen)

London April 1955	Gieseking	LP: Columbia 33CX 1321 LP: Columbia (Germany) C 90478 LP: Angel 35270 LP: EMI 3C 153 52700-52705M/2C 061 01578 LP: Toshiba EAC 81060 LP: EMI ASD 3858 CD: EMI CDC 747 3262/CDH 763 7022

Caro bell' idol mio, canon

London February 1967	De los Angeles Fischer-Dieskau Moore	EMI unpublished

Mozart Songs and concert arias/continued

Ch'io mi scordi di te?, concert aria

London May 1955	Anda Philharmonia Ackermann	Columbia unpublished
London September 1955	BBCSO Sargent	Unpublished radio broadcast
Naples October 1961	RAI Napoli Orchestra Franci	CD: Melodram CDM 16529
London March 1968	Brendel LSO Szell	LP: EMI ASD 2493/1C 063 01959 LP: Angel 36643 CD: EMI CDC 747 9502/CDH 763 7022

Dans un bois solitaire

London April 1955	Gieseking	LP: Columbia 33CX 1321 LP: Columbia (Germany) C 90478 LP: Angel 35270 LP: EMI 3C 153 52700-52705M/2C 061 01578 LP: Toshiba EAC 81060 LP: EMI ASD 3858 LP: Melodiya M10 43861-43862 CD: EMI CDH 763 7022
New York November 1956	Reeves	CD: EMI CHS 761 0432

Exsultate jubilate

Vienna November 1946	VPO Krips	Columbia unpublished
London May 1948	Philharmonia Susskind	78: Columbia LX 1196-1197 LP: Columbia (USA) ML 4649 LP: Columbia (Germany) C 80628 LP: Angel 60013 LP: EMI RLS 154 6133 CD: EMI CDH 763 2012
London September 1952	Philharmonia Pritchard	Columbia unpublished
London September 1953	BBCSO Boult	Unpublished radio broadcast
Stratford Ontario August 1955	Hart House Orchestra Neel	LP: Rococo 5388

Mozart Songs and concert arias/continued

Im Frühlingsanfange (Erwacht zum neuen Leben)

London April 1955	Gieseking	LP: Columbia 33CX 1321 LP: Columbia (Germany) C 90478 LP: Angel 35270 LP: EMI 3C 153 52700-52705M/2C 061 01578 LP: Toshiba EAC 81060 LP: EMI ASD 3858 CD: EMI CDC 747 3262/CDH 763 7022

Das Kinderspiel (Wir Kinder, wir schmecken der Freude recht viel)

London April 1955	Gieseking	LP: Columbia 33CX 1321 LP: Columbia (Germany) C 90478 LP: Angel 35270 LP: EMI 3C 153 52700-52705M/2C 061 01578 LP: Toshiba EAC 81060 LP: EMI ASD 3858 CD: EMI CDC 747 3262/CDH 763 7022

Die kleine Spinnerin (Was spinnst du, fragte Nachbars Fritz)

London April 1955	Gieseking	LP: Columbia 33CX 1321 LP: Columbia (Germany) C 90478 LP: Angel 35270 LP: EMI 3C 153 52700-51705M/2C 061 01578 LP: Toshiba EAC 81060 LP: EMI ASD 3858 LP: Melodiya M10 43861-43862 CD: EMI CDC 747 3262/CDH 763 7022

Das Lied der Trennung (Selbst Engel Gottes weinen)

London April 1955	Gieseking	LP: Columbia 33CX 1321 LP: Columbia (Germany) C 90478 LP: Angel 35270 LP: EMI 3C 153 52700-52705M/2C 061 01578 LP: Toshiba EAC 81060 LP: EMI ASD 3858 CD: EMI CDH 763 7022

Mozart Songs and concert arias/continued

Meine Wünsche (Ich möchte wohl der Kaiser sein)

Ascona October 1967	Parsons	CD: Eremitage ERM 109
Berlin October 1967	Parsons	LP: EMI ASD 2404/1C 187 01307-01308 LP: Angel 36545/6072 CD: Toshiba TOCE
Nohant June 1969	Ciccolini	CD: Hunt CDGI 8021

Un moto di gioia

London April 1955	Gieseking	Columbia unpublished
New York November 1956	Reeves	CD: EMI CHS 761 0432
Amsterdam December 1957	De Nobel	CD: Verona 27021
London April 1955	Gieseking	Columbia unpublished

Nehmt meinen Dank

London April 1955	Gieseking	Columbia unpublished
London April 1955	Philharmonia Galliera	CD: EMI CDM 763 6552/CMS 763 7902
Naples October 1961	RAI Napoli Orchestra Franci	CD: Melodram CDM 16529
London March 1968	LSO Szell	LP: EMI ASD 2493/1C 063 01959 LP: Angel 36643 CD: EMI CDC 747 9502/CDH 763 7022

Mozart Songs and concert arias/continued

Oiseaux, si tous les ans

Berlin 1942-1943	Raucheisen Sung in German	LP: Acanta 40 23557 CD: Acanta 42 43801
London April 1955	Gieseking	LP: Columbia 33CX 1321 LP: Columbia (Germany) C 90478 LP: Angel 35270 LP: EMI 3C 153 52700-52705M/2C 061 01578 LP: Toshiba EAC 81060 LP: EMI ASD 3858 LP: Melodiya M10 43861-43862 CD: EMI CDC 747 3262/CDH 763 7022

La partenza, trio

London February 1967	De los Angeles, Fischer-Dieskau Moore	LP: EMI AN 182-183/SAN 182-183 LP: EMI SLS 926/EX 29 04353 CD: EMI CMS 565 0612

Più non si trovano, trio

London February 1967	De los Angeles, Fischer-Dieskau Moore	LP: EMI AN 182-183/SAN 182-183/SLS 926 LP: EMI EX 29 04353/ASD 143 5941 CD: EMI CDC 749 2382/CDEMX 2233

Ridente la calma

London April 1955	Gieseking	LP: Columbia 33CX 1321 LP: Columbia (Germany) C 90478 LP: Angel 35270 LP: EMI 3C 153 52700-52705M/2C 061 01578 LP: Toshiba EAC 81060 LP: EMI ASD 3858 LP: Melodiya M10 43861-43862 CD: EMI CDC 747 3262/CDH 763 7022

Sehnsucht nach dem Frühlinge (Komm', lieber Mai!)

London April 1955	Gieseking	LP: Columbia 33CX 1321 LP: Columbia (Germany) C 90478 LP: Angel 35270 LP: EMI 3C 153 52700-52705M/2C 061 01578 LP: Toshiba EAC 81060 LP: EMI ASD 3858 CD: EMI CDC 747 3262/CDH 763 7022

Mozart Songs and concert arias/continued

Das Traumbild (Wo bist du, Bild, das vor mir stand?)

London April 1955	Gieseking	LP: Columbia 33CX 1321 LP: Columbia (Germany) C 90478 LP: Angel 35270 LP: EMI 3C 153 52700-52705M/2C 061 01578 LP: Toshiba EAC 81060 LP: EMI ASD 3858 CD: EMI CDH 763 7022

Vado, ma dove?, concert aria

London March 1968	LSO Szell	LP: EMI ASD 2493/1C 063 01959 LP: Angel 36643 CD: EMI CDC 747 9502/CDH 763 7022

Das Veilchen (Ein Veilchen auf der Wiese stand)

London May 1948	Moore	Columbia unpublished
Berlin October 1967	Parsons	LP: EMI ASD 2404/1C 187 01307-01308 LP: Angel 36545/6072 CD: EMI CHS 565 8602 CD: Toshiba TOCE
Ascona October 1967	Parsons	CD: Eremitage ERM 109

Die Verschweigung (Sobald Damötas Chloen sieht)

Berlin 1942-1943	Raucheisen	LP: Acanta 40 23557 CD: Acanta 42 43801
London April 1955	Gieseking	LP: Toshiba EAC 81060

Mozart Songs and concert arias/continued

Warnung (Männer suchen stets zu naschen)

London October 1947	Moore	78: Columbia LB 73 LP: Columbia (USA) ML 4649 CD: EMI CHS 565 8602
Aix-en- Provence July 1954	Rosbaud	CD: Melodram CDM 26524
London April 1955	Gieseking	Columbia unpublished
London June 1957	Moore	Columbia unpublished
Ascona October 1967	Parsons	CD: Eremitage ERM 109
Toronto February 1970	Orchestra Rich	LP: Rococo 5388

Der Zauberer (Ihr Mädchen, flieht Damöten ja!)

London November 1951	Moore	78: Columbia LB 118 CD: EMI CHS 565 8602
London July 1953	Moore	Columbia unpublished
London January 1954	Moore	LP: Columbia 33CX 1044 LP: Columbia (Germany) C 90306 LP: Angel 35023 LP: EMI RLS 763
London April 1955	Gieseking	LP: Columbia 33CX 1321 LP: Columbia (Germany) C 90478 LP: Angel 35270 LP: EMI 3C 153 52700-52705M/2C 061 01578 LP: Toshiba EAC 81060 LP: EMI ASD 3858 CD: EMI CDC 747 3262/CDH 763 7022
Berlin August- September 1970	Parsons	LP: EMI ASD 2844/1C 063 02331 CD: Toshiba TOCE CD: EMI CHS 565 8602

Versions of Mozart songs also included in BBC TV recitals in 1961 and 1970

Mozart Songs and concert arias/concluded

Die Zufriedenheit (Was frag' ich viel nach Geld und Gut?)

London	Gieseking	LP: Columbia 33CX 1321
April 1955		LP: Columbia (Germany) C 90478
		LP: Angel 35270
		LP: EMI 3C 153 52700-52705M/2C 061 01578
		LP: Toshiba EAC 81060
		LP: EMI ASD 3858
		CD: EMI CDC 747 3262/CDH 763 7022

MODEST MUSSORGSKY (1839-1881)

Boris Godunov: Excerpt (Death of Boris)

London	Role of Feodor	78: HMV DB 21097
May 1949	Christoff	45: Victor EHA 11
	Covent Garden	LP: HMV BLP 1003/E 70018/RLS 735
	Chorus	LP: EMI 1C 147 03336-03337M
	Philharmonia	CD: EMI CDH 764 2522
	Dobrowen	

Gathering mushrooms

Berlin	Parsons	LP: EMI ASD 2404/1C 187 01307-01308
October 1967	Sung in German	LP: Angel 36545
		CD: Toshiba TOCE
		CD: EMI CHS 565 8602

JACQUES OFFENBACH (1819-1880)

Les contes d'Hoffmann

Paris	Role of Giulietta	LP: EMI AN 154-156/SAN 154-156
September-	De los Angeles,	LP: EMI 1C 157 00045-00047
October 1964	D'Angelo, Gedda,	LP: Angel 3667
	Ghiuselev, Blanc,	CD: EMI CMS 763 2222
	London	Excerpts
	Duclos Choir	LP: EMI SXLP 30538/1C 063 01967
	Paris	CD: EMI CDCFP 4602
	Conservatoire Orch.	
	Cluytens	

CARL ORFF (1895-1982)

Die Kluge

London May 1956	Role of Peasant's Daughter Christ, Kuen, Frick, Cordes, Prey, Kusche, Neidlinger Philharmonia Sawallisch	LP: Columbia 33CX 1446-7/SAX 2257-8 LP: Columbia (Germany) C 90284-90285/ STC 90284-90285 LP: Angel 3551 LP: EMI 1C 137 43291-43293 LP: Arabesque 8021-8022 CD: EMI CMS 763 7122 Excerpts LP: Columbia 33CX 1810/SAX 2456 LP: EMI 1C 063 00719 CD: EMI CZS 767 1872

ALESSANDRO PARISOTTI (1835-1913)

Se tu m' ami, previously attributed to Pergolesi

Aix-en- Provence July 1954	Rosbaud	CD: Melodram CDM 26524
London April 1956	Moore	Columbia unpublished

GIACOMO PUCCINI (1858-1924)

La Bohème: Excerpt (Mi chiamano Mimì)

Vienna November 1948	Role of Mimì VPO Karajan	LP: EMI ALP 143 5501/154 6133 CD: EMI CDM 763 5572
London April 1959	Philharmonia Rescigno	LP: Columbia CX 5286/SAX 5286/SXDW 3049 LP: Angel 36434/3754

La Bohème: Excerpt (Donde lieta uscì)

Vienna November 1948	VPO Karajan	Columbia unpublished
London May 1950	Philharmonia Dobrowen	Columbia unpublished
London October 1950	Philharmonia Galliera	78: Columbia LB 110 45: Columbia SEL 1575/SCD 2141 LP: EMI RLS 763/154 6133
London April 1959	Philharmonia Rescigno	Columbia unpublished
London April 1962	Philharmonia Tonini	Columbia unpublished

This aria performed in a 1961 BBC TV profile, but probably mimed to the 1950 recording

La Bohème: Excerpt (Marcello! Finalmente!...to end of Act 3)

Berlin December 1941	Role of Musetta Cebotari, Rosvaenge, Schmitt-Walter Berlin RO Steinkopf Sung in German	CD: Preiser 90248 Reichsrundfunk recording, although it was allocated Grammophon catalogue numbers in the sequence 67642-67645

Gianni Schicchi: Excerpt (O mio babbino caro)

Vienna November 1948	VPO Karajan	78: Columbia LB 85 45: Columbia SEL 1575 LP: Toshiba EAC 30112 LP: EMI RLS 763/154 6133
London April 1959	Philharmonia Rescigno	LP: Columbia CX 5286/SAX 5286/SXDW 3049 LP: Angel 36434/3754

Madama Butterfly: Excerpt (Un bel dì)

London October 1950	Philharmonia Galliera	78: Columbia LX 1370 45: Columbia SCD 2076 LP: EMI RLS 763/154 6133
Hamburg 1952	NDR Orchestra Schüchter Sung in German	LP: Melodram MEL 088

Madama Butterfly: Excerpt (Con onor muore)

Hamburg 1952	NDR Orchestra Schüchter Sung in German	LP: Melodram MEL 088

Madama Butterfly: Excerpt (Ancora un passo)

Hamburg 1952	NDR Orchestra and Chorus Schüchter Sung in German	LP: Melodram MEL 088

Turandot

Milan July 1957	Role of Liù Callas, Fernandi, Zaccaria La Scala Orchestra & Chorus Serafin	LP: Columbia 33CX 1555-1557 LP: Columbia (Germany) C 90934-90936 LP: Angel 3571 LP: EMI RLS 741 CD: EMI CDS 747 9718 Excerpts LP: Columbia 33CX 1792 LP: Columbia (Germany) C 80578 CD: EMI CDM 763 6572/CMS 763 7902

Turandot: Excerpt (Signore ascolta!)

London October 1950	Philharmonia Galliera	78: Columbia LB 110 45: Columbia SEL 1575 LP: EMI RLS 763
London April 1959	Philharmonia Rescigno	Columbia unpublished
London April 1962	Philharmonia Tonini	Columbia unpublished

Turandot: Excerpt (Tu che di gel sei cinta)

Vienna November 1948	VPO	Columbia unpublished
Vienna March 1949	VPO Böhm	78: Columbia LB 85 45: Columbia SEL 1575
London April 1959	Philharmonia Rescigno	Columbia unpublished
London April 1962	Philharmonia Tonini	Columbia unpublished

HENRY PURCELL (1659-1695)

Dido and Aeneas

London March 1952	Roles of Belinda, Second Lady and Attendant Spirit Flagstad, Hemsley, Mandikian, Lloyd Mermaid Singers Philharmonia G.Jones	45: Victor WHMV 1007 LP: Victor LHMV 1007 LP: HMV ALP 1026 LP: Electrola E 90031 LP: Angel 60346 LP: World Records SH 117 LP: EMI 2C 051 03613 CD: EMI CDH 761 0062 Orchestra described on all issues as Mermaid Orchestra; EMI CD edition gives recording date as October 1952

Music for a while

Berlin March 1958	Raucheisen	LP: Melodram MEL 082 Incorrectly dated 1953

SERGEI RACHMANINOV (1873-1943)

To the children

| London | Moore | LP: Columbia CX 5268/SAX 5268 |
| January 1958 | Sung in English | LP: Angel 36345 |

JEAN-PHILIPPE RAMEAU (1683-1764)

Hippolyte et Aricie: Excerpt (Rossignols amoureux)

Berlin	Raucheisen	LP: Acanta 40 23557
1942-1943	Scheck, flute	CD: Acanta 42 43801
	Sung in German	

MAX REGER (1873-1916)

Ich glaub', lieber Schatz (Unter den blühenden Linden)

| Berlin | Raucheisen | LP: Acanta 40 23565/40 23557 |
| 1942-1943 | | CD: Acanta 42 43128 |

Die Verschmähte (Komm' ich längs der grünen Wiese)

| Berlin | Raucheisen | LP: Acanta 40 23565 |
| 1942-1943 | | CD: Acanta 42 43128 |

Viola d'amour (Holde Königin der Nacht)

| Berlin | Raucheisen | LP: Acanta 40 23565/40 23557 |
| 1942-1943 | | CD: Acanta 42 43128 |

Waldseligkeit (Der Wald beginnt zu rauschen)

| Berlin | Raucheisen | LP: Acanta 40 23565/40 23557 |
| 1942-1943 | | CD: Acanta 42 43128 |

Wiegenlied (Schlaf ein, mein liebes Kindlein du!)

Berlin	Raucheisen	LP: Melodiya M10 41285-41286/5289-73
1942-1943		LP: Discocorp IGI 385/RR 208
		LP: Acanta 40 23565/40 23557
		CD: Acanta 42 43801

GIOACHINO ROSSINI (1792-1868)

Guillaume Tell: Excerpt (Sombre forêt)

London	Philharmonia	Columbia unpublished
April 1962	Tonini	
	Sung in Italian	

La danza

Berlin	Raucheisen	LP: Acanta 40 23557
1942-1943		CD: Acanta 42 43801

Duetto buffo di due gatti

London	De los Angeles	LP: EMI AN 182-183/SAN 182-183
February 1967	Moore	LP: EMI SLS 926/ASD 143 5941
		CD: EMI CDC 749 2382/CDEMX 2233

Serate musicali: La regatta veneziana; La pesca

London	De los Angeles	LP: EMI AN 182-183/SAN 182-183
February 1967	Moore	LP: EMI SLS 926/ASD 143 5941
		CD: EMI CDC 749 2382/CDEMX 2233

GIUSEPPE SAMMARTINI (1700-1775)

Weisse Schäfchen (Im Frühling auf der Heide)

Berlin	Raucheisen	LP: Acanta 40 23557
1942-1943		CD: Acanta 42 43801

FRANZ SCHUBERT (1797-1828)

An den Frühling (Willkommen, schöner Jüngling!)

Berlin	Raucheisen	LP: Acanta 40 23557
1942-1943		CD: Acanta 42 43801

An die Musik (Du holde Kunst, in wieviel grauen Stunden)

London	Fischer	45: Columbia SEL 1564
October 1952		45: Columbia (Germany) C 50581
		45: Electrola E 50157
		LP: Columbia 33CX 1040
		LP: Columbia (Germany) C 90305
		LP: Angel 35022
		LP: EMI 2C 053 00404/ALP 3843
		LP: EMI 1C 137 53032-53036M
		CD: EMI CDC 747 3262/CDH 764 0262
Strassburg	Bonneau	CD: Chant du monde LDC 278.899
June 1960		CD: NotaBlu 935 0911
Hannover	Reutter	LP: Movimento musica 02.017
March 1962		CD: Movimento musica 051.015
		CD: Verona 27075
Toronto	Newmark	LP: Rococo 5388
February 1970		

An mein Klavier (Sanftes Klavier, welche Entzückungen schaffest du mir!)

Salzburg	Moore	CD: Stradivarius STR 10009
August 1960		
Berlin	Parsons	LP: EMI ASD 2404/1C 187 01307-01308
April 1966		LP: Angel 36545
		LP: EMI RLS 154 6133
		CD: EMI CDM 763 6562/CMS 763 7902
		CD: Toshiba TOCE

Schubert Lieder/continued

An Sylvia (Was ist Sylvia, saget an?)

London October 1952	Fischer	45: Columbia SEL 1564 45: Columbia (Germany) C 50581 45: Electrola E 50157 LP: Columbia 33CX 1040 LP: Columbia (Germany) C 90305 LP: Angel 35022 LP: EMI 2C 053 00404/ALP 3843 LP: EMI 1C 137 53032-53036M CD: EMI CDC 747 3262/CDH 764 0262
Aix-en- Provence July 1954	Rosbaud	CD: Melodram CDM 26524
New York November 1956	Reeves	CD: EMI CHS 761 0432 CD: NotaBlu 935 0911
Amsterdam December 1957	De Nobel	CD: Verona 27021
London January 1961- March 1962	Moore	Columbia unpublished
Ascona October 1967	Parsons	CD: Eremitage ERM 109
Nohant June 1969	Ciccolini	CD: Hunt CDGI 8021
Berlin March 1973	Parsons	LP: EMI ASD 3124/1C 063 02598 CD: Toshiba TOCE

Auf dem Wasser zu singen (Mitten im Schimmer der spiegelnden Wellen)

Rome February 1952	Favaretto	CD: Hunt CD 535/CDHP 535
London October 1952	Fischer	45: Columbia SEL 1582 LP: Columbia 33CX 1040 LP: Columbia (Germany) C 90305 LP: Angel 35022 LP: EMI 2C 053 00404/ALP 3843 LP: EMI 1C 137 53032-53036M LP: Melodiya M10 43861-43862 CD: EMI CDC 747 3262/CDH 764 0262
Strassburg June 1960	Bonneau	CD: Chant du monde LDC 278.899 CD: NotaBlu 935 0911

Schubert Lieder/continued

Du bist die Ruh'

Strassburg June 1960	Bonneau	CD: Chant du monde LDC 278.899 CD: NotaBlu 935 0911
London January 1961- March 1962	Moore	Columbia unpublished

Der Einsame (Wenn meine Grillen schwirren)

Aix-en- Provence July 1954	Rosbaud	CD: Melodram CDM 26524
New York November 1956	Reeves	CD: EMI CHS 761 0432 CD: NotaBlu 935 0911
Amsterdam December 1957	De Nobel	CD: Verona 27021
Strassburg June 1960	Bonneau	CD: Chant du monde LDC 278.899
Hannover March 1962	Reutter	LP: Movimento musica 02.017 CD: Movimento musica 051.015 CD: Verona 27075
Berlin August 1965	Moore	LP: Columbia CX 5268/SAX 5268 LP: Angel 36345 LP: EMI RLS 154 6133 CD: EMI CDM 763 6562/CMS 763 7902 CD: Toshiba TOCE
Ascona October 1967	Parsons	CD: Eremitage ERM 109
Nohant June 1969	Ciccolini	CD: Hunt CDGI 8021

Ellens dritter Gesang (Ave Maria! Jungfrau mild!)

Rome February 1952	Favaretto	CD: Hunt CD 535/CDHP 535

Schubert Lieder/continued

Erlkönig (Wer reitet so spät durch Nacht und Wind?)

Berlin April 1966	Parsons	LP: EMI ASD 2404/1C 187 01307-01308 LP: Angel 36545/3754 LP: EMI RLS 154 6133 CD: EMI CDM 763 6562/CMS 763 7902 CD: Toshiba TOCE

Erntelied (Sicheln schallen, Aehren fallen)

Berlin March 1973	Parsons	LP: EMI ASD 3124/1C 063 02598 LP: EMI RLS 154 6133 CD: Toshiba TOCE

Fischerweise (Den Fischer fechten Sorgen)

Strassburg June 1960	Bonneau	CD: Chant du monde LDC 278.899
Salzburg August 1960	Moore	CD: Stradivarius STR 10009

Die Forelle (In einem Bächlein helle)

Vienna October 1946	Hudez	78: Columbia LB 77 LP: EMI RLS 763/RLS 766
Rome February 1952	Favaretto	CD: Hunt CD 535/CDHP 535
London September 1952	Moore	Columbia unpublished
London April 1964	Moore	Columbia unpublished
Berlin August 1965	Moore	LP: Columbia CX 5268/SAX 5268 LP: Angel 36345 LP: EMI 1C 187 01307-01308/RLS 154 6133 CD: EMI CDM 763 6562/CMS 763 7902 CD: Toshiba TOCE
Toronto February 1970	Newmark	LP: Rococo 5388

Schubert Lieder/continued

Ganymed (Wie im Morgenglanze du rings mich anglühst)

London October 1952	Fischer	LP: Columbia 33CX 1040 LP: Columbia (Germany) C 90305 LP: Angel 35022 LP: EMI 2C 053 00404/ALP 3843 LP: EMI 1C 137 53032-53036M CD: EMI CDC 747 3262/CDH 764 0262

Geheimnis (Sag' an, wer lehrt dich Lieder?)

Berlin April 1966	Parsons	EMI unpublished

Gretchen am Spinnrade (Meine Ruh' ist hin, mein Herz ist schwer)

London May 1948	Moore	Columbia unpublished
London October 1952	Fischer	45: Columbia SEL 1564 45: Columbia (Germany) C 50581 45: Electrola E 50157 LP: Columbia 33CX 1040 LP: Columbia (Germany) C 90305 LP: Angel 35022 LP: EMI 2C 053 00404/ALP 3843 LP: EMI 1C 137 53032-53036M CD: EMI CDC 747 3262/CDH 764 0262
New York November 1956	Reeves	CD: EMI CHS 761 0432 CD: NotaBlu 935 0911
Amsterdam December 1957	De Nobel	CD: Verona 27021
Hannover March 1962	Reutter	LP: Movimento musica 02.017 CD: Movimento musica 051.015 CD: Verona 27075
London December 1968	Parsons	CD: Eklipse EKRP 4
Berlin March 1973	Parsons	LP: EMI ASD 3124/1C 063 02598/RLS 154 6133 CD: EMI CDM 763 6562/CMS 763 7902 CD: Toshiba TOCE

Schubert Lieder/continued

Hänflings Liebeswerbung (A-hi-di! Ich liebe!)

Berlin April 1966	Parsons	EMI unpublished
Berlin October 1968	Parsons	LP: EMI ASD 2634 LP: Angel 36752 CD: EMI CDM 763 6562/CMS 763 7902 CD: Toshiba TOCE
Berlin April 1970	Parsons	EMI unpublished

Heidenröslein (Sah ein Knab' ein Röslein steh'n)

London   Moore   LP: Columbia CX 5268/SAX 5268/154 6133
June 1957   LP: Angel 36345
                            LP: EMI 1C 187 01307-01308
                            CD: EMI CDM 763 6562/CMS 763 7902
                            CD: Toshiba TOCE

Der Hirt auf dem Felsen, arranged by Liszt

London   LPO   Unpublished radio broadcast
September 1950   Cameron

Im Frühling (Still sitz' ich an des Hügels Hang)

London   Fischer   45: Columbia SEL 1582
October 1952   LP: Columbia 33CX 1040
                            LP: Columbia (Germany) C 90305
                            LP: Angel 35022
                            LP: EMI 2C 053 00404/ALP 3843
                            LP: EMI 1C 137 35032-35036M
                            LP: Melodiya M10 43861-43862
                            CD: EMI CDC 747 3262/CDH 764 0262

Die junge Nonne (Wie braust durch die Wipfel der heulende Sturm!)

London   Fischer   45: Columbia SEL 1570
October 1952   LP: Columbia 33CX 1040
                            LP: Columbia (Germany) C 90305
                            LP: Angel 35022
                            LP: EMI 2C 053 00404/ALP 3843
                            LP: EMI 1C 137 53032-53036M
                            CD: EMI CDC 747 3262/CDH 764 0262

Schubert Lieder/continued

Der Jüngling an der Quelle (Leise, rieselnder Quell!)

London January 1961- March 1962	Moore	Columbia unpublished
London December 1962	Moore	LP: Columbia CX 5268/SAX 5268 LP: Angel 36345 CD: EMI CDM 763 6562/CMS 763 7902 CD: Toshiba TOCE

Lachen und Weinen

London January 1961- March 1962	Moore	Columbia unpublished

Die Liebe hat gelogen

Aix-en- Provence July 1954	Rosbaud	CD: Melodram CDM 26524

Liebe schwärmt auf allen Wegen

Strassburg June 1960	Bonneau	CD: Chant du monde LDC 278.899 CD: NotaBlu 935 0911
London January 1961- March 1962	Moore	Columbia unpublished
Berlin August 1965	Moore	LP: Columbia CX 5268/SAX 5268 LP: Angel 36345 LP: EMI 1C 187 01307-01308 CD: EMI CHS 565 8602

Liebhaber in allen Gestalten (Ich wollt', ich wär' ein Fisch)

London May 1948	Moore	LP: EMI RLS 766/143 5501/154 6133 CD: EMI CDM 763 6562/CMS 763 7902

Schubert Lieder/continued

Das Lied im Grünen (Ins Grüne, ins Grüne, da lockt uns der Frühling)

London October 1952	Fischer	45: Columbia SEL 1564 45: Electrola E 50157 LP: Columbia 33CX 1040 LP: Columbia (Germany) C 90305 LP: Angel 35022 LP: EMI 2C 053 00404/ALP 3843 LP: EMI 1C 137 53032-53036M LP: Melodiya M10 43861-43862 CD: EMI CDC 747 3262/CDH 764 0262
Salzburg August 1960	Moore	CD: Stradivarius STR 10009

Litanei (Ruh'n in Frieden alle Seelen)

London September 1952	Moore	Columbia unpublished
London January 1954	Moore	LP: Columbia 33CX 1044 LP: Columbia (Germany) C 90306 LP: Angel 35023 LP: EMI RLS 763/154 6133

Meeresstille (Tiefe Stille herrscht im Wasser)

Berlin March 1973	Parsons	LP: EMI ASD 3124/1C 063 02598/154 6133 CD: EMI CDM 763 6562/CMS 763 7902 CD: Toshiba TOCE

Misero pargoletto

Berlin January 1958	Raucheisen	LP: Melodram MEL 082 LP: Discoreale DR 10038 LP: Discocorp RR 208/RR 537 Incorrectly dated 1953

Schubert Lieder/continued

Der Musensohn (Durch Wald und Feld zu schweifen)

London November 1951	Moore	Columbia unpublished
Rome February 1952	Favaretto	CD: Hunt CD 535/CDHP 535
London October 1952	Fischer	45: Columbia SEL 1582 45: Columbia (Germany) C 50581 LP: Columbia 33CX 1040 LP: Columbia (Germany) C 90305 LP: Angel 35022 LP: EMI 2C 053 00404/ALP 3843 LP: EMI 1C 137 53032-53036M CD: EMI CDC 747 3262/CDH 764 0262

Nähe des Geliebten (Ich denke dein, wenn mir der Sonne Schimmer)

London October 1952	Fischer	45: Columbia SEL 1570 45: Columbia (Germany) C 50581 LP: Columbia 33CX 1040 LP: Columbia (Germany) C 90305 LP: Angel 35022 LP: EMI 2C 053 00404/ALP 3843 LP: EMI 1C 137 53032-53036M LP: Melodiya M10 43861-43862 CD: EMI CDC 747 3262/CDH 764 0262

Schubert Lieder/continued

Nachtviolen (Nachtviolen, dunkle Augen)

London October 1952	Fischer	45: Columbia SEL 1582 LP: Columbia 33CX 1040 LP: Columbia (Germany) C 90305 LP: Angel 35022 LP: EMI 2C 053 00404/ALP 3843 LP: EMI 1C 137 53032-53036M CD: EMI CDC 747 3262/CDH 764 0262

Romanze aus Rosamunde (Der Vollmond strahlt)

New York November 1956	Reeves	CD: EMI CHS 761 0432 CD: NotaBlu 935 0911
Amsterdam December 1957	De Nobel	CD: Verona 27021
Strassburg June 1960	Bonneau	CD: Chant du monde LDC 278.899 CD: NotaBlu 935 0911
Ascona October 1967	Parsons	CD: Eremitage ERM 109
Nohant June 1969	Ciccolini	CD: Hunt CDGI 8021

Schubert Lieder/continued

Seligkeit (Freuden sonder Zahl)

Vienna October 1946	Hudez	78: Columbia LB 77 LP: EMI RLS 763/RLS 766
London April 1956	Moore	Columbia unpublished
New York November 1956	Reeves	CD: EMI CHS 761 0432 CD: NotaBlu 935 0911
London June 1957	Moore	Columbia unpublished
Strassburg June 1960	Bonneau	CD: Chant du monde LDC 278.899
Salzburg August 1960	Moore	CD: Stradivarius STR 10009
Hannover March 1962	Reutter	LP: Movimento musica 02.017 CD: Movimento musica 051.015 CD: Verona 27075
London April 1964	Moore	Columbia unpublished
Berlin August 1965	Moore	LP: Columbia CX 5268/SAX 5268 LP: Angel 36345 LP: EMI 1C 187 01307-01308 CD: Toshiba TOCE
Ascona October 1967	Parsons	CD: Eremitage ERM 109
London December 1968	Parsons	CD: Eklipse EKRP 4
Nohant June 1969	Ciccolini	CD: Hunt CDGI 8021
Toronto February 1970	Newmark	LP: Rococo 5388

Schubert Lieder/continued

Suleika I (Was bedeutet die Bewegung?)

Rome February 1952	Favaretto	CD: Hunt CD 535/CDHP 535
Berlin October 1968	Parsons	LP: EMI ASD 2634 LP: Angel 36752 CD: EMI CDM 763 6562/CMS 763 7902 CD: Toshiba TOCE
London December 1968	Parsons	CD: Eklipse EKRP 4
Berlin April 1970	Parsons	EMI unpublished

Suleika II (Ach, um deine feuchten Schwingen)

Berlin October 1968	Parsons	LP: EMI ASD 2634 LP: Angel 36752 CD: EMI CDM 763 6562/CMS 763 7902 CD: Toshiba TOCE
London December 1968	Parsons	CD: Eklipse EKRP 4
Berlin April 1970	Parsons	EMI unpublished

Ungeduld/Die schöne Müllerin (Ich schnitt es gern in alle Rinden ein)

Rome February 1952	Favaretto	CD: Hunt CD 535/CDHP 535
London September 1952	Moore	Columbia unpublished
London January 1954	Moore	LP: Columbia 33CX 1044 LP: Columbia (Germany) C 90306 LP: Angel 35023 LP: EMI RLS 763 CD: EMI CHS 565 8602
Aix-en- Provence July 1954	Rosbaud	CD: Melodram CDM 26524

Schubert Lieder/concluded

Vedi quanto adoro

Berlin January 1958	Raucheisen	LP: Melodram MEL 082 LP: Discoreale DR 10038 LP: Discocorp RR 208/RR 537 Incorrectly dated 1953

Die Vögel (Wie lieblich und fröhlich zu schweben, zu singen)

London May 1948	Moore	LP: EMI RLS 766/143 5501/154 6133 CD: EMI CDM 763 6562/CMS 763 7902
Aix-en- Provence July 1954	Rosbaud	CD: Melodram CDM 26524
New York November 1956	Reeves	CD: EMI CHS 761 0432 CD: NotaBlu 935 0911
London June 1957	Moore	Columbia unpublished
Amsterdam December 1957	De Nobel	CD: Verona 27021

Wehmut (Wenn ich durch Wald und Fluren geh')

London October 1952	Fischer	45: Columbia SEL 1570 LP: Columbia 33CX 1040 LP: Columbia (Germany) C 90305 LP: Angel 35022 LP: EMI 2C 053 00404/ALP 3843 LP: EMI 1C 137 53032-53036M CD: EMI CDC 747 3262/CDH 764 0262
Berlin March 1973	Parsons	LP: EMI ASD 3124/1C 063 02598

Wiegenlied (Wie sich der Aeuglein kindischer Himmel)

London September 1952	Moore	Columbia unpublished
London April 1964	Moore	Columbia unpublished

<u>4 unidentified Schubert Lieder were also recorded with Parsons in Berlin in April 1974, and remain unpublished</u>

<u>Schubert Lieder also included in televised recitals in London (1961 and 1970) and Amsterdam (1977)</u>

ROBERT SCHUMANN (1810-1856)

An meinem Herzen, an meiner Brust/Frauenliebe und -leben
See Frauenliebe und -leben

Auf einer Burg/Liederkreis op 39 (Eingeschlafen auf der Lauer)

Berlin January- April 1974	Parsons	LP: EMI ASD 3037/1C 063 02547 LP: Angel 37043

Aufträge (Nicht so schnelle, nicht so schnelle!)

London November 1951	Moore	78: Columbia LB 122 LP: EMI RLS 154 6133 CD: EMI CHS 565 8602
London July 1953	Moore	Columbia unpublished
London January 1954	Moore	LP: Columbia 33CX 1044 LP: Columbia (Germany) C 90306 LP: Angel 35023 LP: EMI RLS 763 CD: EMI CDM 763 6562/CMS 763 7902
Aix-en- Provence July 1954	Rosbaud	CD: Melodram CDM 26524

Du Ring an meinem Finger/Frauenliebe und -leben
See Frauenliebe und -leben

Er, der Herrlichste von allen!/Frauenliebe und -leben
See Frauenliebe und -leben

Er und sie (Seh' ich das stille Tal)

London February 1967	Fischer-Dieskau Moore	LP: EMI AN 182-183/SAN 182-183 LP: EMI SLS 926/ASD 143 5941 CD: EMI CDC 749 2382/CDEMX 2233

Schumann Lieder/continued

Frauenliebe und -leben, song cycle

Berlin   Parsons   LP: EMI ASD 3037/1C 063 02547
January-   LP: Angel 37043
April 1974

Frühlingsnacht/Liederkreis op 39 (Ueberm Garten durch die Lüfte)

Berlin   Parsons   LP: EMI ASD 3037/1C 063 02547
January-   LP: Angel 37043
April 1974

Helft mir, ihr Schwestern!/Frauenliebe und -leben
See Frauenliebe und -leben

Ich denke dein

London   Fischer-Dieskau   LP: EMI AN 182-183/SAN 182-183/SLS 926
February 1967   Moore

Ich kann 's nicht fassen, nicht glauben/Frauenliebe und -leben
See Frauenliebe und -leben

Im Walde/Liederkreis op 39 (Es zog eine Hochzeit den Berg entlang)

Berlin   Parsons   LP: EMI ASD 3037/1C 063 02547
January-   LP: Angel 37043
April 1974   CD: EMI CHS 565 8602

In der Fremde/Liederkreis op 39 (Aus der Heimat hinter den Blitzen rot)

Berlin   Parsons   LP: EMI ASD 3037/1C 063 02547
January-   LP: Angel 37043
April 1974   CD: EMI CHS 565 8602

Schumann Lieder/continued

In der Fremde/Liederkreis op 39 (Ich hör' ein Bächlein rauschen)

Berlin	Parsons	LP: EMI ASD 3037/1C 063 02547
January-		LP: Angel 37043
April 1974		CD: EMI CHS 565 8602

In der Nacht (Alle gingen, Herz, zur Ruh')

London	Fischer-Dieskau	LP: EMI AN 182-183/SAN 182-183/SLS 926
February 1967	Moore	

Intermezzo/Liederkreis op 39 (Dein Bildnis wunderselig)

Berlin	Parsons	LP: EMI ASD 3037/1C 063 02547
January-		LP: Angel 37043
April 1974		CD: EMI CHS 565 8602

Die Kartenlegerin (Schlief die Mutter endlich ein)

Ascona	Parsons	CD: Eremitage ERM 109
October 1967		

Berlin	Parsons	LP: EMI ASD 2404/1C 187 01307-01308
October 1967		LP: Angel 36545
		CD: Toshiba TOCE

Liebhabers Ständchen (Wachst du noch, Liebchen?)

London	Fischer-Dieskau	EMI unpublished
February 1967	Moore	

Lied der Suleika (Wie mit innigstem Behagen)

Berlin	Moore	LP: EMI ASD 2634
August 1965		LP: Angel 36752
		CD: EMI CDM 763 6562/CMS 763 7902
		CD: Toshiba TOCE

Ascona	Parsons	CD: Eremitage ERM 109
October 1967		

Nohant	Ciccolini	CD: Hunt CDGI 8021
June 1969		

Schumann Lieder/continued

Mondnacht/Liederkreis op 39 (Es war, als hätt' der Himmel)

Berlin January- April 1974	Parsons	LP: EMI ASD 3037/1C 063 02547 LP: Angel 37043

Nun hast du mir den ersten Schmerz getan/Frauenliebe und -leben
See Frauenliebe und -leben

Der Nussbaum (Es grünet ein Nussbaum vor dem Haus)

London November 1951	Moore	78: Columbia LB 122
London January 1954	Moore	LP: Columbia 33CX 1044 LP: Columbia (Germany) C 90306 LP: Angel 35023 LP: EMI RLS 763/154 6133
Aix-en- Provence July 1954	Rosbaud	CD: Melodram CDM 26524
New York November 1956	Reeves	CD: EMI CHS 761 0432 CD: NotaBlu 935 0911
Salzburg August 1960	Moore	CD: Stradivarius STR 10009
Ascona October 1967	Parsons	CD: Eremitage ERM 109
Nohant June 1969	Ciccolini	CD: Hunt CDGI 8021
Toronto February 1970	Newmark	LP: Rococo 5388
Berlin March 1973	Parsons	LP: EMI ASD 3124/1C 063 02598 CD: EMI CDM 763 6562/CMS 763 7902

Version of this song also included in a BBC TV recital in 1970

Schumann Lieder/continued

Schöne Fremde/Liederkreis op 39 (Es rauschen die Wipfel und schauern)

Berlin   Parsons   LP: EMI ASD 3037/1C 063 02547
January-   LP: Angel 37043
April 1974

Seit ich ihn gesehen/Frauenliebe und -leben
See Frauenliebe und -leben

Die Stille/Liederkreis op 39 (Es weiss und rät es doch keiner)

Berlin   Parsons   LP: EMI ASD 3037/1C 063 02547
January-   LP: Angel 37043
April 1974   CD: EMI CHS 565 8602

Süsser Freund, du blickest mich verwundert an/Frauenliebe und -leben
See Frauenliebe und -leben

Tanzlied (Eija, wie flattert der Kranz!)

London   Fischer-Dieskau   LP: EMI AN 182-183/SAN 182-183
February 1967   Moore   LP: EMI SLS 926/ASD 143 5941
                                     CD: EMI CDC 749 2382/CDEMX 2233

Unterm Fenster (Wer ist vor meiner Kammertür?)

London   Fischer-Dieskau   EMI unpublished
February 1967   Moore

2 venezianische Lieder: Leis' rudern hier; Wenn durch die Piazetta

Berlin   Moore   LP: Columbia CX 5268/SAX 5268
August 1965   LP: EMI ASD 3124/1C 063 02598/154 6133
                                     LP: Angel 36345
                                     CD: EMI CDM 763 6562/CMS 763 7902
                                     CD: Toshiba TOCE

Ascona   Parsons   CD: Eremitage ERM 109
October 1967

Schumann Lieder/concluded

Volksliedchen (Wenn ich früh in den Garten geh')

| Berlin | Raucheisen | LP: Acanta 40 23557 |
| 1942-1943 | | CD: Acanta 42 43801 |

Waldesgespräch/Liederkreis op 39 (Es ist schon spät, es ist schon kalt)

Berlin   Parsons   LP: EMI ASD 3037/1C 063 02547
January-   LP: Angel 37043
April 1974   CD: EMI CHS 565 8602

Wehmut/Liederkreis op 39 (Ich kann wohl manchmal singen)

Berlin   Parsons   LP: EMI ASD 3037/1C 063 02547
January-   LP: Angel 37043
April 1974

Widmung (Du meine Seele, du mein Herz!)

London   Moore   Columbia unpublished
June 1957

Berlin   Moore   LP: Columbia CX 5268/SAX 5268
August 1965   LP: Angel 36345
                                           LP: EMI ASD 3124/1C 063 02598
                                           CD: EMI CHS 565 8602
                                           CD: Toshiba TOCE

Zwielicht/Liederkreis op 39 (Dämm'rung will die Flügel spreiten)

Berlin   Parsons   LP: EMI ASD 3037/1C 063 02547
January-   LP: Angel 37043
April 1974

JEAN SIBELIUS (1865-1957)

Den förste kyssen

Helsinki   Szalkiewicz   CD: EMI CHS 565 8602
June 1955   Sung in German

Hundra vägar

Helsinki   Szalkiewicz   CD: EMI CHS 565 8602
June 1955   Sung in German

Kaiutar

Helsinki   Szalkiewicz   CD: EMI CHS 565 8602
June 1955   Sung in German

Kyssen

Helsinki   Szalkiewicz   CD: EMI CHS 565 8602
June 1955   Sung in German

Luonnotar, for soprano and orchestra

Helsinki   Orchestra   Unpublished radio broadcast
June 1955

Norden

Helsinki   Szalkiewicz   CD: EMI CHS 565 8602
June 1955   Sung in German

Sibelius Songs/concluded

Säf, säf, susa

Helsinki June 1955	Szalkiewicz Sung in German	CD: EMI CHS 565 8602
London April 1956	Moore Sung in German	45: Columbia SEL 1600/ESL 6274 LP: Columbia 33CX 1404 LP: Columbia (Germany) C 90545 LP: Angel 35383 LP: EMI RLS 154 6133

Svarta rosor

Helsinki June 1955	Szalkiewicz Sung in German	CD: EMI CHS 565 8602
London April 1956	Moore Sung in German	45: Columbia SEL 1600/ESL 6274 LP: Columbia 33CX 1404/SAX 2265 LP: Columbia (Germany) C 90545 LP: Angel 35383 LP: EMI RLS 154 6133

War det en dröm?

Helsinki June 1955	Szalkiewicz Sung in German	CD: EMI CHS 565 8602
London April 1956	Moore Sung in German	Columbia unpublished

RUDOLF SIECZYNSKI (1879-1952)

Wien, du Stadt meiner Träume (Wien, Wien, nur du allein)

London July 1957	Chorus Philharmonia Ackermann	45: Columbia SEL 1648/ESL 6267/SCD 2128 LP: Columbia 33CX 1570/SAX 2283/ASD 2807 LP: Angel 35696 CD: EMI CDC 747 2842
Montreal 1963	CBC Orchestra Boskovsky	Unpublished video recording

FRIEDRICH SILCHER (1789-1860)

Die Lorelei, arranged by Mackerras

London June 1957	Chorus Philharmonia Mackerras	Columbia unpublished

BEDRICH SMETANA (1824-1884)

The Bartered Bride: Excerpt (Alone at last!/Ah, bitterness!)

London December 1956	Philharmonia Schmidt Sung in German	LP: Columbia CX 5286/SAX 5286 LP: Angel 36434 LP: EMI SXDW 3049/1C 181 52291-52292 CD: EMI CDM 769 5012/CDM 565 5772

JOHANN STRAUSS II (1825-1899)

Casanova: Excerpt (Nuns' Chorus)

London July 1957	Chorus Philharmonia Ackermann	45: Columbia SEL 1642/ESL 6263/SCD 2128 LP: Columbia 33CX 1570/SAX 2283 LP: Angel 35696 LP: EMI ASD 2807/YKM 5014 CD: EMI CDC 747 2842

Die Fledermaus

London April 1955	Role of Rosalinde Streich, Gedda, Krebs, Christ, Dönch Chorus Philharmonia Karajan	LP: Columbia 33CX 1309-1310 LP: Columbia (Germany) C 80512-80513 LP: Angel 3539 LP: EMI RLS 728 CD: EMI CHS 769 5312 Excerpts LP: Columbia 33CX 1516 LP: EMI RLS 763/1C 047 01953 CD: EMI CDM 763 6572/CMS 763 7902 CD: EMI CDM 565 5772

Die Fledermaus: Excerpt (Mein Herr, was dächten Sie von mir?)

Chicago July 1968	Chicago SO Boskovsky	CD: Chicago Symphony Radiothon CD 95-10/20

Frühlingsstimmen, arrangement

Vienna October 1946	VPO Krips	LP: EMI ALP 143 5501/RLS 154 6133 CD: EMI CDM 763 6542/CMS 763 7902 First verse only recorded

G'schichten aus dem Wienerwald, arrangement

Berlin 1942-1943	Raucheisen	LP: Acanta 40 23557 CD: Acanta 42 43128

Eine Nacht in Venedig

London	Role of Annina	LP: Columbia 33CX 1224-1225
May and	Loose, Gedda,	LP: Columbia (Germany) C 80510-80511
September 1954	Kunz, Dönch	LP: Angel 3530
	Chorus	LP: EMI SXDW 3043
	Philharmonia	CD: EMI CDH 769 5302
	Ackermann	Excerpts
		LP: EMI RLS 763

Eine Nacht in Venedig: Excerpt (Seht, o seht!)

London	Philharmonia	Columbia unpublished
July 1957	Ackermann	

Wiener Blut

London	Role of Gabriele	LP: Columbia 33CX 1186-1187
May 1954	Köth, Loose,	LP: Columbia (Germany) C 80518-80519
	Gedda, Kunz, Dönch	LP: Angel 3519
	Chorus	LP: EMI SXDW 3042
	Philharmonia	CD: EMI CDH 769 5292
	Ackermann	Excerpts
		LP: EMI RLS 763/154 6133

Wiener Blut, Querschnitt

Berlin	Glawitsch	78: Telefunken E 3099/E 1160
August 1940	Städtische Oper	
	Orchestra & Chorus	
	Lütze	

Excerpt from Wiener Blut included in a Canadian TV recording in 1963 (Boskovsky

Der Zigeunerbaron

London	Role of Saffi	LP: Columbia 33CX 1329-1330
May and	Köth, Sinclair,	LP: Columbia (Germany) C 80520-80521
September 1954	Gedda, Kunz, Prey	LP: Angel 3566
	Chorus	LP: EMI SXDW 3046
	Philharmonia	CD: EMI CHS 769 5262
	Ackermann	Excerpts
		LP: EMI RLS 763

Der Zigeunerbaron: Excerpt (Saffis Lied)

London	Philharmonia	Columbia unpublished
July 1957	Ackermann	

RICHARD STRAUSS (1864-1949)

Arabella, excerpts: 1.Ich danke, Fräulein/Aber der Richtige; 2.Mein Elemer; 3.Sie woll'n mich heiraten?; 4.Und jetzt sag' ich ihm Adieu; 5.Das war sehr gut, Mandryka!

| London
September-
October 1954 | Role of Arabella
Felbermayer,
Gedda, Metternich,
Berry
Philharmonia
Matacic | LP: Columbia 33CX 1226/33CX 1897
LP: Columbia (Germany) C 80619/C 90406
LP: Angel 35094
LP: World Records OH 199
LP: EMI RLS 751
LP: EMI RLS 154 6133 (2,3,5)
CD: EMI CDH 761 0012 (1,2,3,5)
CD: EMI CDM 565 5772 (5) |

Ariadne auf Naxos

| London
June and
July 1954 | Role of Ariadne/
Prima Donna
Seefried, Streich,
Schock, Prey,
Dönch
Philharmonia
Karajan | LP: Columbia 33CX 1292-1294
LP: Columbia (Germany) C 90458-90460
LP: Angel 3532
LP: EMI RLS 760
CD: EMI CMS 769 2962/CDS 555 1762
Excerpts
CD: EMI CDM 763 6572/CMS 763 7902
CD: EMI CDM 565 5772 |

Ariadne auf Naxos: Excerpt (Es gibt ein Reich)

| Berlin
December 1956 | BPO
Karajan | Unpublished radio broadcast |

Capriccio

| London
September 1957 | Role of Countess
C.Ludwig, Moffo,
Gedda, Hotter,
Fischer-Dieskau,
Wächter,
Schmitt-Walter
Philharmonia
Sawallisch | LP: Columbia 33CX 1600-1602
LP: Columbia (Germany) C 90997-90999
LP: Angel 3580
LP: World Records OC 230-232
LP: EMI 143 5243
CD: EMI CDS 749 0148
Excerpts
LP: World Records OH 233
CD: EMI CDM 763 6572/CMS 763 7902 |

Capriccio: Excerpt (Morgen mittag um elf!)

| Watford
September 1953 | Philharmonia
Ackermann | LP: Columbia 33CX 1107
LP: Angel 35084/38266
LP: EMI RLS 751/103 8651
CD: EMI CDH 761 0012
CD: NotaBlu 935 0923 |

Der Rosenkavalier

Milan January 1952	Role of Marschallin Della Casa, Jurinac, Pirino, Edelmann, Kunz La Scala Orchestra & Chorus Karajan	CD: Legato LCD 197
London December 1956	Stich-Randall, C.Ludwig, Gedda, Edelmann, Wächter Chorus Philharmonia Karajan	LP: Columbia 33CX 1492-5/SAX 2269-2272 LP: Columbia (Germany) C 90566-90569/ STC 90566-90569 LP: Angel 3563 LP: EMI SLS 810/EX 29 00453 CD: EMI CDS 749 3548 Excerpts LP: Columbia 33CX 1777/SAX 2423 LP: Angel 35645 CD: EMI CDM 763 6572/CMS 763 7902 CD: EMI CDM 565 5772
London December 1959	Steffek, Jurinac, MacDonald, Böhme, Lewis Covent Garden Orchestra & Chorus Solti	Unpublished radio broadcast
Salzburg August 1960	Rothenberger, Jurinac, Zampieri, Edelmann, Kunz Vienna Opera Chorus VPO Karajan	VHS Video: Rank 7015E VHS Video: Gig Records GIG 555 019 Also issued on Laserdisc in Japan
Wiesbaden 1961	Lipp, C.Ludwig, Paskuda, Edelmann Landestheater Orch. Wallberg	Unpublished video recording
Salzburg August 1963	Rothenberger, Jurinac, Romani, Edelmann, Dönch Vienna Opera Chorus VPO Karajan	LP: Movimento musica 04.004 LP: Discocorp RR 659
Salzburg August 1964	Rothenberger, Jurinac, Lorenzi, Edelmann, Ferenz Vienna Opera Chorus VPO Karajan	CD: Hunt CDKAR 227
New York December 1964	Raskin, Della Casa, Morell, Edelmann, Dönch Metropolitan Opera Orchestra & Chorus Schippers	CD: Claque GM 3010-3012

Der Rosenkavalier: Excerpt (Da geht er hin!)

Hamburg December 1952	NDR Orchestra Schüchter	LP: Melodram MEL 088
San Francisco September 1955	Bible San Francisco Opera Orchestra Leinsdorf	LP: Rococo 5388
London 1959	Töpper Orchestra Mackerras	Unpublished video recording

Der Rosenkavalier: Excerpt (Marie Theres'!/Hab' mir's gelobt)

Stockholm May 1966	Söderström, Dobbs Stockholm Opera Orchestra Varviso	LP: Legendary LR 168

Der Rosenkavalier: Excerpt (Mir ist die Ehre widerfahren)

| Vienna
December 1947 | Role of Sophie
Seefried
VPO
Karajan | 78: Columbia LX 1225-1226
LP: Columbia (USA) ML 2126
LP: World Records SH 286
LP: EMI RLS 763/154 6133/RLS 7714
CD: EMI CDH 769 7932 |

Ach, was Kummer, Qual und Schmerzen!

Berlin April 1966	Parsons	LP: EMI ASD 2404/1C 187 01307-01308 LP: Angel 36545 CD: EMI CDM 763 6562/CMS 763 7902 CD: Toshiba TOCE CD: EMI CHS 565 8602
London December 1968	Parsons	CD: Eklipse EKRP 4
Nohant June 1969	Ciccolini	CD: Hunt CDGI 8021

All' mein Gedanken

Berlin October 1968	Parsons	EMI unpublished

Das Bächlein (Du Bächlein silberhell und klar)

London March 1968	LSO Szell	LP: EMI ASD 2493/1C 063 01959 LP: Angel 36643 CD: EMI CDC 747 2762

Freundliche Vision (Nicht im Schlafe hab' ich das geträumt)

Strassburg June 1960	Bonneau	CD: Chant du monde LCD 278.899 CD: NotaBlu 935 0923
Berlin September 1965	Berlin RO Szell	LP: EMI CX 5258/SAX 5258/ASD 2888 LP: EMI 1C 063 00608 LP: Angel 36347 CD: EMI CDC 747 2762

Die heiligen drei Kön'ge aus Morgenland

Berlin September 1965	Berlin RO Szell	LP: EMI CX 5258/SAX 5258/ASD 2888 LP: EMI 1C 063 00608 LP: Angel 36347 CD: EMI CDC 747 2762

Strauss Lieder/continued

Hat gesagt, bleibt's nicht dabei!

Berlin 1942-1943	Raucheisen	LP: Acanta 40 23546 CD: Acanta 42 43128
London November 1951	Moore	Columbia unpublished
London April- September 1952	Moore	Columbia unpublished
London January 1954	Moore	78: Columbia LX 1577 LP: Columbia 33CX 1044 LP: Columbia (Germany) C 90306 LP: Angel 35023 LP: EMI RLS 763/154 6133 CD: EMI CDM 763 6562/CMS 763 7902
New York November 1956	Reeves	CD: EMI CHS 761 0432 CD: NotaBlu 935 0923
Amsterdam December 1957	De Nobel	CD: Verona 27021
Berlin January 1958	Raucheisen	LP: Melodram MEL 088 <u>Incorrectly dated 1953</u>
Hannover March 1962	Reutter	LP: Movimento musica 02.017
Nohant June 1969	Ciccolini	CD: Hunt CDGI 8021

Heimkehr (Leiser schwanken die Aeste)

Vienna January 1979	Parsons	Decca unpublished

Strauss Lieder/continued

Heimliche Aufforderung (Auf, hebe die funkelnde Schale empor zum Mund)

London May 1959	Moore	Columbia unpublished
New York January 1966	Gould	CBS unpublished

4 letzte Lieder: Frühling; September; Beim Schlafengehen; Im Abendrot

Vienna May 1952	VSO Kletzki	Unpublished radio broadcast
Watford September 1953	Philharmonia Ackermann	LP: Columbia 33CX 1107 LP: Angel 35084/38266 LP: EMI RLS 751/100 8651 CD: EMI CDH 761 0012 CD: Notablu 935 0923
London June 1956	Philharmonia Karajan	CD: EMI CDM 763 6552/CMS 763 7902
New York December 1957	NYPO Previtali	Unpublished radio broadcast
Amsterdam June 1964	Concertgebouw Orchestra Szell	Unpublished radio broadcast
Salzburg August 1964	BPO Karajan	CD: Paragon PCD 84008 CD: Nuovo Era 2251-2252 CD: Virtuoso 269.7152 CD: Verona 27075
Berlin September 1965	Berlin RO Szell	LP: EMI CX 5258/SAX 5258/ASD 2888 LP: EMI 1C 063 00608 LP: Angel 36347 CD: EMI CDC 747 2762
Blossom July 1968	Cleveland Orchestra Szell	Unpublished radio broadcast
London September 1969	LSO Barbirolli	Unpublished radio broadcast
Louisville February 1971	Louisville SO Mester	Unpublished radio broadcast

Strauss Lieder/continued

Meinem Kinde (Du schläfst, und sachte neig' ich mich)

Hannover March 1962	Reutter	LP: Movimento musica 02.017
Berlin April 1966	Parsons	LP: EMI ASD 2404/1C 187 01307-01308 LP: Angel 36545 CD: EMI CDM 763 6562/CMS 763 7902 CD: Toshiba TOCE
London March 1968	LSO Szell	LP: EMI ASD 2493/1C 063 01959 LP: Angel 36643/3754 CD: EMI CDC 747 2762
London December 1968	Parsons	CD: Eklipse EKRP 4
Nohant June 1969	Ciccolini	CD: Hunt CDGI 8021

Morgen (Und morgen wird die Sonne wieder scheinen)

Berlin 1942-1943	Raucheisen	LP: Acanta 40 23546/40 23557 CD: Acanta 42 43128
London September 1955	BBCSO Sargent	Unpublished radio broadcast
New York January 1966	Gould	CBS unpublished
London March 1968	Peinemann, violin LSO Szell	LP: EMI ASD 2493/1C 063 01959 LP: Angel 36643 CD: EMI CDC 747 2762
Nohant June 1969	Ciccolini	CD: Hunt CDGI 8021

Muttertändelei (Seht mir doch, mein schönes Kind!)

Berlin September 1965	Berlin RO Szell	LP: Columbia CX 5258/SAX 5258 LP: Angel 36347 LP: EMI ASD 2888/1C 063 00608 CD: EMI CDC 747 2762
London December 1968	Parsons	CD: Eklipse EKRP 4

Strauss Lieder/continued

Die Nacht (Aus dem Walde tritt die Nacht)

Berlin October 1968	Parsons	EMI unpublished
Berlin August- September 1970	Parsons	LP: EMI ASD 2844/1C 063 02331/154 6133 CD: EMI CDM 763 6562/CMS 763 7902 CD: Toshiba TOCE

3 Ophelia-Lieder: Wie erkenn' ich mein Treulieb?; Guten Morgen, 's ist Sankt Valentinstag; Sie trugen ihn auf der Bahre bloss

New York January 1966	Gould	LP: CBS 76983/35914 CD: Sony 46DC 5304-5305/SM2K 52657
Berlin October 1967	Parsons	LP: EMI ASD 2634 LP: Angel 36752 CD: EMI CDM 763 6562/CMS 763 7902 CD: Toshiba TOCE
London December 1968	Parsons	CD: Eklipse EKRP 4 CD: EMI CHS 565 8602

Das Rosenband (Im Frühlingsschatten fand ich sie)

London March 1968	LSO Szell	LP: EMI ASD 2493/1C 063 01959 LP: Angel 36643 CD: EMI CDC 747 2762
London December 1968	Parsons	CD: Eklipse EKRP 4

Strauss Lieder/continued

Ruhe, meine Seele

London April 1956	Moore	Columbia unpublished
New York December 1956	Reeves	CD: EMI CHS 761 0432 CD: NotaBlu 935 0923
Amsterdam December 1957	De Nobel	CD: Verona 27021
London May 1959	Moore	Columbia unpublished
Strassburg June 1960	Bonneau	CD: Chant du monde LDC 278.899
Hannover March 1962	Reutter	LP: Movimento musica 02.017
London April 1964	Moore	Columbia unpublished
London March 1968	LSO Szell	LP: EMI ASD 2493/1C 063 01959 LP: Angel 36643 CD: EMI CDC 747 2762
Nohant June 1969	Ciccolini	CD: Hunt CDGI 8021

Schlagende Herzen (Ueber Wiesen und Felder)

Berlin 1942-1943	Raucheisen	LP: Acanta 40 23546/40 23557 CD: Acanta 42 43128

Strauss Lieder/continued

Schlechtes Wetter (Das ist ein schlechtes Wetter!)

London November 1951	Moore	Columbia unpublished
London April– September 1952	Moore	Columbia unpublished
London January 1954	Moore	78: Columbia LX 1577 LP: Columbia 33CX 1044 LP: Columbia (Germany) C 90306 LP: Angel 35023 LP: EMI RLS 763/154 6133 CD: EMI CDM 763 6562/CMS 763 7902
Salzburg August 1956	Moore	CD: Stradivarius STR 10009
New York November 1956	Reeves	CD: EMI CHS 761 0432
Amsterdam December 1957	De Nobel	CD: Verona 27021
Berlin January 1958	Raucheisen	LP: Melodram MEL 088 Incorrectly dated 1953
Strassburg June 1960	Bonneau	CD: Chant du monde LDC 278.899 CD: NotaBlu 935 0923
Hannover March 1962	Reutter	LP: Movimento musica 02.017

Ständchen (Mach' auf, doch leise, mein Kind!)

London September 1955	BBCSO Sargent	Unpublished radio broadcast

Waldseligkeit (Der Wald beginnt zu rauschen)

Berlin September 1965	Berlin RO Szell	LP: Columbia CX 5258/SAX 52588 LP: Angel 36347 LP: EMI ASD 2888/1C 063 00608 CD: EMI CDC 747 2762

Strauss Lieder/continued

Wer lieben will, muss leiden

Berlin April 1966	Parsons	LP: EMI ASD 2404/1C 187 01307-01308 LP: Angel 36545 CD: EMI CDM 763 6562/CMS 763 7902 CD: Toshiba TOCE CD: EMI CHS 565 8602
London December 1968	Parsons	CD: Eklipse EKRP 4
Nohant June 1969	Ciccolini	CD: Hunt CDGI 8021

Wiegenlied (Träume, träume, du mein süsses Leben)

London September 1955	BBCSO Sargent	Unpublished radio broadcast
London April 1956	Moore	Columbia unpublished
London May 1956	Moore	45: Columbia SEL 1588 LP: Columbia 33CX 1404/SAX 2265 LP: Columbia (Germany) C 90545 LP: Angel 35383 LP: EMI RLS 154 6133 CD: EMI CDM 763 6562/CMS 763 7902
New York November 1956	Reeves	CD: EMI CHS 761 0432 CD: NotaBlu 935 0923
Hannover March 1962	Reutter	LP: Movimento musica 02.017
London March 1968	LSO Szell	LP: EMI ASD 2493/1C 063 01959 LP: Angel 36643 CD: EMI CDC 747 2762

Wiegenliedchen (Bienchen wiegt sich im Sonnenschein)

Berlin October 1968	Parsons	EMI unpublished
Berlin August– September 1970	Parsons	LP: EMI ASD 2844/1C 063 02331 CD: EMI CDM 763 6562/CMS 763 7902 CD: Toshiba TOCE

<u>Strauss Lieder also included in BBC TV recitals in 1961 and 1970</u>

Strauss Lieder/concluded

Winterweihe (In diesen Wintertagen nun sich das Licht verhüllt)

New York January 1966	Gould	CBS unpublished
London March 1968	LSO Szell	LP: EMI ASD 2493/1C 063 01959 LP: Angel 36643 CD: EMI CDC 747 2762

Zueignung (Ja, du weisst es, teure Seele!)

London June 1957	Moore	Columbia unpublished
Strassburg June 1960	Bonneau	CD: Chant du monde LDC 278.899
Hannover March 1962	Reutter	LP: Movimento musica 02.017
London April 1964	Moore	Columbia unpublished
Berlin September 1965	Berlin RO	LP: Columbia CX 5258/SAX 5258/ASD 2888 LP: EMI 1C 063 00608 LP: Angel 36347 CD: EMI CDC 747 2762

IGOR STRAVINSKY (1882-1971)

The Rake's Progress

Venice September 1951	<u>Role of Anne</u> Tourel, Rounseville, O.Kraus, Arié La Scala Orchestra & Chorus Stravinsky	LP: Cetra DOC 29

Pastorale

Berlin October 1967	Parsons	LP: EMI ASD 2404/1C 187 01307-01308 LP: Angel 36545 CD: EMI CDM 763 6562/CMS 763 7902 CD: Toshiba TOCE CD: EMI CHS 565 8602

FRANZ VON SUPPE (1819-1895)

Boccaccio, Querschnitt

Berlin September 1939	Role of Fiametta Glawitsch Städtische Oper Orchestra Lütze	78: Telefunken E 3029 78: Capitol (USA) 89-80109

Boccaccio: Excerpt (Hab' ich nur deine Liebe)

London July 1957	Philharmonia Ackermann	45: Columbia SEL 1652/ESL 6270 LP: Columbia 33CX 1570/SAX 2283/ASD 2807 LP: Angel 35696 CD: EMI CDC 747 2842

PIOTR TCHAIKOVSKY (1840-1893)

Eugene Onegin: Excerpt (Tatiana's Letter Scene)

London September 1966	LSO Galliera Sung in German	LP: Columbia CX 5286/SAX 5286/SXDW 3049 LP: Angel 36464 CD: EMI CDM 769 5012

None but the lonely heart

London April 1956	Moore Sung in German	45: Columbia SEL 1600/ESL 6274 LP: Columbia 33CX 1404/SAX 2265 LP: Columbia (Germany) C 90545 LP: Angel 35383 CD: EMI CHS 565 8602

Pimpinella (Non contrastar cogl' uomini fallo per carità!)

Berlin October 1967	Parsons	LP: EMI ASD 2404/1C 187 01307-01308 LP: Angel 36545 CD: EMI CDM 763 6542/CMS 763 7902 CD: Toshiba TOCE

MICHAEL TIPPETT (born 1905)

A Child of our Time

Turin February 1953	Cavelti, Gedda, Petri RAI Torino Orchestra & Chorus Karajan	Unpublished radio broadcast

RICHARD TRUNK (1879-1968)

Die Allee (Bunt geschminkt wie zur Zeit der Schäferfeste)

Berlin 1942-1943	Raucheisen	LP: Acanta 40 23557 CD: Acanta 42 43801

Brautwerbung/4 heitere Lieder (Nimm mich! Nimm mich!)

Berlin 1942-1943	Raucheisen	LP: Acanta 40 23557 CD: Acanta 42 43128

Das Hemd (Mutter, Mutter, dieweil ich wusch)

Berlin 1942-1943	Raucheisen	LP: Acanta 40 23557 CD: Acanta 42 43801

Menuett/4 heitere Lieder (Ach, wie wird mir wohl und weh!)

Berlin 1942-1943	Raucheisen	LP: Acanta 40 23557 CD: Acanta 42 43128

Schlittenfahrt/4 heitere Lieder (Schlitten vorm Haus, steig ein, kleine Maus!)

Berlin 1942-1943	Raucheisen	LP: Acanta 40 23557 CD: Acanta 42 43128

Vertrag/4 heitere Lieder (Auf der Bank im Walde)

Berlin 1942-1943	Raucheisen	LP: Acanta 40 23557 CD: Acanta 42 43128

GIUSEPPE VERDI (1813-1901)

Requiem

Milan June 1954	Dominguez, Di Stefano, Siepi La Scala Orchestra & Chorus De Sabata	LP: Columbia 33CX 1195-1196 LP: Columbia (Germany) C 90387-90388 LP: Angel 3520 LP: EMI RLS 100 9373 CD: Teorema TH 121.123-121.124 CD: EMI CHS 565 5062 Libera me CD: EMI CDM 763 6572/CMS 763 7902
London September 1963- April 1964	C.Ludwig, Gedda, Ghiaurov Philharmonia Orchestra & Chorus Giulini	LP: EMI AN 133-134/SAN 133-134/SLS 909 LP: Angel 3649 CD: EMI CDS 747 2578

Falstaff

London June 1956	Role of Alice Moffo, Merriman, Barbieri, Alva, Gobbi, Panerai Chorus Philharmonia Karajan	LP: Columbia 33CX 1410-2/SAX 2254-6 LP: Columbia (Germany) C 90524-90526 LP: Angel 3552 LP: EMI SLS 5037/SLS 5211/EX 749 6682 CD: EMI CDS 749 6682 Excerpts LP: Columbia 33CX 1939/SAX 2578 LP: Columbia (Germany) C 80615
Salzburg August 1957	Moffo, Canali, Simionato, Alva, Gobbi, Panerai Vienna Opera Chorus VPO Karajan	CD: Hunt CDKAR 226

Otello: Excerpt (Piangea cantando/Ave Maria)

London April 1959	Role of Desdemona Elkins Philharmonia Rescigno	LP: Columbia CX 5286/SAX 5286 LP: Angel 36434/3754 LP: EMI SXDW 3049
London October 1967	Howells Covent Garden Orchestra Downes	Unpublished video recording

La Traviata: Excerpt (Ah fors è lui!/Sempre libera)

| London April 1948 | Role of Violetta Philharmonia Braithwaite Sung in English | 78: Columbia LX 1079 |

La Traviata: Excerpt (Madamigella Valéry?/Dite alle giovane)

| London October 1953 | Panerai Philharmonia Galliera | LP: EMI EX 29 10753 |

La Traviata: Excerpt (Addio del passato)

London October 1950	Philharmonia Galliera	78: Columbia LX 1370 45: Columbia SEL 1575/SCD 2076 LP: EMI RLS 763
London April 1959	Philharmonia Rescigno	Columbia unpublished
London April 1962	Philharmonia Tonini	Columbia unpublished

Lo spazzocamino

| Berlin 1942-1943 | Raucheisen Sung in German | LP: Acanta 40 23557 CD: Acanta 42 43801 |

BERNHARD VLIES (1770)

Wiegenlied (Schlafe, mein Prinzchen)

| London April 1956 | Moore | Columbia unpublished |

RICHARD WAGNER (1813-1883)

Götterdämmerung

Bayreuth August 1951 (4 August)	Role of Woglinde Varnay, Mödl, Siewert, Aldenhoff, Uhde, Weber Bayreuth Festival Orchestra & Chorus Knappertsbusch	Decca unpublished
Bayreuth August 1951 (15 August)	Varnay, Mödl, Siewert, Aldenhoff, Uhde, Weber Bayreuth Festival Orchestra & Chorus Karajan	Columbia unpublished

Lohengrin: Excerpt (Einsam in trüben Tagen)

London April 1956	Role of Elsa Philharmonia Susskind	LP: Columbia 33CX 1658/SAX 2300 LP: Angel 35806 LP: World Records T 520/ST 520 LP: EMI SXDW 3049 CD: EMI CDM 769 5012/CDM 565 5772

Lohengrin: Excerpt (Euch Lüften, die mein Klagen/Wer ruft? Wie schauerlich und klagend...to end of Scene 2)

London May 1956	G.Hoffman, Czerwenka Philharmonia Susskind	Columbia unpublished
London May 1958	C.Ludwig Philharmonia Wallberg	LP: Columbia 33CX 1658/SAX 2300 LP: Angel 35806 LP: World Records T 520/ST 520 LP: EMI SXDW 3049 CD: EMI CDM 769 5012

Die Meistersinger von Nürnberg

Bayreuth July and August 1951	Role of Eva Malaniuk, Hopf, Unger, Edelmann, Dalberg, Kunz Bayreuth Festival Orchestra & Chorus Karajan	78: Columbia LX 1465-98/8851-84 auto LP: Columbia 33CX 1021-1025 LP: Columbia (Germany) C 90275-90279 LP: Angel 6030 LP: EMI RLS 7708/RLS 143 3903 CD: EMI CHS 763 5002
Bayreuth August 1951	Malaniuk, Hopf, Unger, Edelmann, Dalberg, Kunz Bayreuth Festival Orchestra & Chorus Karajan	CD: Hunt CDKAR 224 This is a single complete performance, whereas the Columbia version listed above was drawn from dress rehearsal on 27 July and 4 further performances during August

Die Meistersinger von Nürnberg: Excerpt (Guten Abend, Meister!)

London December 1956	Edelmann Philharmonia Schmidt	Columbia unpublished

Das Rheingold

Bayreuth July 1951	Role of Woglinde Malaniuk, Siewert, Brivkalne, Fritz, Windgassen, Kuen, S.Björling Bayreuth Festival Orchestra Knappertsbusch	Decca unpublished
Bayreuth August 1951	Malaniuk, Siewert, Brivkalne, Fritz, Windgassen, Kuen, S.Björling Bayreuth Festival Orchestra Karajan	LP: Melodram MEL 516 CD: Melodram MEL 26107 CD: Hunt CDKAR 216 Excerpts LP: Melodram MEL 088

Das Rheingold: Excerpts (1.Weia! Waga! Woge, du Welle!; 2.Lugt,Schwestern!; 3.Abendlich strahlt...to end)

Berlin	Scheppan, Schilp,	LP: Acanta 22 21486/40 23502
May 1941	Aldenhoff, Hann,	LP: Discoreale DR 10037
	Nissen	LP: Melodram MEL 082 (1)
	Städtische Oper	CD: Melodram MEL 16501 (1)
	Orchestra	
	Rother	

Tannhäuser: Excerpts (Dich teure Halle!; Allmächt'ge Jungfrau!)

London	Role of Elisabeth	LP: Columbia 33CX 1658/SAX 2300
April 1956	Philharmonia	LP: Angel 35806
	Susskind	LP: World Records T 520/ST 520
		LP: EMI SXDW 3049
		CD: EMI CDM 769 5012

Tristan und Isolde: Excerpt (Tot denn alles!)

London	Role of Brangäne	78: Columbia LX 8892
September 1951	Weber	LP: Electrola 1C 177 00933-00934M
	Philharmonia	
	Schüchter	

Schmerzen/Wesendonk-Lieder (Sonne, weinest jeden Abend)

London	Moore	Columbia unpublished
January-		
February 1961		

Träume/Wesendonk-Lieder (Sag', welch' wunderbare Träume)

London	Moore	Columbia unpublished
January 1961		

London	Moore	LP: EMI SAN 255/1C 065 01861/154 6133
December 1962		LP: Angel 36640
		CD: EMI CDM 763 6542/CMS 763 7902

WILLIAM WALTON (1902-1983)

Troilus and Cressida, Scenes (Is Cressida a slave?; Slowly it all comes back; How can I sleep?; If one last doubt remain; Now close your arms; All's well!; Diomede! Father!)

London	Role of Cressida	LP: Columbia 33CX 1313
April and	Lewis, Sinclair	LP: Angel 35278
May 1955	Philharmonia	LP: World Records OH 217
	Walton	CD: EMI CDM 764 1992

CARL MARIA VON WEBER (1786-1826)

Abu Hassan

Berlin	Role of Fatima	LP: Urania URLP 7029/UR 7029/URLP 57029
December 1944	Witte, Bohnen	LP: Vox (USA) OPBX 149
	Berlin Radio	LP: Opera Society OPS 1
	Orchestra & Chorus	LP: Classics Club 108
	L.Ludwig	LP: Saga XID 5055/FDY 2065/STFDY 2065
		LP: Varèse-Sarabande VC 81093
		CD: Urania ULS 5153
		CD: Forlane UCD 16572
		CD: Preiser 90209
		Excerpts
		LP: Melodram MEL 082
		LP: Discoreale DR 10038
		CD: Melodram MEL 16501
		This may have been the soundtrack for a planned televised production; only the Preiser edition includes the spoken dialogue

Der Freischütz: Excerpt (Und ob die Wolke)

London	Role of Agathe	LP: Columbia 33CX 1658/SAX 2300
April 1956	Philharmonia	LP: Angel 35806/3754
	Susskind	LP: World Records T 520/ST 520
		LP: EMI SXDW 3049
		CD: EMI CDM 769 5012

Der Freischütz: Excerpt (Leise, leise)

London   Philharmonia   LP: Columbia 33CX 1658/SAX 2300
April 1956   Susskind   LP: Angel 35806
                                   LP: World Records T 520/ST 520
                                   LP: EMI SXDW 3049
                                   CD: EMI CDM 769 5012/CDM 565 5772

Oberon: Excerpt (Ozean, du Ungeheuer!)

London   Role of Rezia   Columbia unpublished
April 1956   Philharmonia
                Susskind

Mille volte mio tesoro/3 Italian duets

Berlin   Piltti   LP: Melodiya M10 41285-41286/5289-73
1942-1943   Raucheisen   LP: Discocorp IGI 385/RR 208
                                   LP: Scandia SLP 546

Va ti consolo, addio/3 Italian duets

Berlin   Piltti   LP: Melodiya M10 41285-41286/5289-73
1942-1943   Raucheisen   LP: Discocorp IGI 385/RR 208
                                   LP: Scandia SLP 546

Se il mio ben/3 Italian duets

Berlin   Piltti   LP: Melodiya M10 41285-41286/5289-73
1942-1943   Raucheisen   LP: Discocorp IGI 385/RR 208
                                   LP: Scandia SLP 546
                                   LP: Acanta 40 23566
                                   CD: Acanta 42 43128

HUGO WOLF (1860-1903)

Ach des Knaben Augen/Spanisches Liederbuch

Berlin	Moore	LP: DG SLPM 139 329-139 330
December 1966-		LP: DG 2707 035/2726 071
January 1967		CD: DG 421 9342
		CD: DG (Japan) POCG 9013-9021

Ach im Maien war's/Spanisches Liederbuch

London	Parsons	CD: Eklipse EKRP 4
December 1968		

Als ich auf dem Euphrat schiffte/Goethe-Lieder

London	Moore	Columbia unpublished
June 1957		

London	Moore	LP: Columbia 33CX 1946/SAX 2589/SLS 5197
December 1962		LP: Angel 36308
		CD: EMI CHS 565 8602

An eine Aeolsharfe/Mörike-Lieder (Angelehnt an die Efeuwand)

Berlin	Parsons	LP: EMI ASD 3124/1C 063 02598/154 6133
September 1970		CD: EMI CDM 763 6532/CMS 763 7902
		CD: Toshiba TOCE

An den Schlaf/Mörike-Lieder (Schlaf, süsser Schlaf!)

Berlin	Parsons	LP: EMI ASD 3124/1C 063 02598
March 1973		CD: Toshiba TOCE

Wolf Lieder/continued

Anakreons Grab/Goethe-Lieder (Wo die Rose hier blüht)

Salzburg August 1953	Furtwängler	LP: Cetra FE 30 LP: EMI 143 5491 LP: Melodram MEL 088 LP: Discocorp IGI 385/RR 208 CD: Cetra CDC 21 CD: Priceless D 18355 CD: Virtuoso 269.7152/269.7312 CD: Toshiba TOCE 6064
London April-July 1956	Moore	Columbia unpublished
London June 1957	Moore	LP: Columbia 33CX 1657/SAX 2333/SLS 5197 LP: Angel 35909 LP: EMI 1C 037 03725
Salzburg July 1958	Moore	CD: EMI CDH 764 9052
London December 1968	Parsons	CD: Eklipse EKRP 4

Auch kleine Dinge/Italienisches Liederbuch

London April- September 1954	Moore	Columbia unpublished
London April 1958- December 1959	Moore	LP: Columbia 33CX 1714/SAX 2366 LP: Angel 35883 CD: EMI CHS 565 8602

Auf ein altes Bild/Mörike-Lieder (In einer grünen Landschaft Sommerflor)

London January 1977	Parsons	LP: Decca SXL 6943 CD: Decca 430 0002

Auf eine Christblume/Mörike-Lieder (Tochter des Wald's, du Lilienverwandte!)

Salzburg July 1958	Moore	CD: EMI CDH 764 9052
Berlin August and September 1970	Parsons	LP: EMI ASD 2844/1C 063 02331 CD: Toshiba TOCE

Wolf Lieder/continued

Auf einer Wanderung/Mörike-Lieder (In ein freundliches Städtchen tret'ich ein)

Berlin March 1973	Parsons	LP: EMI ASD 3124/1C 063 02598 CD: EMI CDM 763 6532/CMS 763 7902 CD: Toshiba TOCE

Auftrag/Mörike-Lieder (In poetischer Epistel ruft ein desperater Wicht!)

Berlin March 1973	Parsons	LP: EMI ASD 3124/1C 063 02598 CD: Toshiba TOCE CD: EMI CHS 565 8602

Bedeckt mich mit Blumen/Spanisches Liederbuch

London April- June 1951	Moore	Columbia unpublished
Salzburg August 1953	Furtwängler	LP: Cetra FE 30 LP: EMI 143 5491 LP: Melodram MEL 088 LP: Discocorp IGI 385/RR 208 CD: Cetra CDC 21 CD: Priceless D 18355 CD: Virtuoso 269.7312 CD: Toshiba TOCE 6064
New York November 1956	Reeves	CD: EMI CHS 761 0432 CD: NotaBlu 935 0923
Salzburg July 1958	Moore	CD: EMI CDH 764 9052
Hannover March 1962	Reutter	LP: Movimento musica 02.017 CD: Movimento musica 051.015
Salzburg July 1963	Moore	CD: EMI CDH 565 7492
Berlin December 1966- January 1967	Moore	LP: DG SLPM 139 329-139 330 LP: DG 2707 035/2726 071 CD: DG 421 9342 CD: DG (Japan) POCG 9013-9021
Vienna January 1979	Parsons	Decca unpublished

Wolf Lieder/continued

Begegnung/Mörike-Lieder (War doch heut' nacht ein Sturm gewesen!)

Berlin March 1973	Parsons	LP: EMI ASD 3124/1C 063 02598 CD: EMI CDM 763 6532/CMS 763 7902 CD: Toshiba TOCE

Bei einer Trauung/Mörike-Lieder (Vor lauter hochadligen Zeugen)

London January 1977	Parsons	LP: Decca SXL 6943 CD: Decca 430 0002

Die Bekehrte/Goethe-Lieder (Bei dem Glanz der Abendröte)

London April and June 1951	Moore	Columbia unpublished
Salzburg August 1953	Furtwängler	LP: EMI ALP 2114/1C 063 01915M/143 5491 LP: Angel 60179 LP: Cetra FE 30 CD: Cetra CDC 21 CD: Priceless D 18355 CD: Virtuoso 269.7152/269.7312 CD: Toshiba TOCE 6064
London April 1956	Moore	Columbia unpublished
London June 1957	Moore	LP: Columbia 33CX 1657/SAX 2333 LP: Angel 35909 LP: EMI SLS 5197/1C 037 03725 CD: EMI CDM 763 6532/CMS 763 7902

Wolf Lieder/continued

Bitt' ihn, o Mutter!/Spanisches Liederbuch

| Berlin
December 1966–
January 1967 | Moore | LP: DG SLPM 139 329-139 330
LP: DG 2707 035/2726 071
CD: DG 421 9342
CD: DG (Japan) POCG 9013-9021 |

Blumengruss/Goethe-Lieder (Der Strauss, den ich gepflücket)

Salzburg August 1953	Furtwängler	LP: EMI ALP 2114/1C 063 01915M/143 5491 LP: Angel 60179 LP: Cetra FE 30 CD: Cetra CDC 21 CD: Priceless D 18355 CD: Virtuoso 269.7152/269.7312 CD: Toshiba TOCE 6064
London April 1955	Moore	Columbia unpublished
London April 1956	Moore	Columbia unpublished
London January 1958	Moore	LP: Columbia 33CX 1657/SAX 2333 LP: Angel 35909 LP: EMI SLS 5197/1C 037 03725 CD: EMI CHS 565 8602
Salzburg July 1958	Moore	CD: EMI CDH 764 9052

Denk' es, o Seele!/Mörike-Lieder (Ein Tännlein grünet wo)

| Berlin
September 1970 | Parsons | LP: EMI ASD 3124/1C 063 02598/154 6133
CD: EMI CDM 763 6532/CMS 763 7902 |

Die ihr schwebt um diese Palmen/Spanisches Liederbuch

| Berlin
December 1966–
January 1967 | Moore | LP: DG SLPM 139 329-139 330
LP: DG 2707 035/2726 071
CD: DG 421 9342
CD: DG (Japan) POCG 9013-9021 |

Wolf Lieder/continued

Du milchjunger Knabe/Alte Weisen

Salzburg July 1958	Moore	CD: Stradivarius STR 10009 CD: EMI CDH 764 9052
London April 1961	Moore	LP: Columbia 33CX 1946/SAX 2589/SLS 5197 LP: Angel 36308

Du denkst, mit einem Fädchen mich zu fangen/Italienisches Liederbuch

London April– June 1951	Moore	Columbia unpublished
London April– September 1954	Moore	Columbia unpublished
London April 1958– December 1959	Moore	LP: Columbia 33CX 1714/SAX 2366 LP: Angel 35883 CD: EMI CHS 565 8602
Berlin September 1965– October 1967	Moore	LP: EMI AN 210-211/SAN 210-211 LP: Angel 3703 LP: EMI 1C 165 01871-01872 CD: EMI CDM 763 7322

Du sagst mir, dass ich keine Fürstin sei/Italienisches Liederbuch

London April– September 1954	Moore	Columbia unpublished
Salzburg July 1957	Moore	CD: EMI CDH 565 7492
London April 1958– December 1959	Moore	LP: Columbia 33CX 1714/SAX 2366 LP: Angel 35883 CD: EMI CHS 565 8602
Berlin September 1965– October 1967	Moore	LP: EMI AN 210-211/SAN 210-211 LP: Angel 3703 LP: EMI 1C 165 01871-01872 CD: EMI CDM 763 7322

Wolf Lieder/continued

Eide, so die Liebe schwur/Spanisches Liederbuch

| Berlin
December 1966–
January 1967 | Moore | LP: DG SLPM 139 329-139 330
LP: DG 2707 035/2726 071
CD: DG 421 9342
CD: DG (Japan) POCG 9013-9021 |

Elfenlied/Mörike-Lieder (Bei Nacht im Dorf der Wächter rief)

| London
April–
June 1951 | Moore | Columbia unpublished |

| Salzburg
August 1953 | Furtwängler | LP: EMI ALP 2114/1C 063 01915M/143 5491
LP: Angel 60179
LP: Cetra FE 30
CD: Cetra CDC 21
CD: Priceless D 18355
CD: Virtuoso 269.7152/269.7312
CD: Toshiba TOCE 6064 |

| London
April 1956 | Moore | 45: Columbia SEL 1588
45: Columbia (Germany) C 50502
LP: Columbia 33CX 1404/SAX 2265
LP: Columbia (Germany) C 90545
LP: Angel 35383
CD: EMI CDM 763 6532/CMS 763 7902 |

| New York
November 1956 | Reeves | CD: EMI CHS 761 0432
CD: NotaBlu 935 0923 |

| Salzburg
July 1957 | Moore | CD: EMI CDH 565 7492 |

| London
January 1977 | Parsons | LP: Decca SXL 6943
CD: Decca 430 0002 |

Wolf Lieder/continued

Epiphanias/Goethe-Lieder (Die heil'gen drei König' mit ihrem Stern)

London April– June 1951	Moore	Columbia unpublished
Salzburg August 1953	Furtwängler	LP: EMI ALP 2114/1C 063 01915M/143 5491 LP: Angel 60179 LP: Cetra FE 30 CD: Cetra CDC 21 CD: Priceless D 18355 CD: Virtuoso 269.7152/269.7312 CD: Toshiba TOCE 6064
London April 1955	Moore	Columbia unpublished
London April 1956	Moore	LP: Columbia 33CX 1657/SAX 2333 LP: Angel 35909 LP: EMI SLS 5197/1C 037 03725 CD: EMI CHS 565 8602

Frühling übers Jahr/Goethe-Lieder (Das Beet schon lockert sich's in die Höh!)

London April 1955	Moore	Columbia unpublished
London April 1956	Moore	LP: Columbia 33CX 1657/SAX 2333 LP: Angel 35909 LP: EMI SLS 5197/1C 037 03725 CD: EMI CHS 565 8602
Salzburg July 1958	Moore	CD: EMI CDH 764 9052

Fussreise/Mörike-Lieder (Am frischgeschnitt'nen Wanderstab)

London January 1977	Parsons	LP: Decca SXL 6943 CD: Decca 430 0002

Wolf Lieder/continued

Ganymed/Goethe-Lieder (Wie im Morgenglanze du rings mich anglühst)

London April 1956	Moore	LP: Columbia 33CX 1657/SAX 2333 LP: Angel 35909 LP: EMI SLS 5197/1C 037 03725 CD: EMI CDM 763 6532/CMS 763 7902 CD: NotaBlu 935 0911
Salzburg July 1958	Moore	CD: EMI CDH 764 9052

Der Gärtner/Mörike-Lieder (Auf ihrem Leibrösslein so weiss wie der Schnee)

Berlin March 1973	Parsons	LP: EMI ASD 3124/1C 063 02598 CD: Toshiba TOCE

Gebet/Mörike-Lieder (Herr, schicke was du willst!)

London January 1977	Parsons	Decca unpublished

Geh', Geliebter, geh' jetzt/Spanisches Liederbuch

Salzburg July 1957	Moore	CD: EMI CDH 565 7492
Strassburg June 1960	Bonneau	CD: Chant du monde LDC 278.899 CD: NotaBlu 935 0911
Berlin December 1966- January 1967	Moore	LP: DG SLPM 139 329-139 330 LP: DG 2707 035/2726 071 CD: DG 421 9342 CD: DG (Japan) POCG 9013-9021

Wolf Lieder/continued

Der Genesene an die Hoffnung/Mörike-Lieder (Tödlich graute mir der Morgen)

Salzburg August 1957	Moore	CD: EMI CDH 565 7492
London December 1959	Moore	Columbia unpublished
Vienna January 1979	Parsons	Decca unpublished

Gesang Weylas/Mörike-Lieder (Du bist Orplid, mein Land!)

Berlin April 1966	Parsons	EMI unpublished

Gesegnet sei das Grün/Italienisches Liederbuch

London April– September 1954	Moore	Columbia unpublished
London April 1958– December 1959	Moore	LP: Columbia 33CX 1714/SAX 2366 LP: Angel 35883 CD: EMI CHS 565 8602
Berlin September 1965– October 1967	Moore	LP: EMI AN 210-211/SAN 210-211 LP: Angel 3703 LP: EMI 1C 165 01871-01872 CD: EMI CDM 763 7322

Gleich und gleich/Goethe-Lieder (Ein Blumenglöckchen vom Boden hervor)

London April 1956	Moore	LP: Columbia 33CX 1657/SAX 2333 LP: Angel 35909 LP: EMI SLS 5197/1C 037 03725 CD: EMI CHS 565 8602

Wolf Lieder/continued

Heimweh/Mörike-Lieder (Anders wird die Welt mit jedem Schritt)

London January 1977	Parsons	Decca unpublished
Vienna January 1979	Parsons	LP: Decca SXL 6943 CD: Decca 430 0002

Herr, was trägt der Boden hier/Spanisches Liederbuch

Salzburg August 1953	Furtwängler	LP: EMI ALP 2114/1C 063 01915M/143 5491 LP: Angel 60179 LP: Cetra FE 30 CD: Cetra CDC 21 CD: Priceless D 18355 CD: Virtuoso 269.7312 CD: Toshiba TOCE 6064
New York November 1956	Reeves	CD: EMI CHS 761 0432 CD: NotaBlu 935 0923
Strassburg June 1960	Bonneau	CD: Chant du monde LDC 278.899
Hannover March 1962	Reutter	LP: Movimento musica 02.017 CD: Movimento musica 051.015
Salzburg August 1963	Moore	CD: EMI CDH 565 7492
Vienna January 1979	Parsons	Decca unpublished

Hochbeglückt in deiner Liebe/Goethe-Lieder

London June 1957	Moore	Columbia unpublished
London March– December 1962	Moore	LP: Columbia 33CX 1946/SAX 2589/SLS 5197 LP: Angel 36308 CD: EMI CHS 565 8602

Wolf Lieder/continued

Ich esse nun mein Brot nicht trocken mehr/Italienisches Liederbuch

London April– September 1954	Moore	Columbia unpublished
Salzburg August 1957	Moore	CD: EMI CDH 565 7492
London April 1958– December 1959	Moore	LP: Columbia 33CX 1714/SAX 2366 LP: Angel 35883 CD: EMI CHS 565 8602
Berlin September 1965– October 1967	Moore	LP: EMI AN 210-211/SAN 210-211 LP: Angel 3703 LP: EMI 1C 165 01871-01872 CD: EMI CDM 763 7322 CDH 763 7322 incorrectly states that this is performed by Fischer-Dieskau

Ich hab' in Penna einen Liebsten wohnen/Italienisches Liederbuch

London April– September 1954	Moore	Columbia unpublished
New York November 1956	Reeves	CD: EMI CHS 761 0432
Salzburg August 1957	Moore	CD: EMI CDH 565 7492
London April 1958– December 1959	Moore	LP: Columbia 33CX 1714/SAX 2366 LP: Angel 35883 CD: EMI CHS 565 8602
Berlin September 1965– October 1967	Moore	LP: EMI AN 210-211/SAN 210-211 LP: Angel 3703 LP: EMI 1C 165 01871-01872 CD: EMI CDM 763 7322

Ich liess mir sagen/Italienisches Liederbuch

London April 1958– December 1959	Moore	LP: Columbia 33CX 1714/SAX 2366 LP: Angel 35883 CD: EMI CHS 565 8602
Berlin September 1965– October 1967	Moore	LP: EMI AN 210-211/SAN 210-211 LP: Angel 3703 LP: EMI 1C 165 01871-01872 CD: EMI CDM 763 7322

Wolf Lieder/continued

Ihr jungen Leute, die ihr zieht ins Feld/Italienisches Liederbuch

London April– September 1954	Moore	Columbia unpublished
London April 1958– December 1959	Moore	LP: Columbia 33CX 1714/SAX 2366 LP: Angel 35883 CD: EMI CHS 565 8602
Berlin September 1965– October 1967	Moore	LP: EMI AN 210-211/SAN 210-211 LP: Angel 3703 LP: EMI 1C 165 01871-01872 CD: EMI CDM 763 7322

Im Frühling/Mörike-Lieder (Hier lieg' ich auf dem Frühlingshügel)

London April– June 1951	Moore	Columbia unpublished
Salzburg August 1953	Furtwängler	LP: Cetra FE 30 LP: EMI 143 5491 LP: Melodram MEL 088 LP: Discocorp IGI 385/RR 208 CD: Cetra CDC 21 CD: Priceless D 18355 CD: Virtuoso 269.7152/269.7312 CD: Toshiba TOCE 6064
Salzburg July 1958	Moore	CD: EMI CDH 764 9052
London December 1968	Parsons	CD: Eklipse EKRP 4
Berlin August– September 1970	Parsons	LP: EMI ASD 2844/1C 063 02331/154 6133 CD: EMI CDM 763 6532/CMS 763 7902 CD: Toshiba TOCE

Wolf Lieder/continued

In dem Schatten meiner Locken/Spanisches Liederbuch

London April-June 1951	Moore	Columbia unpublished
Salzburg August 1953	Furtwängler	LP: Cetra FE 30 LP: EMI 143 5491 LP: Melodram MEL 088 LP: Discocorp IGI 385/RR 208 CD: Cetra CDC 21 CD: Priceless D 18355 CD: Virtuoso 269.7312 CD: Toshiba TOCE 6064
Aix-en- Provence July 1954	Rosbaud	CD: Melodram CDM 26524
London April 1956	Moore	45: Columbia SEL 1588 45: Columbia (Germany) C 50502 LP: Columbia 33CX 1404/SAX 2265 LP: Columbia (Germany) C 90545 LP: Angel 35383 CD: EMI CHS 565 8602
New York November 1956	Reeves	CD: EMI CHS 761 0432 CD: NotaBlu 935 0923
Salzburg August 1957	Moore	CD: EMI CDH 565 7492
Salzburg July 1958	Moore	CD: EMI CDH 764 9052
Strassburg June 1960	Bonneau	CD: Chant du monde LDC 278.899
Hannover March 1962	Reutter	LP: Movimento musica 02.017 CD: Movimento musica 051.015
Ascona October 1967	Parsons	CD: Eremitage ERM 109
London December 1968	Parsons	CD: Eklipse EKRP 4
Nohant June 1969	Ciccolini	CD: Hunt CDGI 8021

Wolf Lieder/continued

Jägerlied/Mörike-Lieder (Zierlich ist des Vogels Tritt im Schnee)

London January 1977	Parsons	LP: Decca SXL 6943 CD: Decca 430 0002

Keine gleicht von allen Schönen

Berlin March 1973	Parsons	LP: EMI ASD 3124/1C 063 02598 CD: Toshiba TOCE CD: EMI CHS 565 8602

Klinge, klinge, mein Pandero!/Spanisches Liederbuch

Salzburg August 1957	Moore	CD: EMI CDH 565 7492
Berlin December 1966– January 1967	Moore	LP: DG SLPM 139 329–139 330 LP: DG 2707 035/2726 071 CD: DG 421 9342 CD: DG (Japan) POCG 9013-9021

Köpfchen, Köpfchen, nicht gewimmert/Spanisches Liederbuch

Berlin December 1966– January 1967	Moore	LP: DG SLPM 139 329–139 330 LP: DG 2707 035/2726 071 CD: DG 421 9342 CD: DG (Japan) POCG 9013-9021

Das Köhlerweib ist trunken/Alte Weisen

Salzburg July 1958	Moore	CD: Stradivarius STR 10009 CD: EMI CDH 764 9052
London January 1961	Moore	Columbia unpublished
London December 1962	Moore	LP: Columbia 33CX 1946/SAX 2589/SLS 5197 LP: Angel 36308

Wolf Lieder/continued

Der Knabe und das Immlein/Mörike-Lieder (Im Weinberg auf der Höhe)

Salzburg August 1963	Moore	CD: EMI CDH 565 7492

Lebe wohl!/Mörike-Lieder

Salzburg August 1953	Furtwängler	LP: EMI ALP 2114/1C 063 01915M/143 5491 LP: Angel 60179 LP: Cetra FE 30 CD: Cetra CDC 21 CD: Priceless D 18355 CD: Virtuoso 269.7152/269.7312 CD: Toshiba TOCE 6064
Aix-en- Provence July 1954	Rosbaud	CD: Melodram CDM 26524
Salzburg August 1963	Moore	CD: EMI CDH 565 7492
Berlin October 1967	Parsons	LP: EMI ASD 2404/1C 187 01307-01308 LP: Angel 36545 CD: Toshiba TOCE CD: EMI CHS 565 8602
London January 1977	Parsons	LP: Decca SXL 6943 CD: Decca 430 0002

Wolf Lieder/continued

Liebe mir im Busen/Spanisches Liederbuch

Berlin	Moore	LP: DG SLPM 139 329-139 330
December 1966-		LP: DG 2707 035/2726 071
January 1967		CD: DG 421 9342
		CD: DG (Japan) POCG 9013-9021

Lied vom Winde/Mörike-Lieder (Sausewind! Brausewind!)

Salzburg	Moore	CD: EMI CDH 764 9052
July 1958		

Man sagt mir, deine Mutter woll' es nicht/Italienisches Liederbuch

London	Moore	Columbia unpublished
April-		
September 1954		

London	Moore	LP: Columbia 33CX 1714/SAX 2366
April 1958-		LP: Angel 35883
December 1959		CD: EMI CHS 565 8602

Berlin	Moore	LP: EMI AN 210-211/SAN 210-211
September 1965-		LP: Angel 3703
October 1967		LP: EMI 1C 165 01871-01872
		CD: EMI CDM 763 7322

Wolf Lieder/continued

Mausfallensprüchlein/Mörike-Lieder (Kleine Gäste, kleines Haus)

London April and September 1952	Moore	Columbia unpublished
London October 1952	Moore	78: Columbia LX 1577
London December 1952- July 1953	Moore	Columbia unpublished
London January 1954	Moore	45: Columbia (Germany) C 50202 LP: Columbia 33CX 1044 LP: Columbia (Germany) C 90306 LP: Angel 35023 LP: EMI RLS 763/154 6133 CD: EMI CHS 565 8602
Salzburg July 1958	Moore	CD: EMI CDH 764 9052
Strassburg June 1960	Bonneau	CD: Chant du monde LDC 278.899 CD: NotaBlu 935 0923
London January 1961	Moore	LP: Columbia 33CX 1946/SAX 2589/SLS 5197 LP: Angel 36308 CD: EMI CDM 763 6532/CMS 763 7902
Amsterdam June 1962	De Nobel	CD: Verona 27021
London January 1977	Parsons	Decca unpublished
Vienna January 1979	Parsons	LP: Decca SXL 6943 CD: Decca 430 0002

Wolf Lieder/continued

Mein Liebster hat zu Tische mich geladen/Italienisches Liederbuch

London April– June 1951	Moore	Columbia unpublished
Salzburg August 1953	Furtwängler	LP: Cetra FE 30 LP: EMI 143 5491 LP: Melodram MEL 088 LP: Discocorp RR 208 CD: Cetra CDC 21 CD: Virtuoso 269.7312 CD: Toshiba TOCE 6064
London April– September 1954	Moore	Columbia unpublished
London April 1958– December 1959	Moore	LP: Columbia 33CX 1714/SAX 2366 LP: Angel 35883 CD: EMI CHS 565 8602
Berlin September 1965– October 1967	Moore	LP: EMI AN 210-211/SAN 210-211 LP: Angel 3703 LP: EMI 1C 165 01871-01872 CD: EMI CDM 763 7322

Mein Liebster ist so klein/Italienisches Liederbuch

London April– September 1954	Moore	Columbia unpublished
London April 1958– December 1959	Moore	LP: Columbia 33CX 1714/SAX 2366 LP: Angel 35883 CD: EMI CHS 565 8602
Berlin September 1965– October 1967	Moore	LP: EMI AN 210-211/SAN 210-211 LP: Angel 3703 LP: EMI 1C 165 01871-01872 CD: EMI CDM 763 7322

Wolf Lieder/continued

Mignon/Goethe-Lieder (Kennst du das Land, wo die Zitronen blüh'n?)

London April- July 1956	Moore	Columbia unpublished
New York November 1956	Reeves	CD: EMI CHS 761 0432 CD: NotaBlu 935 0911
London June 1957	Moore	LP: Columbia 33CX 1657/SAX 2333 LP: Angel 35909/3754 LP: EMI SLS 5197/1C 037 03725/154 6133 CD: EMI CDM 763 6532/CMS 763 7902
Aix-en- Provence July 1954	Rosbaud	CD: Melodram CDM 26524
Salzburg July 1958	Moore	CD: EMI CDH 764 9052
Hannover March 1962	Reutter	LP: Movimento musica 02.017 CD: Movimento musica 051.015
Amsterdam June 1962	De Nobel	CD: Verona 27021
London February 1967	Moore	LP: EMI AN 182-183/SAN 182-183 LP: EMI SLS 926/ASD 143 5941 CD: EMI CDC 749 2382/CDEMX 2233
Ascona October 1967	Parsons	CD: Eremitage ERM 109
London December 1968	Parsons	CD: Eklipse EKRP 4
Nohant June 1969	Ciccolini	CD: Hunt CDGI 8021

Mein Liebster singt am Haus/Italienisches Liederbuch

London April- September 1954	Moore	Columbia unpublished
London April 1958- December 1959	Moore	LP: Columbia 33CX 1714/SAX 2366 LP: Angel 35883 CD: EMI CHS 565 8602
Berlin September 1965- October 1967	Moore	LP: EMI AN 210-211/SAN 210-211 LP: Angel 3703 LP: EMI 1C 165 01871-01872 CD: EMI CDM 763 7322

Wolf Lieder/continued

Mignon I/Goethe-Lieder (Heiss mich nicht reden)

London April 1956	Moore	LP: Columbia 33CX 1657/SAX 2333 LP: Angel 35909 LP: EMI SLS 5197/1C 037 03725/154 6133 CD: EMI CDM 763 6532/CMS 763 7902
Hannover March 1962	Reutter	LP: Movimento musica 02.017 CD: Movimento musica 051.015
Amsterdam June 1962	De Nobel	CD: Verona 27021

Mignon II/Goethe-Lieder (Nur wer die Sehnsucht kennt)

London April 1956	Moore	LP: Columbia 33CX 1657/SAX 2333 LP: Angel 35909 LP: EMI SLS 5197/1C 037 03725/154 6133 CD: EMI CDM 763 6532/CMS 763 7902
Hannover March 1962	Reutter	LP: Movimento musica 02.017 CD: Movimento musica 051.015
Amsterdam June 1962	De Nobel	CD: Verona 27021

Mignon III/Goethe-Lieder (So lasst mich scheinen)

London April– July 1956	Moore	Columbia unpublished
London June 1957	Moore	Columbia unpublished
London January 1958	Moore	LP: Columbia 33CX 1657/SAX 2333 LP: Angel 35909 LP: EMI SLS 5197/1C 037 03725/154 6133 CD: EMI CDM 763 6532/CMS 763 7902
Hannover March 1962	Reutter	LP: Movimento musica 02.017 CD: Movimento musica 051.015
Amsterdam June 1962	De Nobel	CD: Verona 27021

Wolf Lieder/continued

Mir ward gesagt, du reisest in die Ferne/Italienisches Liederbuch

London April- September 1954	Moore	Columbia unpublished
London April 1958- December 1959	Moore	LP: Columbia 33CX 1714/SAX 2366 LP: Angel 35883 CD: EMI CHS 565 8602
Berlin September 1965- October 1967	Moore	LP: EMI AN 210-211/SAN 210-211 LP: Angel 3703 LP: EMI 1C 165 01871-01872 CD: EMI CDM 763 7322

Mögen alle bösen Zungen/Spanisches Liederbuch

London April- June 1951	Moore	Columbia unpublished
Salzburg August 1953	Furtwängler	LP: Cetra FE 30 LP: EMI 143 5491 LP: Melodram MEL 088 LP: Discocorp IGI 385/RR 208 CD: Cetra CDC 21 CD: Priceless D 18355 CD: Virtuoso 269.7312 CD: Toshiba TOCE 6064
Salzburg August 1957	Moore	CD: EMI CDH 565 7492
Berlin December 1966- January 1967	Moore	LP: DG SLPM 139 329-139 330 LP: DG 2707 035/2726 071 CD: DG 421 9342 CD: DG (Japan) POCG 9013-9021

Morgentau (Der Frühhhauch hat gefächelt)

London January 1961	Moore	LP: Columbia 33CX 1946/SAX 2589/SLS 5197 LP: Angel 36308 CD: EMI CDM 763 6532/CMS 763 7902

Wolf Lieder/continued

Mühvoll komm' ich und beladen/Spanisches Liederbuch

Salzburg July 1958	Moore	CD: EMI CDH 764 9052
Berlin December 1966- January 1967	Moore	LP: DG SLPM 139 329-139 330 LP: DG 2707 035/2726 071 CD: DG 421 9342 CD: DG (Japan) POCG 9013-9021

Nachtzauber/Eichendorff-Lieder (Hörst du nicht die Quellen rauschen?)

Salzburg August 1953	Furtwängler	LP: EMI ALP 2114/1C 063 01915M/143 5491 LP: Angel 60179 LP: Cetra FE 30 CD: Cetra CDC 21 CD: Virtuoso 269.7312 CD: Toshiba TOCE 6064
Aix-en- Provence July 1954	Rosbaud	CD: Melodram CDM 26524
New York November 1956	Reeves	CD: EMI CHS 761 0432 CD: NotaBlu 935 0923
Salzburg August 1957	Moore	CD: EMI CDH 565 7492
London January 1958	Moore	Columbia unpublished
London January 1961- March 1962	Moore	Columbia unpublished
Hannover March 1962	Reutter	LP: Movimento musica 02.017 CD: Movimento musica 051.015

Wolf Lieder/continued

Nein, junger Herr!/Italienisches Liederbuch

Salzburg August 1953	Furtwängler	LP: Cetra FE 30 LP: EMI 143 5491 LP: Melodram MEL 088 LP: Discocorp RR 208 CD: Cetra CDC 21 CD: Virtuoso 269.7312 CD: Toshiba TOCE 6064
London April- September 1954	Moore	Columbia unpublished
Salzburg August 1957	Moore	CD: EMI CDH 565 7492
London April 1958- December 1959	Moore	LP: Columbia 33CX 1714/SAX 2366 LP: Angel 35883 CD: EMI CHS 565 8602
Berlin September 1965- October 1967	Moore	LP: EMI AN 210-211/SAN 210-211 LP: Angel 3703 LP: EMI 1C 165 01871-01872 CD: EMI CDM 763 7322
London December 1968	Parsons	CD: Eklipse EKRP 4

Nimmer will ich dich verlieren/Goethe-Lieder

London June 1957	Moore	Columbia unpublished
London March- December 1962	Moore	LP: Columbia 33CX 1946/SAX 2589/SLS 5197 LP: Angel 36308 CD: EMI CHS 565 8602

Wolf Lieder/continued

Nimmersatte Liebe/Mörike-Lieder (So ist die Lieb'!)

Salzburg August 1963	Moore	CD: EMI CDH 565 7492
Berlin April 1966	Parsons	LP: EMI ASD 2404/1C 187 01307-01308 LP: Angel 36545 CD: EMI CHS 565 8602
London January 1977	Parsons	LP: Decca SXL 6943 CD: Decca 430 0002

Nixe Binsenfuss/Mörike-Lieder (Des Wassermanns sein Töchterlein)

London April- June 1951	Moore	Columbia unpublished
London January 1977	Parsons	Decca unpublished
Vienna January 1979	Parsons	LP: Decca SXL 6943 CD: Decca 430 0002

Nun lass und Frieden schliessen/Italienisches Liederbuch

London April- September 1954	Moore	Columbia unpublished
Salzburg August 1957	Moore	CD: EMI CDH 565 7492
London April 1958- December 1959	Moore	LP: Columbia 33CX 1714/SAX 2366 LP: Angel 35883 CD: EMI CHS 565 8602
Salzburg July 1958	Moore	CD: EMI CDH 764 9052
Strassburg June 1960	Bonneau	CD: Chant du monde LDC 278.899 CD: NotaBlu 935 0923
Amsterdam June 1962	De Nobel	CD: Verona 27021
Berlin October 1968	Parsons	EMI unpublished

Wolf Lieder/continued

O wär' dein Haus durchsichtig wie ein Glas/Italienisches Liederbuch

London April- September 1954	Moore	Columbia unpublished
Salzburg August 1957	Moore	CD: EMI CDH 565 7492
London April 1958- December 1959	Moore	LP: Columbia 33CX 1714/SAX 2366 LP: Angel 35883 CD: EMI CHS 565 8602
Berlin September 1965- October 1967	Moore	LP: EMI AN 210-211/SAN 210-211 LP: Angel 3703 LP: EMI 1C 165 01871-01872 CD: EMI CDM 763 7322
London December 1968	Parsons	CD: Eklipse EKRP 4

Ob auch finstre Blicke g'litten/Spanisches Liederbuch

Berlin December 1966- January 1967	Moore	LP: DG SLPM 139 329-139 330 LP: DG 2707 035/2726 071 CD: DG 421 9342 CD: DG (Japan) POCG 9013-9021

Phänomen/Goethe-Lieder (Wenn zu der Regenwand Phöbus sich gattet)

Salzburg August 1953	Furtwängler	LP: EMI ALP 2114/1C 063 01915M/143 5491 LP: Angel 60179 LP: Cetra FE 30 CD: Cetra CDC 21 CD: Priceless D 18355 CD: Virtuoso 269.7152/269.7312 CD: Toshiba TOCE 6064
London April 1955	Moore	Columbia unpublished
London April 1956	Moore	Columbia unpublished
Salzburg July 1958	Moore	CD: EMI CDH 764 9052
London December 1968	Parsons	CD: Eklipse EKRP 4

Wolf Lieder/continued

Philine/Goethe-Lieder (Singet nicht in Trauertönen)

London April 1956	Moore	LP: Columbia 33CX 1657/SAX 2333 LP: Angel 35909 LP: EMI SLS 5197/1C 037 03725/154 6133 CD: EMI CDM 763 6532/CMS 763 7902
New York November 1956	Reeves	CD: EMI CHS 761 0432 CD: NotaBlu 935 0923
Berlin March 1958	Raucheisen	LP: Acanta 40 23580
Salzburg July 1958	Moore	CD: EMI CDH 764 9052
Hannover March 1962	Reutter	LP: Movimento musica 02.017 CD: Movimento musica 051.015
Amsterdam June 1962	De Nobel	CD: Verona 27021

Sagt ihm, dass er zu mir komme/Spanisches Liederbuch

Berlin December 1966– January 1967	Moore	LP: DG SLPM 139 329–139 330 LP: DG 2707 035/2726 071 CD: DG 421 9342 CD: DG (Japan) POCG 9013–9021

Sagt, seid ihr es, feiner Herr?/Spanisches Liederbuch

Berlin December 1966– January 1967	Moore	LP: DG SLPM 139 329–139 330 LP: DG 2707 035/2726 071 CD: DG 421 9342 CD: DG (Japan) POCG 9013–9021
London December 1968	Parsons	CD: Eklipse EKRP 4

Wolf Lieder/continued

Sankt Nepomuks Vorabend/Goethe-Lieder (Lichtlein schwimmen auf dem Strome)

London April 1956	Moore	LP: Columbia 33CX 1657/SAX 2333 LP: Angel 35909 LP: EMI SLS 5197/1C 037 03725
Strassburg June 1960	Bonneau	CD: Chant du monde LDC 278.899 CD: NotaBlu 935 0923

Der Schäfer/Goethe-Lieder (Es war ein fauler Schäfer)

London June 1957	Moore	Columbia unpublished
Salzburg July 1958	Moore	CD: EMI CDH 764 9052
London January 1961	Moore	LP: Columbia 33CX 1946/SAX 2589/SLS 5197 LP: Angel 36308 CD: EMI CHS 565 8602

Schlafendes Jesuskind/Mörike-Lieder (Sohn der Jungfrau, Himmelskind!)

Salzburg August 1953	Furtwängler	LP: EMI ALP 2114/1C 063 01915M/143 5491 LP: Angel 60179 LP: Cetra FE 30 CD: Cetra CDC 21 CD: Priceless D 18355 CD: Virtuoso 269.7152/269.7312 CD: Toshiba TOCE 6064
Aix-en- Provence July 1954	Rosbaud	CD: Melodram CDM 26524
London January 1977	Parsons	Decca unpublished

Schmerzliche Wonnen und wonnige Schmerzen/Spanisches Liederbuch

Berlin December 1966- January 1967	Moore	LP: DG SLPM 139 329-139 330 LP: DG 2707 035/2726 071 CD: DG 421 9342 CD: DG (Japan) POCG 9013-9021

Wolf Lieder/continued

Schweig' einmal still/Italienisches Liederbuch

London April– June 1951	Moore	Columbia unpublished
London April– September 1954	Moore	Columbia unpublished
Salzburg August 1957	Moore	CD: EMI CDH 565 7492
London April 1958– December 1959	Moore	LP: Columbia 33CX 1714/SAX 2366 LP: Angel 35883 CD: EMI CHS 565 8602
Berlin September 1965– October 1967	Moore	LP: EMI AN 210-211/SAN 210-211 LP: Angel 3703 LP: EMI 1C 165 01871-01872 CD: EMI CDM 763 7322

Selbstgeständnis/Mörike-Lieder (Ich bin meiner Mutter einzig' Kind)

Salzburg August 1963	Moore	CD: EMI CDH 565 7492
Berlin April 1966	Parsons	LP: EMI ASD 2404/1C 187 01307-01308 LP: Angel 36545 CD: EMI CHS 565 8602
London January 1977	Parsons	LP: Decca SXL 6943 CD: Decca 430 0002

Sie blasen zum Abmarsch/Spanisches Liederbuch

Salzburg August 1957	Moore	CD: EMI CDH 565 7492
Berlin December 1966– January 1967	Moore	LP: DG SLPM 139 329-139 330 LP: DG 2707 035/2726 071 CD: DG 421 9342 CD: DG (Japan) POCG 9013-9021

Wolf Lieder/continued

Singt mein Schatz wie ein Fink/Alte Weisen

Salzburg July 1958	Moore	CD: Stradivarius STR 10009 CD: EMI CDH 764 9052
London January 1961	Moore	LP: Columbia 33CX 1946/SAX 2589/SLS 5197 LP: Angel 36308

Sonne der Schlummerlosen

London January 1961	Moore	LP: Columbia 33CX 1946/SAX 2589/SLS 5197 LP: Angel 36308
London February 1967	Moore	LP: EMI AN 182-183/SAN 182-183 LP: EMI SLS 926/ASD 143 5941 CD: EMI CDC 749 2382/CDEMX 2233

Die Spinnerin (O süsse Mutter, ich kann nicht spinnen!)

London January 1961	Moore	LP: Columbia 33CX 1946/SAX 2589/SLS 5197 LP: Angel 36308 CD: EMI CDM 763 6532/CMS 763 7902

Wolf Lieder/continued

Die Spröde/Goethe-Lieder (An dem reinsten Frühlingsmorgen)

London April- June 1951	Moore	Columbia unpublished
Salzburg August 1953	Furtwängler	LP: EMI ALP 2114/1C 063 01915M/143 5491 LP: Angel 60179 LP: Cetra FE 30 CD: Cetra CDC 21 CD: Priceless D 18355 CD: Virtuoso 269.7152/269.7312 CD: Toshiba TOCE 6064
London April 1956	Moore	Columbia unpublished
London June 1957	Moore	Columbia unpublished
London January 1958	Moore	LP: Columbia 33CX 1657/SAX 2333 LP: Angel 35909 LP: EMI SLS 5197/1C 037 03725 CD: EMI CDM 763 6532/CMS 763 7902

Storchenbotschaft/Mörike-Lieder (Des Schäfers sein Haus und das steht auf zwei Rad)

London May 1948	Moore	Columbia unpublished
London April 1951	Moore	Columbia unpublished
Salzburg August 1957	Moore	CD: EMI CDH 565 7492
Berlin October 1968	Parsons	EMI unpublished
London January 1977	Parsons	LP: Decca SXL 6943 CD: Decca 430 0002
Vienna January 1979	Parsons	Decca unpublished

Wolf Lieder/continued

Ein Stündlein wohl vor Tag/Mörike-Lieder (Derweil ich schlafend lag)

London January 1977	Parsons	Decca unpublished

Trau' nicht der Liebe/Spanisches Liederbuch

Salzburg August 1963	Moore	CD: EMI CDH 565 7492
Berlin December 1966- January 1967	Moore	LP: DG SLPM 139 329-139 330 LP: DG 2707 035/2726 071 CD: DG 421 9342 CD: DG (Japan) POCG 9013-9021
Ascona October 1967	Parsons	CD: Eremitage ERM 109

Tretet ein, hoher Krieger!/Alte Weisen

Salzburg July 1958	Moore	CD: Stradivarius STR 10009 CD: EMI CDH 764 9052
London January 1961	Moore	Columbia unpublished
London December 1962	Moore	LP: Columbia 33CX 1946/SAX 2589/SLS 5197 LP: Angel 36308

Verborgenheit/Mörike-Lieder (Lass', o Welt, o lass' mich sein)

Berlin April 1966	Parsons	LP: EMI ASD 2404/1C 187 01307-01308 LP: Angel 36545/3754 CD: Toshiba TOCE

Wolf Lieder/continued

Das verlassene Mägdlein/Mörike-Lieder (Früh, wann die Hähne kräh'n)

Berlin April 1966	Parsons	EMI unpublished
London February 1967	Moore	LP: EMI AN 182-183/SAN 182-183 LP: EMI SLS 926/ASD 143 5941 CD: EMI CDC 749 2382/CDEMX 2233
Ascona October 1967	Parsons	CD: Eremitage ERM 109
London January 1977	Parsons	LP: Decca SXL 6943 CD: Decca 430 0002

Verschling' der Abgrund meines Liebsten Hütte!/Italienisches Liederbuch

London April– September 1954	Moore	Columbia unpublished
Salzburg August 1957	Moore	CD: EMI CDH 565 7492
London April 1958– December 1959	Moore	LP: Columbia 33CX 1714/SAX 2366 LP: Angel 35883 CD: EMI CHS 565 8602
Berlin September 1965– October 1967	Moore	LP: EMI AN 210-211/SAN 210-211 LP: Angel 3703 LP: EMI 1C 165 01871-01872 CD: EMI CDM 763 7322

Das Vöglein (Vöglein am Zweig)

London January 1961	Moore	LP: Columbia 33CX 1946/SAX 2589/SLS 5197 LP: Angel 36308 CD: EMI CDM 763 6532/CMS 763 7902
Amsterdam June 1962	De Nobel	CD: Verona 27021

Wolf Lieder/continued

Wandl' ich in dem Morgentau/Alte Weisen

Salzburg July 1958	Moore	CD: Stradivarius STR 10009 CD: EMI CDH 764 9052
London January 1961	Moore	LP: Columbia 33CX 1946/SAX 2589/SLS 5197 LP: Angel 36308 CD: EMI CDM 763 6532/CMS 763 7902
London December 1968	Parsons	CD: Eklipse EKRP 4

Was für ein Lied soll dir gesungen werden?/Italienisches Liederbuch

London December 1968	Parsons	CD: Eklipse EKRP 4

Was soll der Zorn, mein Schatz?/Italienisches Liederbuch

Salzburg August 1953	Furtwängler	LP: EMI ALP 2114/1C 063 01915M/143 5491 LP: Angel 60179 LP: Cetra FE 30 CD: Cetra CDC 21 CD: Virtuoso 269.7312 CD: Toshiba TOCE 6064
London April– September 54	Moore	Columbia unpublished
New York November 1956	Reeves	CD: EMI CHS 761 0432 CD: NotaBlu 935 0923
London April 1958– December 1959	Moore	LP: Columbia 33CX 1714/SAX 2366 LP: Angel 35883 CD: EMI CHS 565 8602
Berlin September 1965– October 1967	Moore	LP: EMI AN 210-211/SAN 210-211 LP: Angel 3703 LP: EMI 1C 165 01871-01872 CD: EMI CDM 763 7322

Wolf Lieder/continued

Wehe der, die mir verstrickte meinen Geliebten!/Spanisches Liederbuch

Salzburg July 1958	Moore	CD: EMI CDH 764 9052
Berlin December 1966– January 1967	Moore	LP: DG SLPM 139 329–139 330 LP: DG 2707 035/2726 071 CD: DG 421 9342 CD: DG (Japan) POCG 9013-9021

Weint nicht, ihr Aeuglein!/Spanisches Liederbuch

Berlin December 1966– January 1967	Moore	LP: DG SLPM 139 329–139 330 LP: DG 2707 035/2726 071 CD: DG 421 9342 CD: DG (Japan) POCG 9013-9021

Wenn du, mein Liebster, steigst zum Himmel auf/Italienisches Liederbuch

London April– September 1954	Moore	Columbia unpublished
London April 1958– December 1959	Moore	LP: Columbia 33CX 1714/SAX 2366 LP: Angel 35883 CD: EMI CHS 565 8602
Berlin September 1965– October 1967	Moore	LP: EMI AN 210-211/SAN 210-211 LP: Angel 3703 LP: EMI 1C 165 01871-01872 CD: EMI CDM 763 7322

Wenn du zu den Blumen gehst/Spanisches Liederbuch

Berlin April 1965	Moore	LP: Columbia 33CX 5268/SAX 5268 LP: Angel 36345 LP: EMI 1C 187 01307-01308 CD: EMI CDM 763 6532/CMS 763 7902 CD: Toshiba TOCE
Nohant June 1969	Ciccolini	CD: Hunt CDGI 8021

Wolf Lieder/continued

Wer rief dich denn?/Italienisches Liederbuch

London April– September 1954	Moore	Columbia unpublished
Salzburg August 1957	Moore	CD: EMI CDH 565 7492
London April 1958– December 1959	Moore	LP: Columbia 33CX 1714/SAX 2366 LP: Angel 35883 CD: EMI CHS 565 8602
Hannover March 1962	Reutter	LP: Movimento musica 02.017 CD: Movimento musica 051.015
Amsterdam June 1962	De Nobel	CD: Verona 27021
Berlin September 1965– October 1967	Moore	LP: EMI AN 210-211/SAN 210-211 LP: Angel 3703 LP: EMI 1C 165 01871-01872 CD: EMI CDM 763 7322
London February 1967	Moore	EMI unpublished
London December 1968	Parsons	CD: Eklipse EKRP 4

Wolf Lieder/continued

Wer tat deinem Füsslein weh?/Spanisches Liederbuch

London April– June 1951	Moore	Columbia unpublished
Salzburg July 1958	Moore	CD: EMI CDH 764 9052
Berlin December 1966– January 1967	Moore	LP: DG SLPM 139 329–139 330 LP: DG 2707 035/2726 071 CD: DG 421 9342 CD: DG (Japan) POCG 9013–9021

Wie glänzt der helle Mond/Alte Weisen

Salzburg August 1953	Furtwängler	LP: EMI ALP 2114/1C 063 01915M/143 5491 LP: Angel 60179 LP: Cetra FE 30 CD: Cetra CDC 21 CD: Virtuoso 269.7312 CD: Toshiba TOCE 6064
Salzburg July 1958	Moore	CD: Stradivarius STR 10009 CD: EMI CDH 764 9052
London January 1961	Moore	LP: Columbia 33CX 1946/SAX 2589 LP: Angel 36308 LP: EMI SLS 5197/154 6133 CD: EMI CDM 763 6532/CMS 763 7902 CD: NotaBlu 935 0923

Wolf Lieder/continued

Wie lange schon war immer mein Verlangen/Italienisches Liederbuch

Salzburg August 1953	Furtwängler	LP: Cetra FE 30 LP: EMI 143 5491 LP: Melodram MEL 088 LP: Discocorp RR 208 CD: Cetra CDC 21 CD: Virtuoso 269.7312 CD: Toshiba TOCE 6064
London April– September 1954	Moore	Columbia unpublished
London April 1958– December 1959	Moore	LP: Columbia 33CX 1714/SAX 2366 LP: Angel 35883 CD: EMI CHS 565 8602
Berlin September 1965– October 1967	Moore	LP: EMI AN 210-211/SAN 210-211 LP: Angel 3703 LP: EMI 1C 165 01871-01872 CD: EMI CDM 763 7322
Ascona October 1967	Parsons	CD: Eremitage ERM 109

Wie soll ich fröhlich sein?/Italienisches Liederbuch

London April– September 1954	Moore	Columbia unpublished
London April 1958– December 1959	Moore	LP: Columbia 33CX 1714/SAX 2366 LP: Angel 35883 CD: EMI CHS 565 8602
Berlin September 1965 October 1967	Moore	LP: EMI AN 210-211/SAN 210-211 LP: Angel 3703 LP: EMI 1C 165 01871-01872 CD: EMI CDM 763 7322

Wolf Lieder/continued

Wiegenlied im Sommer (Vom Berg hinabgestiegen)

London September- October 1952	Moore	78: Columbia LX 1577
London December 1952	Moore	Columbia unpublished
Salzburg August 1953	Furtwängler	LP: EMI ALP 2114/1C 063 01915M/143 5491 LP: Angel 60179 LP: Cetra FE 30 CD: Cetra CDC 21 CD: Virtuoso 269.7312 CD: Toshiba TOCE 6064
London January 1954	Moore	LP: Columbia 33CX 1044 LP: Columbia (Germany) C 90306 LP: Angel 35023 LP: EMI RLS 763/154 6133 LP: Melodiya M10 43861-43862 CD: EMI CHS 565 8602
New York November 1956	Reeves	CD: EMI CHS 761 0432 CD: NotaBlu 935 0923
Strassburg June 1960	Bonneau	CD: Chant du monde LDC 278.899
Hannover March 1962	Reutter	LP: Movimento musica 02.017
Amsterdam June 1962	De Nobel	CD: Verona 27021
London December 1962	Moore	LP: Columbia 33CX 1946/SAX 2589/SLS 5197 LP: Angel 36308 CD: EMI CDM 763 6532/CMS 763 7902
London December 1968	Parsons	CD: Eklipse EKRP 4

Wiegenlied im Winter (Schlaf' ein, mein süsses Kind!)

London January 1961	Moore	LP: Columbia 33CX 1946/SAX 2589/SLS 5197 LP: Angel 36308 CD: EMI CDM 763 6532/CMS 763 7902
Amsterdam June 1962	De Nobel	CD: Verona 27021

Wolf Lieder/continued

Wir haben beide lange Zeit geschwiegen/Italienisches Liederbuch

London April- September 1954	Moore	Columbia unpublished
Aix-en- Provence July 1954	Rosbaud	CD: Melodram CDM 26524
New York November 1956	Reeves	CD: EMI CHS 761 0432 CD: NotaBlu 935 0923
London April 1958- December 1959	Moore	LP: Columbia 33CX 1714/SAX 2366 LP: Angel 35883 CD: EMI CHS 565 8602
Berlin September 1965- October 1967	Moore	LP: EMI AN 210-211/SAN 210-211 LP: Angel 3703 LP: EMI 1C 165 01871-01872 CD: EMI CDM 763 7322
London December 1968	Parsons	CD: Eklipse EKRP 4

Wohl kenn' ich euren Stand/Italienisches Liederbuch

London April- September 1954	Moore	Columbia unpublished
London April 1958- December 1959	Moore	LP: Columbia 33CX 1714/SAX 2589 LP: Angel 35883 CD: EMI CHS 565 8602
Berlin September 1965- October 1967	Moore	LP: EMI AN 210-211/SAN 210-211 LP: Angel 3703 LP: EMI 1C 165 01871-01872 CD: EMI CDM 763 7322

Wunden trägst du, mein Geliebter!/Spanisches Liederbuch

Berlin December 1966- January 1967	Moore	LP: DG SLPM 139 329-139 330 LP: DG 2707 035/2726 071 CD: DG 421 9342 CD: DG (Japan) POCG 9013-9021

Wolf Lieder/continued

Die Zigeunerin/Eichendorff-Lieder (Am Kreuzweg da lausch' ich)

Salzburg August 1953	Furtwängler	LP: Cetra FE 30 LP: EMI 143 5491 LP: Melodram MEL 088 LP: Discocorp IGI 385/RR 208 CD: Cetra CDC 21 CD: Virtuoso 269.7312 CD: Toshiba TOCE 6064
Aix-en- Provence July 1954	Rosbaud	CD: Melodram CDM 26524
London April 1956	Moore	Columbia unpublished
New York November 1956	Reeves	CD: EMI CHS 761 0432 CD: NotaBlu 935 0923
Salzburg August 1957	Moore	CD: EMI CDH 565 7492
Berlin March 1958	Raucheisen	LP: Acanta 40 23580
London January 1961	Moore	Columbia unpublished
London March and December 1962	Moore	Columbia unpublished
Hannover March 1962	Reutter	LP: Movimento musica 02.017 CD: Movimento musica 051.015
Amsterdam June 1962	De Nobel	CD: Verona 27021
Berlin August 1965	Moore	LP: Columbia 33CX 5268/SAX 5268 LP: Angel 36345/3754 LP: EMI 1C 187 01307-01308 CD: EMI CDM 763 6532/CMS 763 7902
London February 1967	Moore	LP: EMI AN 182-183/SAN 182-183 LP: EMI SLS 926/ASD 143 5941 CD: EMI CDC 749 2382/CDEMX 2233
Ascona October 1967	Parsons	CD: Eremitage ERM 109
London December 1968	Parsons	CD: Eklipse EKRP 4
Nohant June 1969	Ciccolini	CD: Hunt CDGI 8021

Wolf Lieder/concluded

Zum neuen Jahr/Mörike-Lieder (Wie heimlicherweise ein Engelein leise)

New York   Reeves   CD: EMI CHS 761 0432
November 1956   CD: NotaBlu 935 0923

Zur Ruh', zur Ruh', ihr müden Glieder!

London   Moore   Columbia unpublished
January 1961

One identified Wolf Lied, recorded in Berlin with Parsons in April 1974, remains unpublished

Wolf Lieder also included in TV recitals in London (1961/1970) and Amsterdam (1977)

ERMANNO WOLF-FERRARI (1876-1948)

Dimmi, bellino mio, com' io ho da fare/44 Italian folksongs op 17

Berlin   Moore   LP: Columbia 33CX 5268/SAX 5268
August 1965   LP: Angel 36345
                                    LP: EMI SME 2012-2013/1C 187 01307-01308
                                    CD: EMI CDM 763 6542/CMS 763 7902

Dio ti facesse star tanto digiuno/44 Italian folksongs op 17

Berlin   Moore   LP: Columbia 33CX 5268/SAX 5268
August 1965   LP: Angel 36345
                                    LP: EMI SME 2012-2013/1C 187 01307-01308
                                    CD: EMI CDM 763 6542/CMS 763 7902

Giovanetti, cantate ora che siete/44 Italian folksongs op 17

Berlin   Moore   LP: Columbia 33CX 5268/SAX 5268
August 1965   LP: Angel 36345
                                    LP: EMI SME 2012-2013/1C 187 01307-01308
                                    CD: EMI CDM 763 6542/CMS 763 7902

Wolf-Ferrari songs/concluded

Giovanottino che passi per via/44 Italian folksongs op 17

Berlin	Moore	LP: Columbia 33CX 5268/SAX 5268
August 1965		LP: Angel 36345
		LP: EMI SME 2012-2013/1C 187 01307-01308
		CD: EMI CDM 763 6542/CMS 763 7902

Quando a letto vo' la sera/44 Italian folksongs op 17

Berlin	Moore	LP: Columbia 33CX 5268/SAX 5268
August 1965		LP: Angel 36345
		LP: EMI SME 2012-2013/1C 187 01307-01308
		CD: EMI CDM 763 6542/CMS 763 7902
Ascona	Parsons	CD: Eremitage ERM 109
October 1967		

Quando sarà benedetto giorno/44 Italian folksongs op 17

| Berlin | Moore | LP: EMI SME 2012-2013 |
| August 1965 | | LP: EMI 1C 187 01307-01308 |

Vado di notte, come fa la luns/44 Italian folksongs op 17

Berlin	Moore	LP: Columbia 33CX 5268/SAX 5268
August 1965		LP: Angel 36345
		LP: EMI SME 2012-2013/1C 187 01307-01308
		CD: EMI CDM 763 6542/CMS 763 7902

Vo' fa 'na palazzina alla marina/44 Italian folksongs op 17

Berlin	Moore	LP: Columbia 33CX 5268/SAX 5268
August 1965		LP: Angel 36345
		LP: EMI SME 2012-2013/1C 187 01307-01308
		CD: EMI CDM 763 6542/CMS 763 7902

CARL ZELLER (1842-1898)

Der Obersteiger: Excerpt (Sei nicht bös')

London July 1957	Philharmonia Ackermann	45: Columbia SEL 1648/ESL 6267 LP: Columbia 33CX 1570/SAX 2283 LP: Angel 35696/3754 LP: EMI ASD 2807/CFP 4277/SEOM 13 CD: EMI CDC 747 2842
Montreal 1963	CBC Orchestra Boskovsky	Unpublished video recording

Der Vogelhändler: Excerpt (Ich bin die Christel von der Post)

London July 1957	Philharmonia Ackermann	45: Columbia SEL 1642/ESL 6263 LP: Columbia 33CX 1507/SAX 2283/ASD 2807 LP: Angel 35696/3754 CD: EMI CDC 747 2842

Der Vogelhändler: Excerpt (Schenkt man sich Rosen in Tirol)

London July 1957	Philharmonia Ackermann	45: Columbia SEL 1642/ESL 6263 LP: Columbia 33CX 1570/SAX 2283/ASD 2807 LP: Angel 35696 CD: EMI CDC 747 2842
Montreal 1963	CBC Orchestra Boskovsky	Unpublished video recording

HERMANN ZILCHER (1881-1948)

Rokoko-Suite: An den Menschen; Der Frühling; Abendständchen; Die Nacht; Die Alte; Mailied; An den Menschen

Berlin 1942-1943	Raucheisen Richartz, violin Steiner, cello	LP: Acanta 40 23557 CD: Acanta 42 43801

TRADITIONAL AND MISCELLANEOUS

Alleluia, arranged by O'Connor Morris

London   Moore   Columbia unpublished
April-May 1956

Die Beruhigte, Bavarian folksong

Berlin   Raucheisen   LP: Acanta 40 23557
1942-1943   CD: Acanta 42 43801

London   Moore   78: Columbia LB 112
April 1951   LP: EMI ALP 143 5501/154 6133

Danny Boy, arranged by Weatherly

London   Moore   LP: Columbia 33CX 5268/SAX 5268
January 1958   LP: Angel 36345
                                   LP: EMI RLS 154 6133
                                   CD: EMI CDM 763 6542/CMS 763 7902

Drink to me only, arranged by Quilter

London   Moore   Columbia unpublished
April 1956

London   Moore   45: Columbia SEL 1589/ESL 6255/SCD 2149
May 1956   LP: Columbia 33CX 1404/SAX 2265
                                   LP: Columbia (Germany) C 90545
                                   LP: Angel 35383
                                   LP: EMI RLS 154 6133
                                   CD: EMI CDM 763 6542/CMS 763 7902

Berlin   Raucheisen   LP: Melodram MEL 082
March 1958   LP: Discoreale DR 10038
                                   Incorrectly dated 1953

<u>Versions of this song also included in BBC TV recitals in 1961 and 1970, one of which is included on the EMI VHS video MVC 491 4763</u>

Traditional and miscellaneous/continued

Gsätzli, Swiss folksong

Berlin 1942-1943	Raucheisen	LP: Acanta 40 23557 CD: Acanta 42 43801
London April 1951	Moore	78: Columbia LB 112 LP: EMI ALP 143 5001/154 6133
Aix-en- Provence July 1954	Rosbaud	CD: Melodram CDM 26524
London April 1956	Moore	Columbia unpublished
London May 1956	Moore	45: Columbia SEL 1588 LP: Columbia 33CX 1404/SAX 2265 LP: Columbia (Germany) C 90545 LP: Angel 35383 CD: EMI CDM 763 6542/CMS 763 7902
New York November 1956	Reeves	CD: EMI CHS 761 0432

This song also performed on BBC TV, with Schwarzkopf's own guitar accompaniment, in 1959

Maria auf dem Berge, Silesian folksong

London April 1951	Moore	78: Columbia LB 112 LP: EMI ALP 143 5001/154 6133 CD: EMI CDM 763 6542/CMS 763 7902
London June 1957	Chorus Philharmonia Mackerras	LP: Columbia 33CX 1482/ASD 3798 LP: Angel 35530 CD: EMI CDM 763 5742

Easter Alleluia

London May 1957	Chorus Philharmonia Mackerras	LP: Columbia 33CX 1482/ASD 3798 LP: Angel 35530 CD: EMI CDM 763 5742

Traditional and miscellaneous/concluded

O du liebs Aengeli, Bernese folksong

Berlin 1942-1943	Raucheisen	LP: Acanta 40 23557 CD: Acanta 42 43801
London April 1951	Moore	78: Columbia LB 112 LP: EMI ALP 143 5501/154 6133
London April 1956	Moore	45: Columbia SEL 1588 LP: Columbia 33CX 1404/SAX 2265 LP: Columbia (Germany) C 90545 LP: Angel 35383 CD: EMI CDM 763 6542/CMS 763 7902

Vesper Hymn, arranged by Woodman

London April-May 1956	Moore	Columbia unpublished

Z'-Lauterbach han i mein Strumpf verlor'n, Swiss folksong

Berlin 1942-1943	Raucheisen	LP: Acanta 40 23557 CD: Acanta 42 43801

CHRISTMAS CAROLS

Es ist ein' Ros' entsprungen

Vienna March 1949	Vienna Opera Chorus VPO	78: Columbia LC 33

The First Nowell

London March 1952	Covent Garden and Hampstead Choirs Philharmonia Pritchard	78: Columbia LB 131 45: Columbia SCD 2112 LP: Legendary LR 136
London June 1957	Chorus Philharmonia Mackerras	LP: Columbia 33CX 1482 LP: Angel 35530/36750 LP: EMI ASD 3798/100 4531 CD: EMI CDM 763 5742

Christmal carols/continued

I saw three ships

London May 1957	Chorus Philharmonia Mackerras	LP: Columbia 33CX 1482 LP: Angel 35530/36750 LP: EMI ASD 3798/100 4531 CD: EMI CDM 763 5742

In dulci jubilo

London May 1957	Chorus Philharmonia Mackerras	LP: Columbia 33CX 1482 LP: Angel 35530/36750 LP: EMI ASD 3798/100 4531 CD: EMI CDM 763 5742

O come all ye faithful

London October 1952	Covent Garden and Hampstead Choirs Philharmonia Pritchard	Columbia unpublished
London June 1957	Chorus Philharmonia Mackerras	LP: Columbia 33CX 1482 LP: Angel 35530/36750 LP: EMI ASD 3798/100 4531 CD: EMI CDM 763 5742

O du fröhliche!

Vienna March 1949	Vienna Opera Chorus VPO	78: Columbia LC 33
London May 1957	Chorus Philharmonia Mackerras	LP: Columbia 33CX 1482 LP: Angel 35530/36750 LP: EMI ASD 3798/100 4531 CD: EMI CDM 763 5742

Christmas carols/concluded

O Tannenbaum

Vienna March 1949	Vienna Opera Chorus VPO	78: Columbia LC 32
London June 1957	Chorus Philharmonia Mackerras	Columbia unpublished

Vom Himmel hoch

London May 1957	Chorus Philharmonia Mackerras	LP: Columbia 33CX 1482 LP: Angel 35530/36750 LP: EMI ASD 3798/100 4531 CD: EMI CDM 763 5742

For other Christmas carols see under the composers Bach, Brahms, Franck, Gluck, Gruber and Humperdinck

ELISABETH SCHWARZKOPF: TELEVISION DOCUMENTARIES AND INTERVIEWS (SELECTION)
List compiled with the help of Mathias Erhard

BBC 1961
including arias from Don Giovanni,
Le Nozze di Figaro and La Bohème
(see discography)

Im Gespräch mit Klaus Harprecht
ZDF 1968

Elisabeth Schwarzkopf and Walter
Legge at home
Dutch TV 1976

Edinburgh Festival Masterclasses
BBC 1981

Pebble Mill Interview
BBC 1982

Face the Music
BBC 1983

Porträt einer Sängerin: Ein Film
von Wolf-Eberhard von Lewinski
Saarländischer Rundfunk 1985

The South Bank Show
LWT 1985

Schwarzkopf goes West
Working with Opera West (Scotland)
on their production of Cosi fan tutte
BBC 1987

Die Kunst muss aristokratisch sein
Interview with Christa Schulze-Rohr
Südwestfunk 1988

Ich will nicht grausam sein, aber
es geht am schnellsten
Stuttgart Masterclasses
Südwestfunk 1988

Musique au coeur
Interview with Eva Ruggieri and a
series of masterclasses
France Antenne 2 1990

Die Stimme ihres Herrn
ORF 1990

Self Portrait
Film by Gérald Caillat and André
Tubeuf
Co-production La Sept/Arte/EMI 1995
Published on VHS Video
EMI MVC 491 4763

Televised performances of opera and
Lieder, extracts from some of which
are included in the documentaries
listed above, are listed in the main
discography under respective composers

ELISABETH SCHWARZKOPF: APPEARANCES IN CINEMA FILMS
Compilation by Mathias Erhard

Das Mädchen von Saint Coeur
Germany 1939/directed by Bernhard Wentzel
Role of Therese
Cast also includes Olga Limburg/ Erich Fiedler/Franz Weber/Hermann Pfeiffer/Rudolf Essek

Drei Unteroffiziere
Germany 1939/directed by Werner Hochbaum
Schwarzkopf sings title-role in a short sequence from Bizet's Carmen
Ruth Hellberg/Albert Hahn/Fritz Genschow/Wilhelm H.König

Die Nacht ohne Abschied
Germany 1942/directed by Erich Waschneck
Schwarzkopf and Peter Anders perform Act 1 Finale of Puccini's La Bohème
Anna Dammann/Karl Ludwig Diehl/ Hans Söhnker/Otto Gebühr

Der ewige Klang
Germany 1943/directed by Günther Rettau
Schwarzkopf synchronises for Olga Tschechowa 2 songs by Franz Grothe: "Die Lerche und der Geiger" and "Heimatlied"
Olga Tschechowa/Elfriede Datzig/ Rudolf Prack/O.E.Hasse

Der Verteidiger hat das Wort
Germany 1944/directed by Werner Klingler
Schwarzkopf performs the Schumann Lieder "Mondnacht" and "Schöne Fremde"
Carla Rust/Margit Symo/Heinrich George/Rudolf Fernau/Eduard von Winterstein/Karl Schönböck

Svengali
England 1954/directed by Noel Langley
Knef is dubbed by Schwarzkopf in Brahms Wiegenlied, Schubert Ave Maria and part of a cantata by William Alwyn
Hildegard Knef/Donald Wolfit/ Terence Morgan/Derek Bond/Paul Rogers

Year given is the year in which the film was released

ELISABETH SCHWARZKOPF: SELECTED BIBLIOGRAPHY

Elisabeth Schwarzkopf by Bernard
Gavoty/photographs by Roger Hauert;
published 1957 Editions René Kister
in the series "Great Concert Artists"

On And Off The Record
A memoir of Walter Legge
by Elisabeth Schwarzkopf;
published 1982 Faber and Faber
(American, French and German
editions also published)

Elisabeth Schwarzkopf by Sergio
Segalini; published 1983 Fayard

Walter Legge
A discography compiled by Alan
Sanders;
Published 1984 Greenwood Press

Les Introuvables d'Elisabeth Schwarzkopf
Edition of L'Avant-Scène Opéra
accompanying the EMI record set
of the same name; published 1983

Viennese sopranos by John Hunt;
discographies of Elisabeth
Schwarzkopf and other sopranos;
published 1991

Elisabeth Schwarzkopf: A Career on Record by Alan Sanders & John Steane;
published 1995 Duckworth

Sunday, 15th October, 1967

BBC Television presents

Gala Performance
introduced by
JAMES ROBERTSON JUSTICE

with

ELISABETH SCHWARZKOPF
TITO GOBBI
SVETLANA BERIOSOVA
VICTORIA POSTNIKOVA
JOHN WILLIAMS
GEORGINA PARKINSON
JENNIFER PENNEY
ROBERT MEAD
ARTISTS OF THE ROYAL BALLET

THE COVENT GARDEN ORCHESTRA
Leader Charles Taylor

Conductor EDWARD DOWNES

Designer ROGER ANDREWS

Producer PATRICIA FOY

This performance is being televised for transmission on BBC 1

Maria Ivogün
1891-1987

Discographies compiled
by John Hunt

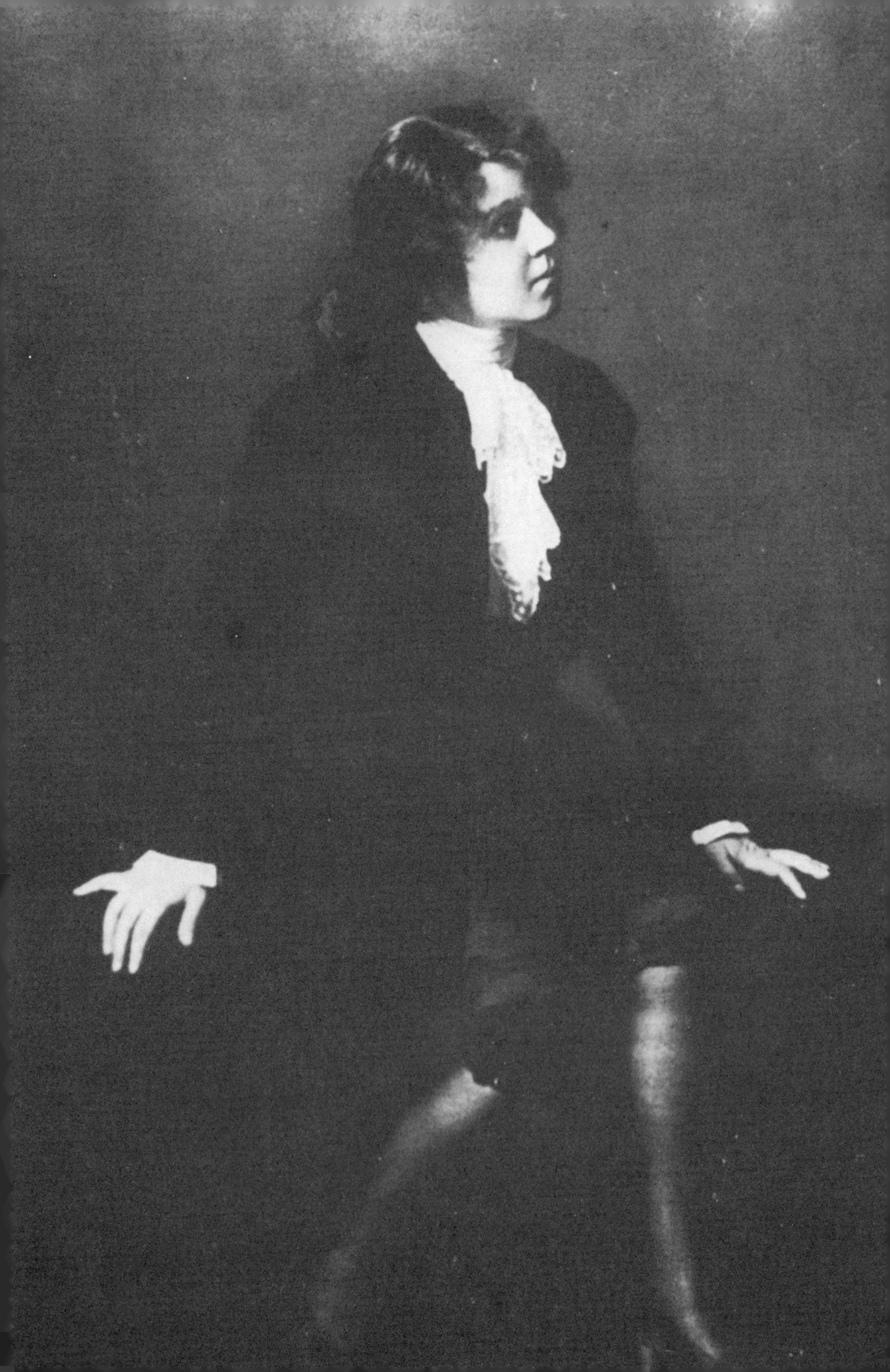

LUIGI ARDITI (1822-1903)

Il bacio

| Chicago
1923 | Orchestra | 78: Brunswick 50029/30101
78: Polydor 595000
LP: Discophilia DIS 261
LP: Preiser LV 68 |

| Berlin
1924-1925 | Orchestra | 78: Grammophon 85311/85317
LP: Scala (USA) 815
LP: Preiser LV 69 |

VINCENZO BELLINI (1801-1835)

La Sonnambula: Excerpt (Ah non giunge!)

| Berlin
1916 | Orchestra | 78: Odeon 76971/9003
LP: Historia H 685-686
LP: Preiser LV 67
LP: Club 99 99-20
CD: Club 99 99-20 |

HENRY BISHOP (1786-1855)

Lo here the gentle lark

| Chicago
1923 | Orchestra | 78: Brunswick 10174
78: Polydor 590001
LP: Discophilia DIS 261
LP: Preiser LV 68
CD: Nimbus NI 7832 |

GEORGES BIZET (1838-1875)

Carmen: Excerpt (Parles-moi de ma mère)

| Berlin
1917 | Erb
Orchestra
<u>Sung in German</u> | LP: Preiser CO 380 |

LEO BLECH (1871-1958)

Lieder: Ein kleines Lied; Aennchens Himmelfahrt; Wiegenlied; Tintenherz und Plätscherlottchen; Kindergebet; Selbstgeständnis; Mairegen; Heimkehr vom Fest

Berlin   Blech, piano   HMV unpublished
1931

FREDERIC CHOPIN (1810-1849)

Nocturne in E flat, arrangement

Berlin   Orchestra   78: Odeon 76975/9007
1917   78: Okeh (USA) 50301
                                      LP: Preiser LV 68
                                      CD: Nimbus NI 7832

PETER CORNELIUS (1824-1874)

Der Barbier von Bagdad: Excerpt (O holdes Bild)

Berlin   Erb   78: Odeon 76999
1917   Orchestra   78: IRCC 3081
                                      LP: Historia H 685-686
                                      LP: Preiser CO 380
                                      LP: Club 99 99-20
                                      CD: Club 99 99-20

FERDINAND DAVID (1810-1873)

Perle du Bresil: Excerpt (Charmant oiseau)

Chicago   Orchestra   78: Brunswick 50029/30101
1923   LP: Scala (USA) 815
                                      LP: Discophilia DIS 261
                                      LP: Preiser LV 68

EVA DELL' ACQUA (1860-1930)

Villanelle

Berlin	Orchestra	78: Odeon 76981/90010
1916-1919		78: Odeon (USA) 50303
		LP: Electrola E 83395
		LP: Scala (USA) 815
		LP: Rococo 5328
		LP: Preiser LV 68/CO 380

GAETONO DONIZETTI (1797-1848)

Don Pasquale: Excerpt (Ah, un foco insolito)

Berlin	Orchestra	78: Grammophon 85302/86317/24016
1924-1925		LP: DG LPEM 19 180/2700 708
		LP: Scala (USA) 815
		LP: Preiser LV 69
		CD: Nimbus NI 7832

Don Pasquale: Excerpt (Quel guardo il cavaliere/So anch' io la virtù magica)

Berlin	Orchestra	78: Odeon 76972/9006
1916	Sung in German	78: IRCC 3081
		LP: Electrola E 83395
		LP: Rococo 5328
		LP: Preiser LV 67
		LP: Historia H 685-686

Don Pasquale: Excerpt (Tornami a dir)

Berlin	Erb	78: Odeon 76998/9006
1917	Orchestra	78: Odeon (USA) 45002/45014/50302
2 takes used	Sung in German	LP: Electrola E 83392
		LP: Scala (USA) 815
		LP: Preiser LV 67
		LP: Historia H 685-686
		LP: EMI 1C 147 30636-7/1C 187 29225

Lucia di Lammermoor: Excerpt (Ardon gl' incensi)

Berlin	Orchestra	78: Odeon 76977/9008
1917		78: Odeon (USA) 44024/50304
		LP: Scala (USA) 815
		LP: Rococo 5328
		LP: Preiser LV 67
		LP: Historia H 685-686
		CD: Nimbus NI 7832

CARL ANTON ECKERT (1820-1879)

Schweizer Echolied

Chicago   Orchestra   78: Brunswick 30107
1923   LP: Scala (USA) 815
                                      LP: Discophilia DIS 261
                                      LP: Preiser LV 68

GEORGE FRIDERIC HANDEL (1685-1759)

L'Allegro, il penseroso ed il moderato: Excerpt (Sweet bird)

Berlin   Orchestra   78: Grammophon 85313
1924-1925   Sung in German   LP: Preiser LV 69
                                      LP: Historia H 685-686
                                      LP: Club 99 99-20
                                      CD: Club 99 99-20
                                      CD: Nimbus NI 7832

FRITZ KREISLER (1875-1962)

Liebesfreud, arrangement

Chicago   Orchestra   78: Brunswick 50050/30105
1923   78: Grammophon 24349/73084
                                      LP: Scala (USA) 815
                                      LP: Discophilia DIS 261
                                      LP: Preiser LV 68
                                      CD: Nimbus NI 7832

JULES MASSENET (1842-1864)

Manon: Excerpt (Je marche sur tous les chemins)

Chicago 1923	Orchestra	78: Brunswick 50081 78: Grammophon 24035/73042 LP: Discophilia DIS 261 LP: Preiser LV 68

GIACOMO MEYERBEER (1791-1864)

Les Huguenots: Excerpt (Une dame noble et sage)

Berlin 1917 2 takes used	Orchestra Sung in German	78: Odeon 76997/9004 78: Odeon (USA) 45002 (take 1) LP: Electrola E 83395 LP: Scala (USA) 815 LP: Rococo 5328 LP: Preiser LV 67 (take 1) LP: Preiser LV 68 (take 2) CD: Nimbus NI 7832
Berlin 1924-1925	Orchestra Sung in German	78: Grammophon 85312 LP: Preiser LV 69 LP: Historia H 685-686

WOLFGANG AMADEUS MOZART (1756-1791)

Die Entführung aus dem Serail: Excerpt (Martern aller Arten)

Berlin 1917	Orchestra	78: Odeon 76812-76813/9005 LP: Electrola E 83395 LP: Rococo 5328 LP: Preiser LV 67/CO 380 LP: Historia H 685-686 LP: EMI EX 29 05983 LP: Club 99 99-20 CD: Club 99 99-20 CD: Nimbus NI 7818 CD: EMI CMS 763 5702
Berlin 1924-1925	Orchestra	78: Grammophon 85303/24211 LP: Preiser LV 69

Bernburger Str. 22 PHILHARMONIE Bernburger Str. 22

Montag, den 20. Dezember 1926, abends 7¹/₂ Uhr

7. Philharmonisches Konzert

Dirigent: **Wilhelm Furtwängler**

Solisten: **Maria Ivogün — Alfredo Casella**

1. Ouvertüre „Le Carnaval Romain" . . . . H. Berlioz
2. Partita für Klavier und Orchester . . . . A. Casella
   a) Sinfonia — b) Passacaglia — c) Burlesca
   Am Flügel: Der Komponist
   Erstaufführung
3. Arie „Non temer, amato bene" . . . W. A. Mozart
   mit obligater Violine
   (Konzertmeister Henry Holst)
4. Arie „Bei diesen schönen Augen" . . . W. A. Mozart
   mit Kontrabaß-Solo
   (Leberecht Goedecke)

— PAUSE —

5. Symphonie Nr. VIII F-dur . . . . . L. v. Beethoven
   Allegro vivace e con brio
   Allegretto scherzando
   Tempo di Menuetto
   Allegro vivace

   Konzertflügel: BECHSTEIN

PHILHARMONIE, Montag, 10. Januar 1926, abends 7¹/₂ Uhr
8. PHILHARMONISCHES KONZERT
Dirigent: **Wilhelm Furtwängler**
Solist: Emil von Sauer

C. M. v. Weber: Oberon-Ouverture / **Mendelssohn**: Schottische Symphonie
—— PAUSE ——
Chopin: Klavierkonzert / **Wagner**: Ouverture: „Der fliegende Holländer"

Bernburger Str. 22 PHILHARMONIE Bernburger Str. 22

Montag, den 21. Dezember 1925, abends 7½ Uhr

7. Philharmonisches Konzert

Dirigent: Wilhelm Furtwängler

Solistin: Maria Ivogün

1. Ouverture zu „Alceste". . . . . Gluck
2. a) Arie aus der Solo-Kantate:
   „Jauchzet Gott in allen Landen". . . . . . Bach
   b) Arie aus „Semele" . . . . Händel
3. Serenade (Eine kleine Nachtmusik) f. Streich-Orchester Mozart
       a) Allegro
       b) Romanze (Andante)
       c) Menuetto (Allegretto)
       d) Rondo (Allegro)

4. Vorspiel u. Prolog der Nachtigall aus „Die Vögel" Braunfels
       (Zum ersten Male in diesen Konzerten)
5. Konzert für Orchester op. 38 (Erstaufführung) . Hindemith
       a) Mit Kraft, ohne Pathos und stets lebendig
       b) Schnell
       c) Marsch für Holzbläser
       d) Basso ostinato

Konzertflügel: BECHSTEIN (Berthold Goldschmidt)

Philharmonie: Montag, den 11. Januar 1926, abends 7½ Uhr
8. PHILHARMONISCHES KONZERT
Dirigent: Wilhelm Furtwängler
Programm: Beethoven: Ouverture Leonore II / Bach: Klavier-Konzert G-moll **(Furtwängler)** / Brahms: III. Symphonie F-dur

---

PHILHARMONIE, Montag, den 25. Januar 1926, abends 7½ Uhr
Konzert des Philharmonischen Orchesters
unter gütiger Leitung von **Wilhelm Furtwängler**
und Mitwirkung des **Bruno Kittelschen Chors**
Programm: Brahms: Ein deutsches Requiem

Die Entführung aus dem Serail: Excerpt (Welch ein Geschick!)

Berlin	Erb	LP: Preiser LV 380
1917	Orchestra	LP: EMI EX 29 05983

Il rè pastore: Excerpt (L'amerò costante)

Berlin	Orchestra	78: Grammophon 85311
1924-1925	Sung in German	LP: Preiser LV 69
		LP: Club 99 99-20
		CD: Club 99 99-20

Die Zauberflöte: Excerpt (Zum Leiden bin ich auserkoren)

Berlin	Orchestra	LP: Preiser CO 380
1916		

Berlin	Orchestra	78: Odeon 76810
1919		LP: Eterna (USA) 479
		LP: Rococo 5328
		LP: Preiser LV 67
		LP: EMI EX 29 05983
		LP: Club 99 99-20
		CD: Club 99 99-20
		CD: Nimbus NI 7822

Berlin	Orchestra	78: Grammophon 85310
1924-1925		LP: Preiser LV 69
		LP: Historia H 685-686

Die Zauberflöte: Excerpt (Der Hölle Rache)

Berlin	Orchestra	78: Odeon 76970
1916		LP: Electrola E 83395
		LP: Eterna (USA) 479
		LP: Rococo 5328
		LP: Preiser LV 67
		LP: EMI EX 29 05983
		LP: Club 99 99-20
		CD: Club 99 99-20
		CD: Nimbus NI 7822

Berlin	Orchestra	78: Grammophon 85310
1924-1925		LP: Preiser LV 69
		LP: Historia H 685-686

OTTO NICOLAI (1810-1849)

Die lustigen Weiber von Windsor: Excerpt (Nun eilt herbei)

Berlin 1919	Orchestra	78: Odeon 76811/9004 LP: Electrola E 83395 LP: Rococo 5328 LP: Preiser LV 67 LP: Historia H 685-686 CD: Nimbus NI 7832

GIACOMO PUCCINI (1858-1924)

La Bohème: Excerpt (Mi chiamano Mimì)

Berlin 1919	Orchestra Sung in German	78: Odeon 76809/9003 LP: Rococo 5328 LP: Preiser LV 67 LP: Historia H 685-686

La Bohème: Excerpt (Addio dolce svegliare)

Berlin 1917	Erb Orchestra Sung in German	LP: Preiser CO 380

GIOACHINO ROSSINI (1792-1868)

Il Barbiere di Siviglia: Excerpt (Una voce poco fà)

Berlin 1916	Orchestra Sung in German	LP: Preiser CO 380
Berlin 1917	Orchestra Sung in German	78: Odeon 76979-76980/9008 78: Odeon (USA) 44008/50305-50306 LP: Electrola E 83395 LP: Scala (USA) 815 LP: Rococo 5328 LP: Preiser LV 67 LP: Club 99 99-20 (part 2 only) CD: Club 99 99-20 (part 2 only)
Berlin 1924-1925	Orchestra	78: Grammophon 85309 LP: Preiser LV 69 LP: Historia H 685-686

FRANZ SCHUBERT (1797-1828)

Die Post/Winterreise, arrangement

Chicago   Orchestra   78: Brunswick 15075/10119
1923   78: Grammophon 4100/62594
                                  LP: Discophilia DIS 261
                                  LP: Preiser LV 68
                                  LP: Historia H 685-686
                                  CD: Nimbus NI 7832

Horch horch die Lerch'!, arrangement

Chicago   Orchestra   78: Brunswick 15075/10119
1923   78: Grammophon 4099/62594
                                  LP: Discophilia DIS 261
                                  LP: Preiser LV 68
                                  LP: Historia H 685-686
                                  CD: Nimbus NI 7832

JOHANN STRAUSS II (1825-1899)

An der schönen blauen Donau, arrangement

Chicago   Orchestra   78: Brunswick 30107
1923   78: Grammophon 595000
                                  LP: Discophilia DIS 261
                                  LP: Preiser LV 68
                                  LP: Club 99 99-20
                                  CD: Club 99 99-20

Berlin   Staatskapelle   78: HMV DB 4412
October 1932   Blech   45: Electrola E 40162/7EGW 8480
                                  LP: Historia H 685-686
                                  CD: Nimbus NI 7832

Die Fledermaus: Excerpt (Klänge der Heimat)

Berlin   Staatskapelle   78: HMV DB 4412
October 1932   Blech   45: Electrola E 40162/7EGW 8480
                                  LP: Bellaphon BI 1814/BASF 98 221776
                                  LP: Historia H 685-686
                                  LP: EMI 1C 147 30226-30227M
                                  LP: Club 99 99-20
                                  CD: Club 99 99-20
                                  CD: Nimbus 7832/BBC Radio BBCD 716

Die Fledermaus: Excerpt (Mein Herr Marquis)

Berlin 1924-1925	Orchestra	78: Grammophon 85312 LP: Preiser LV 69 LP: Historia H 685-686

Frühlingsstimmen, arrangement

Berlin 1924-1925	Orchestra	78: Grammophon 85313 LP: Preiser LV 69 CD: Nimbus NI 7832

G'schichten aus dem Wienerwald, arrangement

Berlin 1917	Orchestra	78: Odeon 76978/9010 LP: Electrola E 83395 LP: Preiser LV 67
Chicago 1923	Orchestra	78: Brunswick 10174 78: Grammophon 590001 LP: Discophilia DIS 261 LP: Preiser LV 68 CD: Nimbus NI 7832
Berlin 1924-1925	Orchestra	78: Grammophon 85303/24210 LP: Preiser LV 69 LP: Historia H 685-686 Historia incorrectly dated 1932

O schöner Mai, arrangement

Chicago 1923	Orchestra	78: Brunswick 50050/30105 78: Grammophon 24350/73084 LP: Discophilia DIS 261 LP: Preiser LV 68

RICHARD STRAUSS (1864-1949)

Ariadne auf Naxos: Excerpt (Grossmächtige Prinzessin)

Berlin October 1931	Staatskapelle Blech	78: HMV DB 4405/VB 67 LP: Electrola E 83395 LP: Historia H 685-686 CD: Nimbus NI 7812

GIUSEPPE VERDI (1813-1901)

Rigoletto: Excerpt (Caro nome)

Berlin 1917	Orchestra Sung in German	LP: Preiser CO 380 LP: EMI EX 29 10753
Chicago 1923	Orchestra	78: Brunswick 50081 78: Grammophon 24100/73042 LP: Discophilia DIS 261 LP: Preiser LV 68
Berlin 1924-1925	Orchestra	78: Grammophon 85309 LP: Preiser LV 69 LP: Club 99 99-20 CD: Club 99 99-20

La Traviata: Excerpt (E strano/Ah fors è lui!)

Berlin 1916	Orchestra Sung in German	78: Odeon 76982/9009/0-8223/0-11868 78: Odeon (USA) 50307/44209 78: Decca (USA) 20445 LP: Scala (USA) 815 LP: Rococo 5328 LP: Preiser LV 67/CO 380 CD: Nimbus NI 7832
Berlin 1924-1925	Orchestra Sung in German	78: Grammophon 85302/24214 LP: Preiser LV 69

La Traviata: Excerpt (Follie!/Sempre libera)

Berlin 1916	Orchestra Sung in German	LP: Preiser CO 380
Berlin 1917	Orchestra Sung in German	78: Odeon 76983/9009/0-8223/0-11868 78: Odeon (USA) 44030 78: Decca (USA) 20445 LP: Scala (USA) 815 LP: Rococo 5328 LP: Preiser LV 67 CD: Nimbus NI 7832 Some copies of Odeon 44030 incorrectly labelled Addio del passato

La Traviata: Excerpt (Addio del passato)

Berlin   Orchestra   Odeon unpublished
1917   Sung in German

La Traviata: Excerpt (Parigi o cara)

Berlin   Erb   LP: Historia H 685-686
1917   Orchestra   LP: Preiser CO 380
                Sung in German   LP: Club 99 99-20
                                       CD: Club 99 99-20

MISCELLANEOUS

Gsätzli, Swiss folksong

Berlin   Raucheisen, piano   78: HMV DA 4402
October 1932   45: Electrola E 40162/7EGW 8480
                                       LP: Historia H 685-686
                                       CD: Nimbus NI 7832

Maria auf dem Berge, Silesian folksong

Berlin   Raucheisen, piano   78: HMV DA 4402
October 1932   45: Electrola E 40162/7EGW 8480
                                       LP: Historia H 685-686
                                       CD: Nimbus NI 7832

O du liebs Aengeli, Bernese folksong

Berlin   Raucheisen, piano   78: HMV DA 4402
October 1932   45: Electrola E 40162/7EGW 8480
                                       LP: Historia H 685-686
                                       CD: Nimbus NI 7832

Z' Lauterbach han i mein Strumpf verlor'n, Swiss folksong

Berlin   Raucheisen, piano   78: HMV DA 4402
October 1932   45: Electrola E 40162/7EGW 8480
                                       LP: Historia H 685-686
                                       CD: Nimbus NI 7832

Maria Cebotari
1910-1949

Discography compiled
by John Hunt

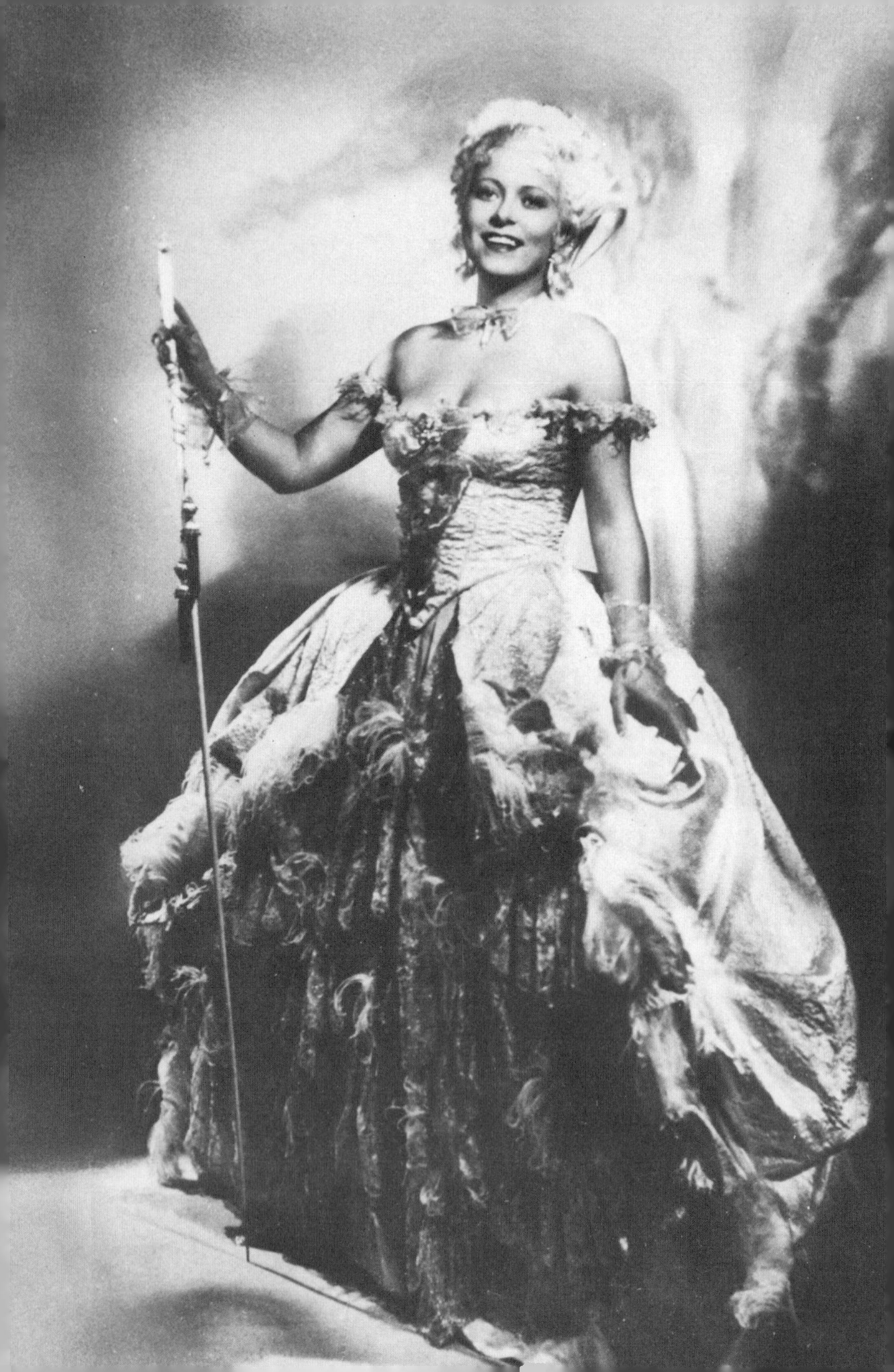

ALEXANDER ALABIEV (1787-1851)

The Nightingale

Berlin September 1935	Staatskapelle Heger Sung in German	78: Parlophone/Odeon O-25472 LP: EMI 1C 147 29118-29119M LP: Historia H 677-678
Hilversum November 1935	Omroeporkest Van Raathe Sung in German	Unpublished radio broadcast

LUIGI ARDITI (1822-1903)

Il bacio, waltz

Berlin June 1936	Staatskapelle Heger Sung in German	78: Parlophone/Odeon 25794 LP: EMI 1C 147 29118-29119M LP: Historia H 677-678 CD: Weltbild History 701 888

Parla, waltz

Berlin June 1936	Staatskapelle Heger Sung in German	78: Parlophone/Odeon 25794 CD: Weltbild History 701 888

GEORGES BIZET (1838-1975)

Carmen: Excerpt (Je dis que rien ne m'épouvante)

Berlin 1941	Städtische Oper Orchestra Steeger Sung in German	78: Grammophon 68403 45: DG EPL 30 163 LP: DG LPE 17 099 CD: Preiser 90248

GOTTFRIED VON EINEM (born 1918)

Dantons Tod

Salzburg August 1947	<u>Role of Lucile</u> Patzak, Weber, Hann, Schöffler Vienna Opera Chorus VPO Fricsay	LP: Ed Smith ANNA 1056 CD: Stradivarius STR 10067 <u>World premiere performance</u>

CHARLES GOUNOD (1818-1893)

Faust: Excerpt (Ah, je ris de me voir si belle)

Vienna January 1949	VPO Prohaska	78: HMV DB 6947 LP: EMI 1C 147 29118-29119M LP: Preiser PR 9860 CD: Preiser 90034

RUGGIERO LEONCAVALLO (1858-1919)

I Pagliacci: Excerpt (Qual fiamma/Stridono lassu)

Berlin September 1935	Staatskapelle Heger	78: Parlophone RO 20313 78: Odeon O-25563 78: Decca (USA) 23045 LP: EMI 1C 147 29118-29119M LP: Historia H 677-678

THEO MACKEBEN (1897-1953)

Ich bin auf der Welt, um glücklich zu sein (from the film Mädchen in Weiss)

Berlin August 1936	Odeon-Kammer- Orchester Mackeben	78: Parlophone/Odeon 25799 LP: EMI 1C 147 29118-29119M LP: Historia H 677-678 CD: Weltbild History 701 888

FRANK MARTIN (1890-1974)

Le vin herbé

Salzburg August 1948	Role of Isot Zadek, Ilosvay, Patzak, Koreh, Orchestra Vienna Opera Chorus Fricsay Sung in German	Unpublished radio broadcast

WOLFGANG AMADEUS MOZART (1756-1791)

Don Giovanni: Excerpts (Batti batti; Vedrai carino)

Berlin 1941	Städtische Oper Steeger Sung in German	78: Grammophon 67686 45: DG EPL 30 168 LP: DG LPE 17 099 LP: Historia H 677-678 CD: Preiser 90248 CD: Weltbild History 701 888

Don Giovanni: Excerpt (Or sai chi l'onore)

Vienna December 1947	VPO Karajan	LP: Electrola E 60050/WDLP 563 LP: EMI 1C 147 29118-29119M LP: Preiser PR 9860 CD: Preiser 90034 Original issue named conductor as Felix Prohaska

Don Giovanni: Excerpt (Anima mia, consolati, fa core/Fuggi, crudel, fuggi!)

London September 1947	Tauber VPO Krips Sung in German	LP: Historia H 677-678 CD: Eklipse EKRCD 5 Historia incorrectly dated 1948

Don Giovanni: Excerpt (Crudele?/Non mi dir)

Vienna December 1947	VPO Karajan	78: HMV DB 6738 45: HMV 7ER 5126 LP: Electrola E 60050/WDLP 563 LP: EMI 1C 147 29118-29119M LP: EMI RLS 764 LP: Preiser PR 9860 CD: Preiser 90034 Original issues incorrectly named conductor as Felix Prohaska

Die Entführung aus dem Serail: Excerpt (Martern aller Arten)

Berlin	Staatskapelle	78: Parlophone RO 20285
April 1935	Heger	78: Odeon O-25399
		LP: EMI 1C 147 29118-29119M
		LP: Historia H 677-678
		CD: Preiser 90248
		CD: Weltbild History 701 888

<u>Versions of this aria and the duet Welch ein Geschick published on Urania, Saga, Historia and various other labels and attributed to Cebotari, are actually from a 1944 Vienna performance of the opera with Schwarzkopf and Dermota</u>

Le Nozze di Figaro

Stuttgart	<u>Role of Susanna</u>	LP: Preiser HF 1-3
October 1938	Teschemacher,	CD: Preiser 90035
	Kolniak, Schöffler,	<u>Excerpts</u>
	Ahlersmeyer	LP: BASF 72 221792/22 21483-21484
	Reichssender	LP: Historia H 677-678
	Orchestra & Chorus	LP: Acanta DE 22694
	Böhm	
	<u>Sung in German</u>	

Le Nozze di Figaro: Excerpt (Susanna, or via sortite/Aprite presto/Esci omai garzon malnato)

Vienna	Reining, Rohs,	CD: Koch 3-1460-2
November	Ahlersmeyer	
1941	VPO	
	Böhm	
	<u>Sung in German</u>	

Le Nozze di Figaro: Excerpt (Signore, di fuore son già suonatori)

Milan	Seefried, Taddei,	LP: Melodram MEL 087
January	Höfermayer	<u>Other excerpts from this performance</u>
1949	VPO	<u>remain unpublished</u>
	Karajan	

Le Nozze di Figaro: Excerpt (Dove sono)

London	Philharmonia	78: HMV DA 1875
September	Krips	45: HMV 7ER 5126
1947		45: Victor WCT 1115
		LP: Victor LCT 1115
		LP: Electrola E 60050/WDLP 563
		LP: EMI 1C 147 29118-29119M
		LP: EMI 1C 187 29225-29226
		LP: Preiser PR 9860
		CD: Preiser 90034
		CD: Orfeo C394 101B/C408 955R

Le Nozze di Figaro: Excerpt (Deh vieni non tardar)

Berlin	Berlin RO	LP: Saga XIG 8011/FID 2143
1943	Rother	LP: Eterna 820 945/821 873
	Sung in German	LP: Musical Heritage MHS 7029
		LP: Elite Special PLPS 30071
		CD: Preiser 90248
		Musical Heritage and Elite Special
		name conductor as Kretschmar

Le Nozze di Figaro, Act 4 finale

Berlin	Lemnitz, Wocke,	Unpublished radio broadcast
1943	Domgraf-Fassbaender	
	Berlin RO	
	Rother	
	Sung in German	

OTTO NICOLAI (1810-1849)

Die lustigen Weiber von Windsor: Excerpt (Nun eilt herbei)

Vienna	VPO	78: HMV DB 6939
January 1949	Prohaska	LP: EMI 1C 147 29118-29119M/RLS 764
		LP: Preiser PR 9860
		CD: Preiser 90034

STAATSTHEATER BERLIN

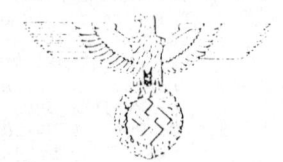

STAATS-OPER
UNTER DEN LINDEN

Dienstag, den 13. April 1943

17-20 Uhr   **RIGOLETTO**   Ausverkauft

Oper in drei Akten (vier Bildern) von Giuseppe Verdi
Text von Piave

Musikalische Leitung: Hans Lenzer   *Spielleitung: I. Eden*

Herzog von Mantua	Helge Roswaenge
Rigoletto, sein Hofnarr	Willi Domgraf-Faßbaender
Gilda, dessen Tochter	Maria Cebotari
Graf von Monterone	Walter Großmann
Graf von Ceprano	Felix Fleischer
Die Gräfin, seine Gemahlin	Margery Booth
Marullo } Höflinge	Otto Hüsch
Borsa }	Fritz Marcks
Sparafucile, ein Bravo	Wilhelm Hiller
Maddalena, dessen Schwester	Rut Berglund
Giovanna, Gildas Gesellschafterin	Beate Asserson
Ein Gerichtsdiener	Hans Wrana
Ein Page der Herzogin	Ruth Schlüter

Herren und Damen vom Hofe, Pagen, Hellebardiere
Ort: Mantua und Umgegend
Im 1. Bild: Tänze, ausgeführt von Damen und Herren der Tanzgruppe

Choreographie: Lizzie Maudrik   *Chöre: Gerhard Steeger*

Gesamtausstattung: Leo Pasetti
Bühnentechnische Einrichtung: Rudolf Klein

Kurze Pause nach dem 1. und 3. Bild, große Pause nach dem 2. Bild

Vor dem Vorhang erscheinen nur darstellende Künstler. Diese stellen eine Gemeinschaft innerhalb des Kunstwerkes dar; es wird deshalb gebeten, bei Beifallskundgebungen von dem Rufen einzelner Namen abzusehen.

Beim Klingelzeichen zum Beginn des Vorspiels werden die Eingänge zum Zuschauerraum geschlossen

STAATSTHEATER BERLIN

STAATS-OPER
UNTER DEN LINDEN

Donnerstag, den 9. Dezember 1943
13½—16 Uhr

LA TRAVIATA
Oper in vier Bildern von Giuseppe Verdi · Text von Piave

Musikalische Leitung: Johannes Schüler   *Spielleitung:* Wolf Völker

Violetta Valery	Maria Cebotari
Flora Bervois	Margery Booth
Annina	Suse Schluppeck
Alfred Germont	Peter Anders
Georg Germont, sein Vater	Heinrich Schlusnus
Gaston, Vicomte von Létoriéres	Benno Arnold
Baron Douphal	Otto Hüsch
Marquis von Aubigny	Leo Laschet
Doktor Grenvil	Wilhelm Hiller
Joseph, Diener bei Violetta	Gerhard Witting
Bote	Erich Pina

Ort der Handlung: Paris und seine Umgebung

Chöre: Gerhard Steeger   *Choreographie:* Lizzie Maudrik

Gesamtausstattung: Leo Pasetti

Bühnentechnische Einrichtung: Rudolf Klein

Größere Pause nach dem zweiten Bilde

Vor dem Vorhang erscheinen nur darstellende Künstler. Diese stellen eine Gemeinschaft innerhalb des Kunstwerkes dar; es wird deshalb gebeten, bei Beifallskundgebungen von dem Rufen einzelner Namen abzusehen.

Beim Klingelzeichen zum Beginn des Vorspiels werden die Eingänge zum Zuschauerraum geschlossen

GIACOMO PUCCINI (1858-1924)

La Bohème: Excerpt (Chi è la? Una donna!/Oh sventata, sventata!)

Berlin	Anders	CD: Berlin Classics BC 21682
1944	Berlin RO	Selection also includes Rodolfo's aria
	Rother	
	Sung in German	

La Bohème: Excerpt (Mi chiamano Mimì)

Berlin	Städtische Oper	78: HMV DB 4415
November 1932	Orchestra	LP: Electrola E 60050/WDLP 563
	Zweig	LP: EMI 1C 147 29118-29119M
	Sung in German	LP: EMI EX 29 01693
		LP: Preiser PR 9860
		CD: Preiser 90034
Berlin	Städtische Oper	78: Grammophon 67684
1941	Orchestra	45: DG EPL 30 163
	Steeger	LP: DG LPE 17 099
	Sung in German	CD: Weltbild History 701 888
Berlin	Berlin RO	LP: Eterna 820 945
December 1941	Steinkopf	LP: Musical Heritage MHS 7029
	Sung in German	LP: Elite Special PLPS 30071
		LP: BASF 98 221776/22 21483-21484
		CD: Preiser 90248
		Reichsrundfunk recording, although it was allocated Grammophon catalogue numbers in the sequence 67639-67641
		Musical Heritage and Elite Special name conductor as Kretschmar; 98 221776 names conductor as Rother;
Berlin	Berlin RO	45: Spezial EP 8014
1944	Rother	LP: Historia H 677-678
	Sung in German	CD: Berlin Classics BC 21682

La Bohème: Excerpt (O soave fanciulla)

Berlin November 1932	Wittrisch Städtische Oper Zweig Sung in German	78: HMV DB 4415 LP: Electrola E 60050/WDLP 563 LP: EMI 1C 147 29118-29119M LP: EMI EX 29 01313 LP: Preiser PR 9860 CD: Preiser 90034 CD: Nimbus NI 7848
Berlin December 1941	Rosvaenge Berlin RO Steinkopf Sung in German	LP: BASF 22 21483-21484 CD: Preiser 90248 Reichsrundfunk recording, although it was allocated Grammophon catalogue numbers in the sequence 76739-76741
Berlin 1944	Anders Berlin RO Rother Sung in German	45: Spezial EP 8039 LP: Historia H 677-678 CD: Berlin Classics BC 21682

La Bohème: Excerpt (Quando m'en vo)

Berlin September 1935	Staatskapelle Heger Sung in German	78: Parlophone RO 20313 78: Odeon O-25563 78: Decca (USA) 23045 LP: Historia H 677-678 LP: EMI 1C 147 29118-29119M

La Bohème: Excerpt (Marcello! Finalmente!....to end of Act 3)

Berlin December 1941	Schwarzkopf, Rosvaenge, Schmitt-Walter Berlin RO Steinkopf Sung in German	CD: Preiser 90248 Reichsrundfunk recording, although it was allocated Grammophon catalogue numbers in the sequence 67642-67645

Madama Butterfly: Excerpt (Bimba dagli occhi/Viene la sera)

Berlin December 1935	Groh Staatskapelle Heger Sung in German	78: Odeon O-25627 LP: EMI 1C 147 29118-29119M
Berlin 1943	Rosvaenge Berlin RO Rother Sung in German	LP: Preiser LV 520 LP: BASF 22 21483-21484 CD: Preiser 90096 This version begins only at Viene la sera
Berlin 1943	W.Ludwig Berlin RO Rother Sung in German	45: Spezial EP 8040 LP: Saga XIG 8011 LP: Eterna 820 945/822 671-822 672 LP: Somerset 689 LP: DG 88030 LP: BASF 22 214925 LP: Vienna Disc TR 6248

Madama Butterfly: Excerpt (Un bel dì)

Berlin 1941	Städtische Oper Orchestra Steeger Sung in German	78: Grammophon 67805 45: DG EPL 30 168 LP: DG LPE 17 099/88030 LP: Eterna 820 945 LP: BASF 72 221792/22 21483-21484 CD: Preiser 90248/Weltbild History 701 888 22 21483-21484 incorrectly states conductor to be Heger
Berlin 1944	Berlin RO Steinkopf Sung in German	45: Spezial EP 8039 LP: Elite Special PLPS 30071 LP: Musical Heritage MHS 7029 LP: Historia H 677-678 Elite Special and Musical Heritage incorrectly name conductor as Kretschmar
Vienna December 1948	VPO Prohaska	78: HMV DB 6940 LP: Electrola E 60050/WDLP 563 LP: EMI 1C 147 29118-29119M LP: Preiser PR 9860 CD: Preiser 90034

Madama Butterfly: Excerpt (Con onor muore)

Berlin 1941	Städtische Oper Orchestra Steeger Sung in German	78: Grammophon 67805 45: DG EPL 30 168 LP: DG LPE 17 099/88030 CD: Preiser 90248/Weltbild History 701 888
Vienna December 1948	VPO Prohaska	78: HMV DB 6940 LP: Electrola E 60050/WDLP 563 LP: EMI 1C 147 29118-29119M LP: Preiser PR 9860 CD: Preiser 90034

Tosca: Excerpt (Vissi d'arte)

Berlin 1941	Städtische Oper Orchestra Steeger Sung in German	78: Grammophon 67684 45: DG EPL 30 163 LP: DG LPE 17 099/88030 LP: Historia H 677-678 CD: Preiser 90248/Weltbild History 701 888

Turandot

Stuttgart December 1938	Role of Turandot Eipperle, Buchta, Hauss, Hann Reichssender Orchestra & Chorus Keilberth Sung in German	Unpublished radio broadcast

SERGEI RACHMANINOV (1873-1943)

O cease thy singing, maiden fair!

Berlin	Staatskapelle	78: Odeon O-25472
September	Heger	78: Parlophone RO 20321
1935	Sung in German	LP: EMI 1C 147 29118-29119M
		LP: Historia H 677-678

JOHANN STRAUSS II (1825-1899)

Frühlingsstimmen, Waltz

Berlin	Staatskapelle	78: Odeon O-25647
December	Heger	78: Parlophone RO 20394
1935		78: Decca (USA) 23028
		LP: EMI 1C 147 29118-29119M
		LP: EMI 1C 148 31205
		CD: Weltbild History 701 888

Der Zigeunerbaron: Excerpt (So habet acht!)

Vienna	VPO	78: HMV DB 6947
November	Karajan	LP: Columbia (USA) RO 3068
1948		LP: EMI 1C 147 29118-29119M
		LP: EMI 1C 147 30226-30227M
		LP: EMI RLS 764
		LP: Preiser PR 9860
		CD: Preiser 90034
		Original issues incorrectly named conductor as Prohaska

RICHARD STRAUSS (1864-1949)

Ariadne auf Naxos: Excerpt (Es gibt ein Reich)

Vienna	VPO	78: HMV DB 6914
November	Karajan	LP: EMI 1C 147 29118-29119M/RLS 764
1948		LP: World Records SH 286
		LP: Preiser PR 9860
		CD: Preiser 90034

Ariadne auf Naxos: Excerpt (Ein schönes Wunder....to end of opera)

London	Field-Hyde,	LP: Ed Smith EJS 536
October 1947	Furmedge, Garside,	LP: Beecham Society WSA 509-512
	K.Friedrich	LP: RCA RL 42821
	RPO	
	Beecham	

Capriccio: Excerpts (Es wird die Debatte wohltuend beschliessen; Ihr hörtet die mahnende Stimme; Du Spiegelbild der verliebten Madeleine)

Vienna	Noni, Rohs,	CD: Koch 3-1471-2
March 1944	Dermota, Wenkoff,	<u>Du Spiegelbild der verliebten Madeleine</u>
	Schöffler, Jerger,	LP: Acanta DE 23280-23281
	Neralic	<u>First performance of the opera in Vienna</u>
	VPO	
	Böhm	

Daphne: Excerpt (Ich komme, grünende Bäume!)

Berlin	Berlin RO	CD: Preiser 90222
1943	Rother	

Feuersnot: Excerpt (Feuersnot! Minnegebot!)

Berlin	Schmitt-Walter	LP: DG LPE 17 206/88030
1943	Berlin RO	CD: Preiser 90222
	Rother	

Der Rosenkavalier: Excerpt (Mir ist die Ehre widerfahren)

Berlin	Lemnitz	LP: Historia H 677-678
1943	Berlin RO	CD: Berlin Classics 90142
	Rother	

Der Rosenkavalier: Excerpt (Hab' mir's gelobt)

Berlin	Buchner, Lemnitz	LP: BASF 22 21483-21484
1943	Berlin RO	CD: Preiser 90222
	Rother	

Der Rosenkavalier: Excerpt (Ist ein Traum, kann nicht wirklich sein)

Berlin	Lemnitz	LP: Historia H 677-678
1943	Berlin RO	LP: BASF 72 221792/22 221105
	Rother	CD: Preiser 90222

Salome: Excerpt (Du wolltest mich nicht deinen Mund küssen lassen)

Berlin	Berlin RO	LP: Saga XIG 8011
1943	Rother	LP: Eterna 820 945
		LP: DG LPE 17 206/88030
		LP: BASF 72 221792/22 21483-21484
		CD: Preiser 90222
		Some editions incorrectly dated 1941

Taillefer, Ballad for soloists, chorus and orchestra

Berlin	W.Ludwig, Hotter	LP: Urania UR 7042/US 57042
November	Singgesellschaft	CD: Preiser 90222
1944	Rudolf Lamy	
	Städtische Oper	
	Orchestra	
	Rother	

PIOTR ILYICH TCHAIKOVSKY (1840-1893)

Iolanta

Berlin	Role of Iolanta	Unpublished radio broadcast
April 1935	Anders, Böhme,	Tapes probably destroyed
	Nissen	
	Berlin Radio	
	Orchestra & Chorus	
	Steiner	
	Sung in German	

GIUSEPPE VERDI (1813-1901)

Luisa Miller

Dresden 1943	Role of Luisa Hopf, J.Herrmann, Hann, Böhme Dresden Staatskapelle and Chorus Elmendorff Sung in German	LP: Preiser LM 11 LP: BASF 22 218058/BB 21805 CD: Preiser 90055 Excerpts LP: BASF 72 221792/22 21483-21484 LP: Historia H 677-678

Rigoletto: Excerpt (Giovanna, ho dei rimorsi/E il sol dell' anima)

Berlin March 1942	Waldenau, Rosvaenge Staatskapelle Rother Sung in German	LP: BASF 22 21483-21483 LP: Melodiya M10 40957-40958 LP: Historia H 677-678 CD: Preiser 90160

Rigoletto: Excerpt (Caro nome)

Berlin April 1935	Staatskapelle Heger Sung in German	78: Odeon O-25427 LP: EMI 1C 147 29118-29119M LP: Historia H 677-678

Rigoletto: Excerpt (Mio padre! Dio! Mia Gilda!...to end of Act 2)

Berlin March 1942	Domgraf-Fassbaender Staatskapelle and Chorus Rother Sung in German	LP: Melodiya M10 40957-40958 CD: Preiser 90160 Tutte le feste LP: BASF 22 21483-21484 Compiuto pur quanto LP: Acanta BB 23119 Singers of the parts of Monterone and Officer not identified in this scene

Rigoletto: Excerpt (Tutte le feste)

Berlin April 1935	Staatskapelle Heger Sung in German	78: Odeon O-25427 LP: EMI 1C 147 29118-29119M CD: Preiser 90248

La Traviata: Excerpt (Libiamo ne' lieti calici!)

Berlin January 1942	Rosvaenge Staatskapelle and Chorus Steinkopf Sung in German	LP: Urania URLP 7011 LP: BASF 10 214982/BB 21498 LP: Elite Special PLPS 30071 LP: Musical Heritage MHS 7029 LP: Saga FDY 2104 CD: Preiser 90160 Elite Special and Musical Heritage incorrectly name conductor as Kretschmar

La Traviata: Excerpt (Che è ciò?/Un di felice/Ah se ciò è ver/Amor dunque non piu)

Berlin January 1942	Rosvaenge Staatskapelle Steinkopf Sung in German	LP: Urania URLP 7011 LP: BASF 10 214982/22 21483-21484 LP: Acanta BB 21498 LP: Saga FID 2104 CD: Preiser 90160

La Traviata: Excerpt (E strano! Ah fors è lui/Follie! Sempre libera)

Berlin June 1936	Staatskapelle Heger Sung in German	78: Odeon O-25834 78: Parlophone RO 20328 LP: EMI 1C 147 29118-29119M CD: Weltbild History 701 888
Berlin January 1942	Rosvaenge Staatskapelle Steinkopf Sung in German	LP: Urania URLP 7011 LP: BASF 10 214982/BB 21498 LP: Saga FID 2104 CD: Preiser 90160 Sempre libera only LP: Elite Special PLPS 30071 LP: Musical Heritage MHS 7029 LP: Historia H 677-678 Elite Special and Musical Heritage incorrectly name conductor as Kretschmar
Berlin 1943	W.Ludwig Berlin RO Rother Sung in German	45: DG EPL 30 531 LP: DG 88 016 LP: Eterna 520 094 LP: BASF 22 214925/22 21483-21484 LP: Saga FID 2143 LP: Historia H 712-713 CD: Preiser 90248

La Traviata: Excerpt (Pura siccome un angelo/E grave il sacrifizio/Cosi alla
misera/Dite alle giovine)

Berlin	Schlusnus	LP: Urania URLP 7011
January 1942	Staatskapelle	LP: BASF 10 214982/BB 21498
	Steinkopf	LP: Saga FID 2104
	Sung in German	CD: Preiser 90160

La Traviata: Excerpt (Che fai? Scrivevi?/Amami Alfredo!)

Berlin	Rosvaenge	LP: Urania URLP 7011
January 1942	Staatskapelle	LP: BASF 10 214982/BB 21498
	Steinkopf	LP: BASF 22 21483-21484
	Sung in German	LP: Saga FID 2104/FID 2143
		LP: EMI EX 29 10753
		CD: Preiser 90160

La Traviata: Excerpt (Invitato a qui seguirmi?/Ogni suo aver tal femmina/
Disprezzo, se stesso rende/Alfredo, di questo cure...to end of Act 2)

Berlin	Rosvaenge,	LP: Urania URLP 7011
January 1942	Schlusnus	LP: BASF 10 214982/BB 21498
	Staatskapelle	LP: Saga FID 2104
	and Chorus	CD: Preiser 90160
	Steinkopf	
	Sung in German	

La Traviata: Excerpt (Addio del passato)

Berlin	Städtische Oper	78: Grammophon 62863
1941	Orchestra	45: DG EPL 30 163
	Steeger	LP: DG LPE 17 099
	Sung in German	CD: Preiser 90248

La Traviata: Excerpt (Parigi o cara!)

Berlin January 1942	Rosvaenge Staatskapelle Steinkopf Sung in German	LP: Urania URLP 7011 LP: BASF 10 214982/BB 21498 LP: Saga FID 2104 CD: Preiser 90160 This version begins earlier at Signora! Che t'accade?
Berlin 1943	W.Ludwig Berlin RO Rother Sung in German	45: DG EPL 30 531 LP: DG 88 016 LP: Eterna 520 094 LP: Saga FID 2143 LP: BASF 22 214925/22 21483-21484 LP: Historia H 677-678/H 712-713 CD: Preiser 90248

The extant selection from **La Traviata**, conducted by Steinkopf for Berlin
Radio in January 1942, also includes the arias **De' miei bollenti spiriti**
and **Di Provenza il mar** performed by Rosvaenge and Schlusnus respectively

HERBERT WINDT

Strahlender Stern der Liebe;   Freiheitshymne (from the film Starke Herzen)

Berlin July 1937	Odeon-Orchester Grünberg	78: Odeon O-25931 CD: Weltbild History 701 888 78 edition never published, as the film was banned by the Nazi authorities (see note opposite)

CINEMA FILMS WITH MARIA CEBOTARI
Compilation by Mathias Erhard

Mädchen in Weiss
Germany 1936/directed by Viktor Janson
Cast also includes Hilde von Stolz/ Ivan Petrovich/Georg Alexander
Music by Theo Mackeben (see discography)

Starke Herzen
Germany/directed by Herbert Maisch
Lucie Höflich/Gustav Diessl/Otto Wernicke/René Deltgen
Music by Herb.Windt (see discography)
Note: An anti-communist melodrama made in 1936, it was banned both by the Nazis and the Allies after the War; it was eventually released in West Germany in 1953 with the title "Starke Herzen im Sturm" (includes scenes from Puccini's Tosca)

Mutterlied/Solo per te
Germany/Italy 1937
Directed by Carmine Gallone
Beniamino Gigli/Peter Bosse/Hans Moser/Michael Bohnen

Drei Frauen um Verdi
Germany/Italy 1938
Directed by Carmine Gallone
Germana Paolieri/Beniamino Gigli/ Fosco Giachetti/Gaby Morley/Pierre Brasseur
Conductor Tullio Serafin

Premiere der Butterfly/Il sogno di Butterfly
Germany/Italy 1939
Directed by Carmine Gallone
Lucie Englisch/Luise Stranzinger/ Fosco Giachetti/Paul Kemp
Based on the music of Puccini's opera

Melodie der Liebe/Amami Alfredo
Germany/Italy 1939
Directed by Carmine Gallone
Lucie Englisch/Beniamino Gigli/ Claudio Gora/Paolo Stoppa/ Luigi Almirante

Odessa in fiamme
Italy 1942/directed by Carmine Gallone
Carlo Ninchi/Filippo Scelzo

Maria Malibran
Italy 1942-1943/directed by Guido Brignone
Rina Morello/Rosanno Brazzi/Renato Cialente

Year given is the year in which the film was released

Meta Seinemeyer
1895-1929

Discography compiled
by John Hunt

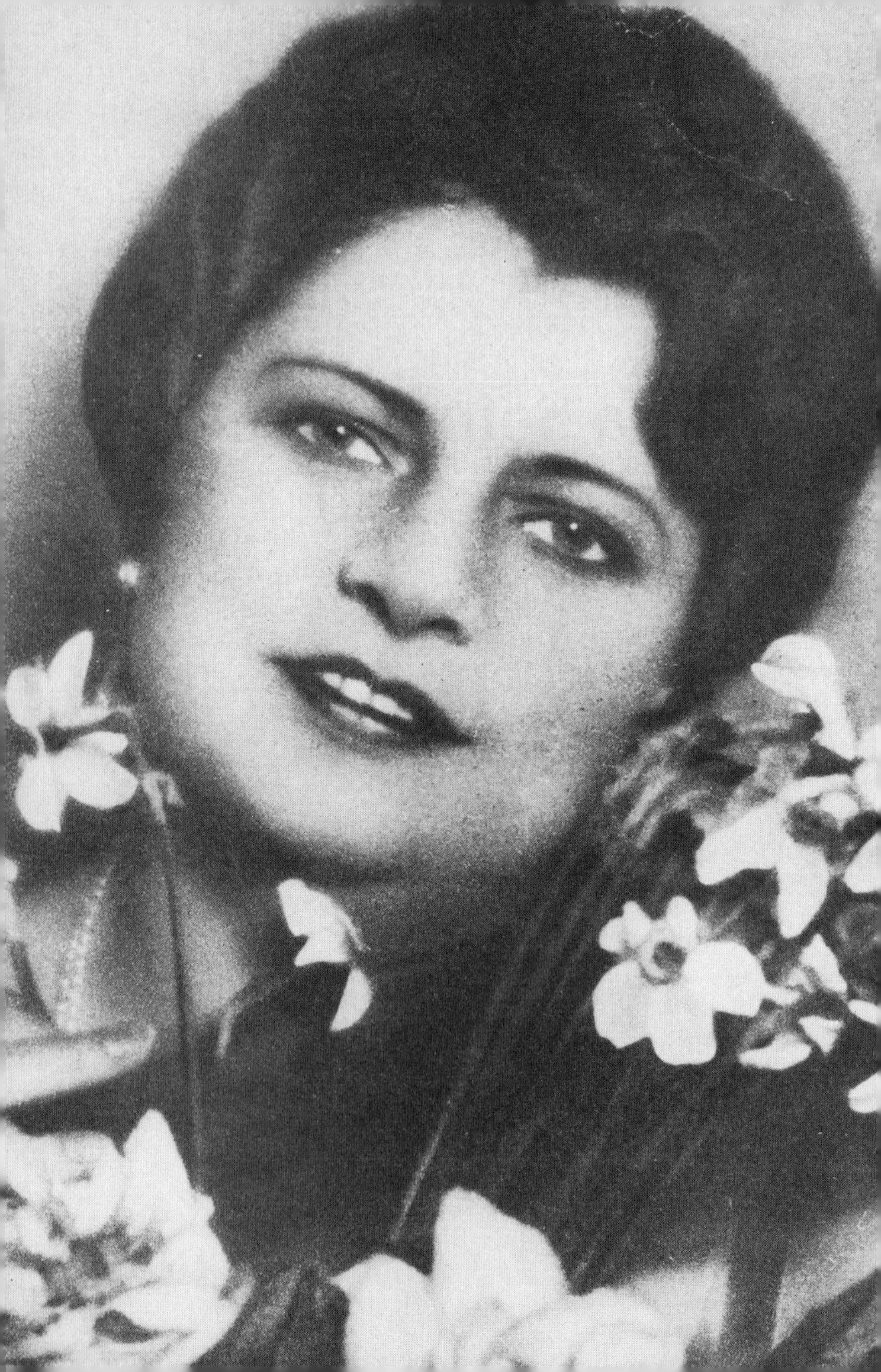

GEORGES BIZET (1838-1875)

Carmen: Excerpt (Parle-moi de ma mère)

Berlin	Scheurich	78: Artiphon/Wotama D 666
1924	Orchestra	LP: Rococo 5222
	Sung in German	

Carmen: Excerpt (Je dis que rien ne m'épouvante)

Berlin	Staatskapelle	Parlophone unpublished
April 1926	Weissmann	
	Sung in German	

UMBERTO GIORDANO (1867-1948)

Andrea Chenier: Excerpt (La mamma morta)

Berlin	Staatskapelle	78: Parlophone P 2089
November	Weissmann	LP: Preiser LV 276
1925	Sung in German	

Berlin	Staatskapelle	78: Parlophone P 9843/P 9640
June 1928	Weissmann	78: Odeon O-7568
		LP: Preiser LV 113
		CD: Preiser 89029
		CD: Pearl GEMMCD 9082

Andrea Chenier: Excerpt (Fu Bersi che l'ha scelto)

Berlin	Pattiera	78: Parlophone P 9048/E 10976
November	Staatskapelle	78: Parlophone (Australia) A 4223
1926	Weissmann	78: Odeon O-8701/O-7524
	Sung in German	LP: Preiser LV 111
		LP: Ritornello R 1001-1002
		CD: Pearl GEMMCD 9082

Andrea Chenier: Excerpt (Vicino a te s'acqueta)

Berlin	Pattiera	78: Parlophone P 9028/E 10619
November	Staatskapelle	78: Odeon O-8700/O-7525
1926	Weissmann	LP: Preiser LV 111
	Sung in German	CD: Pearl GEMMCD 9082

CHARLES GOUNOD (1818-1893)

Faust: Excerpt (Ah je ris de me voir si belle!)

Berlin	Staatskapelle	Parlophone unpublished
November	Weissmann	
1925	Sung in German	

Faust: Excerpt (Seigneur, daignez permettre à votre humble servante)

Berlin	List	78: Parlophone P 9850/P 9646
January 1929	Staatskapelle	78: Parlophone E 10835
	and Chorus	78: Parlophone (Australia) A 5029
	Weissmann	78: Odeon O-7573
	Sung in German	LP: Preiser LV 114
		LP: Ritornello R 1001-1002

Faust: Excerpt (Ah c'est la voix du bien-aimé)

Berlin	Dworsky, List	78: Parlophone P 9852/P 9647
January 1929	Staatskapelle	78: Parlophone E 10834
	Weissmann	78: Odeon O-7644
	Sung in German	LP: Rococo 5222 (side 1 only)
		LP: Preiser LV 114
		2 takes of side 1 were used

ENGELBERT HUMPERDINCK (1854-1921)

Hänsel und Gretel: Excerpts (Hast du's gehört?/Abends will ich schlafen geh'n; Juchhei, nun ist die Hexe tot!)

Berlin	Jung	78: Parlophone P 9415/E 10870
February 1929	Staatskapelle	78: Odeon O-7797
	Weissmann	LP: Rococo 5222
		LP: Preiser LV 115

FRANZ LISZT (1811-1886)

O lieb', so lang du lieben kannst

Berlin	Staatskapelle	78: Parlophone P 9861/P 9652
February-	Weissmann	78: Odeon O-7645/O-7837
March 1929		LP: Preiser LV 115
		CD: Preiser 89029
		CD: Pearl GEMMCD 9082

PIETRO MASCAGNI (1863-1945)

Cavalleria rusticana: Excerpt (No no, rimani ancora!)

Berlin	Scheurich	78: Artiphon/Wotama D 667
1924	Orchestra	
	Sung in German	

WOLFGANG AMADEUS MOZART (1756-1791)

Le Nozze di Figaro: Excerpt (Porgi amor)

Berlin	Staatskapelle	Parlophone unpublished
May 1927	Weissmann	
	Sung in German	

Le Nozze di Figaro: Excerpt (Dove sono)

Berlin	Staatskapelle	78: Parlophone P 9832/P 9360/E 11130
May 1927	Weissmann	78: Odeon O-7569
	Sung in German	78: Decca (USA) 20571
		LP: Rococo 5222
		LP: Preiser LV 111
		LP: EMI EX 29 05983
		CD: EMI CMS 763 7502

JACQUES OFFENBACH (1819-1880)

Les contes d'Hoffmann: Excerpt (Elle a fui, la tourturelle)

Berlin	Staatskapelle	78: Parlophone P 2236
April 1926	Weissmann	LP: Preiser LV 276
	Sung in German	

AMILCARE PONCHIELLI (1834-1886)

La Gioconda: Excerpt (Suicidio!)

Berlin	Staatskapelle	78: Parlophone P 9016
October 1926	Weissmann	LP: Rococo 5222
		LP: Preiser LV 111
		Also issued on 78 by Odeon

GIACOMO PUCCINI (1858-1924)

La Bohème: Excerpt (Mi chiamano Mimì)

Berlin November 1925	Staatskapelle Weissmann <u>Sung in German</u>	Parlophone unpublished
Berlin October 1926	Staatskapelle Weissmann <u>Sung in German</u>	78: Parlophone P 9016 LP: Preiser LV 111 CD: Preiser 89029 <u>Also issued on 78 by Odeon</u>

La Bohème: Excerpt (O soave fanciulla)

Berlin November 1926	Pattiera Staatskapelle Weissmann <u>Sung in German</u>	78: Parlophone P 9048/E 10976 78: Odeon O-8701/O-7524 LP: Rococo 5318 LP: Preiser LV 111 CD: Preiser 89029 CD: Pearl GEMMCD 9082

Madama Butterfly: Excerpt (Ancora un passo)

Berlin June 1928	Staatskapelle and Chorus Weissmann	78: Parlophone P 9841/P9639/E 10805 78: Parlophone (Australia) A 5020 78: Odeon O-7572 LP: Rococo 5318 LP: Preiser LV 113 LP: Hyperion H 88002 <u>Hyperion gives a recording date of November 1928</u>

Madama Butterfly: Excerpt (Un bel dì)

Berlin November 1925	Staatskapelle Weissmann	78: Parlophone P 2089
Berlin May 1928	Staatskapelle Weissmann	78: Parlophone P 9876/P 9655/E 10805 78: Parlophone (Australia) A 5020 78: Odeon O-7572 LP: Rococo 5318 LP: Preiser LV 113 LP: Hyperion H 88002 <u>Hyperion gives a recording date of November 1928</u>

Madama Butterfly: Excerpt (Una nave da guerra/Scuoti quella fronda di ciliego)

Berlin February 1929	Jung Staatskapelle Weissmann <u>Sung in German</u>	78: Parlophone P 9864/P 9656/E 10883 78: Odeon O-7647 LP: Preiser LV 115 CD: Preiser 89029

Manon Lescaut: Excerpt (In quelle trine morbide)

Berlin November 1927	Staatskapelle Weissmann	78: Parlophone P 9819/P 9621/E 11153 78: Odeon O-7568 LP: Rococo 5318 LP: Preiser LV 112 LP: Hyperion H 88002 LP: BASF 72 221792 CD: Preiser 89029 <u>Hyperion and BASF give recording date as 1928</u>
Berlin October 1928	Staatskapelle Weissmann <u>Sung in German</u>	78: Parlophone P 9866/P 9658 78: Odeon O-7794 LP: Preiser LV 114

Manon Lescaut: Excerpt (Buon giorno, sorellina!)

Berlin October 1928	Burg Staatskapelle Weissmann <u>Sung in German</u>	78: Parlophone P 9866/P 9658 78: Odeon O-7794 LP: Preiser LV 114

Tosca: Excerpt (Sale, ascende l'uman cantico)

Berlin June 1928	Staatskapelle and Chorus Weissmann	78: Parlophone P 9841/P 9639/E 10851 78: Parlophone (Australia) A 5033 78: Odeon O-7571 LP: Preiser LV 113

Tosca: Excerpt (Vissi d'arte)

Berlin February 1926	Staatskapelle Weissmann <u>Sung in German</u>	78: Parlophone P 2182
Berlin June 1928	Staatskapelle Weissmann	78: Parlophone P 9843/P 9640/E 10851 78: Parlophone (Australia) A 5020 78: Odeon O-7571 LP: Preiser LV 113 LP: Rococo 5318 LP: Hyperion H 88002 <u>Hyperion gives recording date as November 1928</u>

Tosca: Excerpt (Ah! Frascigia a Floria Tosca/Senti, l'ore è vicina)

Berlin February 1926	Oehmann Staatskapelle Weissmann <u>Sung in German</u>	78: Parlophone P 2219 LP: Preiser LV 276 LP: Hyperion H 88002

Tosca: Excerpt (E non giungono!)

Berlin	Oehmann	LP: Preiser LV 276
February 1926	Staatskapelle	LP: Hyperion H 88002
	Weissmann	
	Sung in German	

NIKOLAI RIMSKY-KORSAKOV (1844-1908)

The Tsar's Bride: Excerpt (Ivan Sergeivich, come into the garden)

Berlin	Staatskapelle	78: Parlophone P 9819/P 9621
November 1927	Weissmann	78: Parlophone (Australia) A 4348
	Sung in German	78: Odeon O-7832
		LP: Rococo 5222
		LP: Preiser LV 112
		LP: EMI EX 29 01693
		CD: Preiser 89029

ANTON RUBINSTEIN (1829-1894)

Es blinkt der Tau

Berlin	Staatskapelle	78: Parlophone P 9872/P 9664
February-	Weissmann	78: Odeon O-7651
March 1929		78: Decca (USA) 25751
		LP: Preiser LV 115
		CD: Pearl GEMMCD 9082

Die Nacht

Berlin	Staatskapelle	78: Parlophone P 9861/P 9652/E 10901
February-	Weissmann	78: Odeon O-7645
March 1929		78: Decca (USA) 25751
		LP: Preiser LV 115
		CD: Pearl GEMMCD 9082

FRANZ SCHUBERT (1797-1828)

Du bist die Ruh'

Berlin April 1928	Staatskapelle Weissmann	Parlophone unpublished

Gretchen am Spinnrade

Berlin   Staatskapelle   78: Parlophone P 9871/P 9663
April 1928   Weissmann   78: Odeon O-7652
                                    78: Decca (USA) 25832
                                    LP: Preiser LV 113
                                    LP: Rococo 5222

Die junge Nonne

Berlin   Staatskapelle   78: Parlophone P 9870/P 9662
April 1928   Weissmann   78: Odeon O-7652
                                    78: Decca (USA) 25832
                                    LP: Preiser LV 113
                                    LP: Rococo 5222

So lasst mich scheinen

Berlin   Staatskapelle   78: Parlophone P 9871/P 9662
April 1928   Weissmann   78: Odeon O-7652
                                    LP: Preiser LV 113
                                    LP: Rococo 5222

JOHANN STRAUSS II (1825-1899)

Der Zigeunerbaron: Excerpt (Wer uns getraut)

Berlin   Werner   78: Artiphon/Wotama D 669
1924   Orchestra

RICHARD STRAUSS (1864-1949)

Cäcilie

Berlin	Staatskapelle	78: Parlophone P 2218
April 1926	Weissmann	LP: Preiser LV 276

Ich trage meine Minne

Berlin	Weissmann, piano	Parlophone unpublished
May 1927		

Morgen

Berlin	Staatskapelle	78: Parlophone P 2218
April 1926	Weissmann	LP: Preiser LV 276

Traum durch die Dämmerung

Berlin	Staatskapelle	78: Parlophone P 9870/P 9662
March 1928	Weissmann	LP: Preiser LV 112

Der Rosenkavalier: Excerpt (Dort ist das Vorzimmer)

Berlin	Stünzer, List	78: Parlophone P 9868/P 9660/E 10864
September 1928	Staatskapelle	78: Decca (USA) 25237
	Weissmann	78: Polydor (France) 59031
		LP: Preiser LV 114

Der Rosenkavalier: Excerpt (Bin von so viel Finesse charmiert/Mein Gott, es war nicht mehr als eine Farce/Heut' oder morgen/Hab' mir's gelobt)

Berlin	Merrem-Nikisch,	78: Parlophone P 9868-9869/P 9660-9661/
September 1928	Stünzer, List	E 10864-10865
	Staatskapelle	78: Decca (USA) 25237-25238
	and Chorus	78: Polydor (France) 59031-59032
	Weissmann	LP: Preiser LV 114

GIUSEPPE VERDI (1813-1901)

Aida: Excerpt (Ritorna vincitor)

Berlin   Staatskapelle   78: Parlophone P 9862/P 9653
October 1926   Weissmann   78: Odeon O-7646
                                    LP: Preiser LV 111
                                    CD: Preiser 89029

Aida: Excerpt (Su! Del Nilo al sacro lido)

Berlin   Jung, Hirzel,   78: Parlophone P 9171/E 10746
November 1927   Andresen, Bader   78: Parlophone (Australia) A 5014
                Staatskapelle   78: Odeon O-8717/O-7522
                and Chorus   LP: Preiser LV 112
                Weissmann   LP: BASF 72 221792
                Sung in German

Aida: Excerpt (Gloria all' Egitto, ad Iside....to end of Act 2)

Berlin   Jung, Hirzel, Burg, 78: Parlophone P 9171-9172/
November 1927   Andresen, Bader   E 10746-10747
                Staatskapelle   78: Parlophone (Australia) A 5014-5015
                and Chorus   78: Odeon O-8717-8718/O-7522-7523
                Weissmann   LP: Preiser LV 112
                Sung in German

Aida: Excerpt (Pur ti riveggo)

Berlin   Pattiera   78: Parlophone P 9863/P 9654/E 10905
May 1928   Staatskapelle   78: Odeon O-7798
                Weissmann   78: Decca (USA) 25298
                                    LP: Rococo 5318
                                    LP: Preiser LV 113
                                    CD: Pearl GEMMCD 9082

Aida: Excerpt (Pur rammenti che a noi l'Egizio immite)

Berlin   Burg   78: Parlophone P 9876/P 9655
October 1928   Staatskapelle   LP: Preiser LV 114
                Weissmann   LP: BASF 72 221792
                Sung in German

Un Ballo in maschera: Excerpt (Ecco l'orrido campo)

Berlin	Staatskapelle	78: Parlophone P 9867/P 9659/E 11300
January 1929	Weissmann	78: Odeon O-7649
	Sung in German	LP: Rococo 5318
		LP: Preiser LV 115
		LP: Hyperion H 88002
		CD: Preiser 89029
		CD: Pearl GEMMCD 9082

Don Carlo: Excerpt (Tu che la vanità)

Berlin	Staatskapelle	78: Parlophone P 9873/P 9665
November 1927	Weissmann	78: Odeon O-7650
		LP: Rococo 5318
		LP: Preiser LV 112
		LP: Hyperion H 88002
		CD: Preiser 89029
		Hyperion gives recording date of 1928

La Forza del destino: Excerpt (Madre pietosa vergine)

Berlin	Staatskapelle	78: Parlophone P 2168
February 1926	Weissmann	LP: Preiser LV 276
	Sung in German	LP: Rococo 5318
		LP: Hyperion H 88002
		Hyperion gives recording date of 1925

Berlin	Staatskapelle	78: Parlophone P 9116/P 9360/E 10605
May 1927	Weissmann	78: Odeon O-7834
		LP: Preiser LV 111

La Forza del destino: Excerpt (Io non amarlo?/Me pellegrina ed orfano)

Berlin	Staatskapelle	78: Parlophone P 2182
February 1926	Weissmann	LP: Preiser LV 276
	Sung in German	

La Forza del destino: Excerpt (La vergine degli angeli)

Berlin	Staatskapelle	78: Parlophone P 9808/P 9611/E 10709
December 1927	and Chorus	78: Parlophone (Australia) A 5010
	Weissmann	78: Odeon O-7567
	Sung in German	LP: Preiser LV 112
		LP: Hyperion H 88002
		Hyperion gives recording date as May 1928

La Forza del destino: Excerpt (Una donna son io)

Berlin	Andresen	Parlophone unpublished
November 1926	Staatskapelle	
	Weissmann	
	Sung in German	

Berlin	Andresen	Parlophone unpublished
December 1927	Staatskapelle	
	Weissmann	
	Sung in German	

La Forza del destino: Excerpt (Guai per chi si lascia illudere)

Berlin	Andresen	Parlophone unpublished
November 1926	Staatskapelle	
	Weissmann	
	Sung in German	

Berlin	Andresen	78: Parlophone E 11153
December 1927	Staatskapelle	LP: Preiser LV 112
	Weissmann	LP: EMI EX 29 10753
	Sung in German	

La Forza del destino: Excerpt (Sull' alba il piede all' eremo)

Berlin	Andresen	Parlophone unpublished
November 1926	Staatskapelle	
	Weissmann	
	Sung in German	

Berlin	Andresen	78: Parlophone P 9865/P9657
December 1927	Staatskapelle	78: Odeon O-7799
	Weissmann	LP: Preiser LV 112
	Sung in German	LP: BASF 72 221792

La Forza del destino: Excerpt (Pace, pace, mio Dio!)

Berlin	Staatskapelle	78: Parlophone P 2168
February 1926	Weissmann	LP: Preiser LV 276
	Sung in German	

Berlin	Staatskapelle	78: Parlophone P 9865/P 9657
May 1927	Weissmann	78: Odeon O-7648
		LP: Preiser LV 111

Otello: Excerpt (Già nelle notte densa/Ed io vedea fra le tue tempie oscure)

Berlin	Pattiera	78: Parlophone P 9835/P 9632/E 10816
May 1928	Staatskapelle	78: Odeon 0-7570
	Weissmann	LP: Preiser LV 113
		CD: Preiser 89029
		CD: Pearl GEMMCD 9082
		<u>LV 113 contains two takes of side 2</u>

Otello: Excerpt (Mia madre aveva una povera ancella)

Berlin	Staatskapelle	78: Parlophone E 10506
April 1926	Weissmann	LP: Preiser LV 276
	<u>Sung in German</u>	CD: Pearl GEMMCD 9082

Il Trovatore: Excerpt (Quel suon, quelle preci)

Berlin	Gläser	78: Parlophone P 9815/P 9637
March 1928	Staatskapelle	78: Odeon 0-7799
	and Chorus	LP: Preiser LV 112
	Weissmann	
	<u>Sung in German</u>	

RICHARD WAGNER (1813-1883)

Der fliegende Holländer: Excerpt (Wie aus der Ferne)

Berlin April 1929	Burg, Zottmayr Staatskapelle Weissmann	Parlophone unpublished

Lohengrin: Excerpt (Durch Gottes Sieg ist jetzt dein Leben mein)

Berlin June 1928	Jung, Pilinsky, Burg Staatskapelle Weissmann	78: Parlophone P 9842/P 9635/E 10782 78: Odeon O-7564 78: Decca (USA) 25065 LP: Preiser LV 114

Lohengrin: Excerpt (Mein Held, entgegne kühn dem Ungetreuen)

Berlin June 1928	Jung, Pilinsky, Burg, Düttbernd Staatskapelle Weissmann	78: Parlophone P 9837/P 9634/E 10933 78: Odeon O-7563 78: Decca (USA) 25056 LP: Preiser LV 114

Die Meistersinger von Nürnberg: Excerpt (So hold und traut, wie fern es schwebt)

Berlin April 1928	Pilinsky Staatskapelle and Chorus Weissmann	78: Parlophone P 9836/P 9633/E 10947 78: Odeon O-7852 78: Decca (USA) 25194 LP: Preiser LV 113 Reverse side of the 78rpm disc contained first part of Prize Song without Seinemeyer

Tristan und Isolde: Excerpt (Mild und leise)

Berlin March 1928	Staatskapelle Weissmann	78: Parlophone P 9831/P 9610/E 10829 78: Parlophone (Australia) A 5032 78: Odeon O-6920 78: Decca (USA) 25442 LP: Preiser LV 112

Die Walküre: Excerpt (Der Männer Sippe/Dich selige Frau/Winterstürme/
Du bist der Lenz....up to Der war Wälse genannt!)

Berlin	Taucher	78: Parlophone P 9874-9875/
April 1929	Staatskapelle	P 9600 and 9666
	Weissmann	78: Odeon O-7565-7566
		LP: Preiser LV 115

Die Walküre: Excerpt (War Wälse dein Vater)

Berlin	Taucher	Parlophone unpublished
April 1929	Staatskapelle	
	Weissmann	

CARL MARIA VON WEBER (1786-1826)

Der Freischütz: Excerpt (Wie nahte mir der Schlummer/Leise leise)

Berlin	Staatskapelle	78: Parlophone P 2243/E 10484
April 1926	Weissmann	LP: Preiser LV 276
		CD: Pearl GEMMCD 9082

Der Freischütz: Excerpt (Und ob die Wolke)

Berlin	Staatskapelle	78: Parlophone P 2235/E 10506
April 1926	Weissmann	LP: Preiser LV 276
		CD: Pearl GEMMCD 9082

FELIX WEINGARTNER (1863-1942)

Liebesfeier

Berlin	Staatskapelle	78: Parlophone P 9872/P 9664
February-	Weissmann	78: Odeon O-7651/O-7837
March 1929		LP: Preiser LV 115
		CD: Pearl GEMMCD 9082

Ljuba Welitsch
born 1910

Discography compiled
by John Hunt

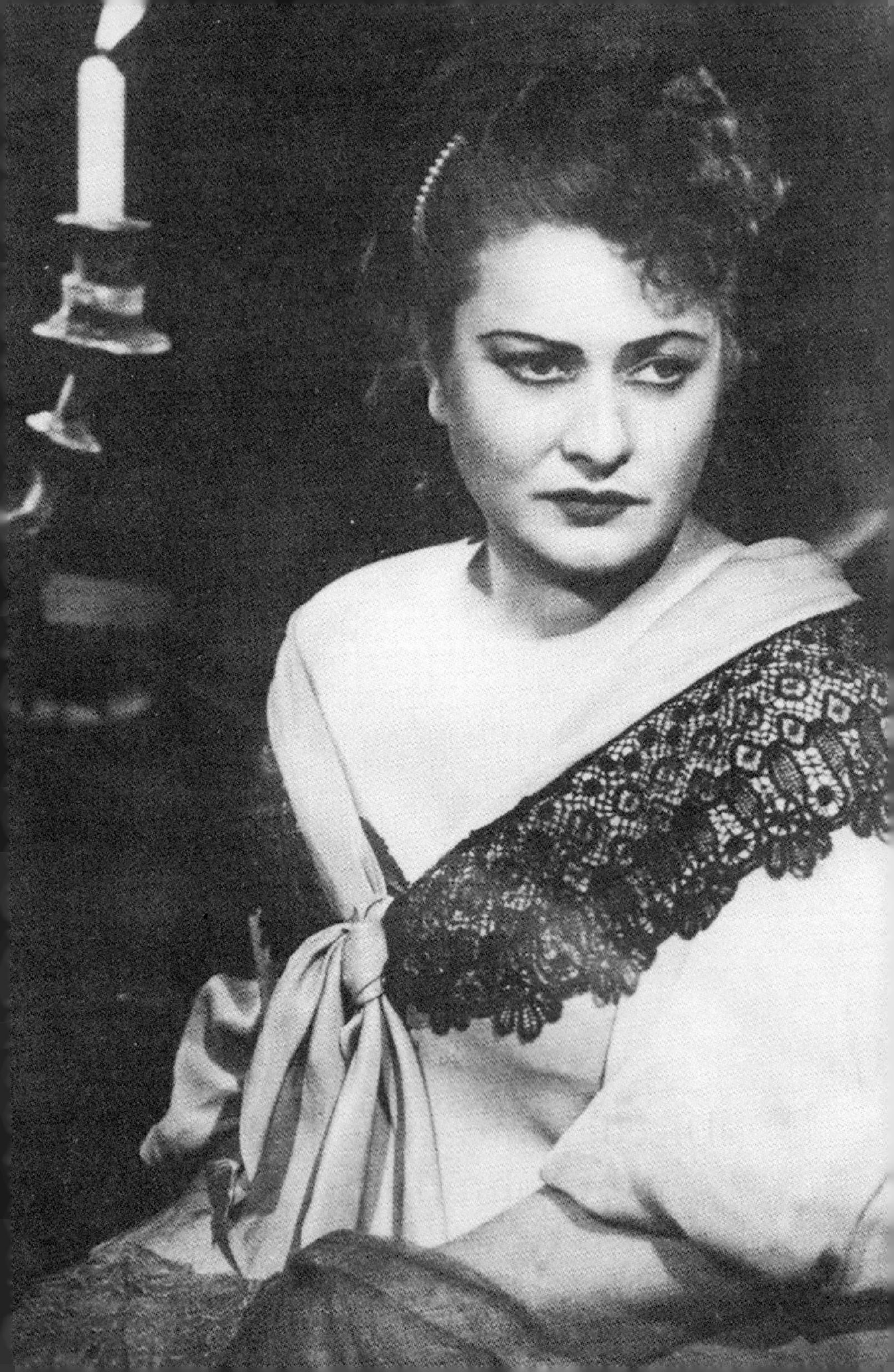

JOHANNES BRAHMS (1833-1897)

Die Mainacht (Wann der silberne Mond)

London   Nelles   CD: Melodram MEL 26511/CDI 204 004
1949

Meine Liebe ist grün

London   Nelles   CD: Melodram MEL 26511/CDI 204 004
1949

Wie Melodien zieht es mir

London   Nelles   LP: Melodram MEL 096
1949

Vergebliches Ständchen (Guten Abend, mein Schatz)

London   Nelles   LP: Melodram MEL 096
1949

Von ewiger Liebe (Dunkel, wie dunkel in Wald und in Feld)

London   Nelles   CD: Melodram MEL 26511/CDI 204 004
1949

Zigeunerlieder

London   Lush   LP: World Records SH 373
1947

London   Nelles   LP: Melodram MEL 096
1949

ALEXANDER DARGOMITSKY (1813-1869)

I grieve

New York   Ulanowsky   LP: Columbia (USA) ML 2118
February 1953   CD: Myto MCD 954 135

The miller

New York   Ulanowsky   LP: Columbia (USA) ML 2118
February 1953

GAETONO DONIZETTI (1797-1848)

La fille du régiment

New York   Role of Duchesse   CD: Foyer 2CF-2072
February 1972   Sutherland,
                 Resnik, Pavarotti,
                 Corena
                 Metropolitan Opera
                 Orchestra & Chorus
                 Bonynge

NICO DOSTAL (born 1895)

Die ungarische Hochzeit

Munich   Role of Frusina   Unpublished video recording
1967   Schell, Tiboldi,
          Minich, Gruber,
          Grosskurth
          Graunke SO
          Ebert

ANTONIN DVORAK (1841-1904)

Rusalka: Excerpt (O silver moon)

Munich   Bavarian RO   LP: Melodram MEL 095
1953   Kraus   CD: Melodram MEL 26511/CDI 204 004
          Sung in German   Incorrectly dated 1949

FRANZ GROTHE (1908-1982)

Ich träumte immer nur von dem Einen, from the film Ihr grösster Erfolg

Vienna	Tanzkapelle	LP: Melodram MEL 096
1943-1944	Eisele	CD: Polyhymnia 21212
		CD issued with the book Ljuba Welitsch
		by Norbert Ernst Benke (Dachs-Verlag
		Vienna 1994)

EMMERICH KALMAN (1882-1953)

Gräfin Maritza, Querschnitt

Vienna	Small role of	CD: Philips 420 6582
1974	Fürstin Bozena	VHS Video: Taurus
	Hazy, Koller,	
	Miljakovic,	
	Kollo, Kusche	
	VSO	
	Operettenchor	
	Ebert	

FRANZ LEHAR (1870-1948)

Die lustige Witwe: Excerpt (Viljalied)

Vienna	VPO	78: Decca X 534/K 28375
June 1950	Moralt	LP: Decca LXT 2567/BR 3053
		CD: Myto MCD 954 135

Der Zarewitsch: Excerpt (Einer wird kommen)

Vienna	VPO	78: Decca K 28377
June 1950	Moralt	LP: Decca LXT 2567/BR 3053
		CD: Myto MCD 954 135
		CD: Polyhymnia 21212
		CD issued with the book Ljuba Welitsch
		by Norbert Ernst Benke (Dachs-Verlag
		Vienna 1994)

Zigeunerliebe: Excerpt (Lied und Csardas)

Vienna	VPO	78: Decca K 28375
June 1950	Moralt	LP: Decca LXT 2567/BR 3035
		CD: Myto MCD 954 135

GUSTAV MAHLER (1860-1911)

Blicke mir nicht in die Lieder/Rückert Lieder

New York   Ulanowsky   LP: Columbia (USA) Y 32675
1950-1953

Ich atmet' einen linden Duft/Rückert Lieder

New York   Ulanowsky   LP: Columbia (USA) Y 32675
1950-1953

Ich bin der Welt abhanden gekommen/Rückert Lieder

New York   Ulanowsky   LP: Columbia (USA) Y 32675
1950-1953   CD: Polyhymnia 21212
                                 CD issued with the book Ljuba Welitsch
                                 by Norbert Ernst Benke (Dachs-Verlag
                                 Vienna 1994)

Um Mitternacht/Rückert-Lieder

New York   Ulanowsky   Columbia (USA) unpublished
1950-1953   Recording incomplete

JOSEPH MARX (1882-1964)

Der bescheidene Schäfer

Vienna 1948	Marx	LP: Ed Smith UORC 331 LP: World Records SH 373

Hat dich die Liebe berührt

Vienna 1948	Marx	LP: Ed Smith UORC 331 LP: World Records SH 373 CD: Polyhymnia 21212 CD issued with the book Ljuba Welitsch by Norbert Ernst Benke (Dachs-Verlag Vienna 1994)
New York 1950-1953	Ulanowsky	LP: Columbia (USA) ML 2118/Y 32675

Marienlied

Vienna 1948	Marx	LP: Ed Smith UORC 331 LP: Melodram MEL 095 Melodram incorrectly dated 1947

Nocturno

Vienna 1948	Marx	LP: Ed Smith UORC 331

Und gestern hat er mir Rosen gebracht

Vienna 1948	Marx	LP: Ed Smith UORC 331 LP: World Records SH 373

Marx Songs/concluded
Valse de Chopin

Vienna 1948	Marx	LP: Ed Smith UORC 331 LP: World Records SH 373
New York 1950-1953	Ulanowsky	LP: Columbia (USA) ML 2118/Y 32675

Windräder

Vienna 1948	Marx	LP: Ed Smith UORC 331 LP: World Records SH 373 LP: Melodram MEL 095 CD: Polyhymnia 21212

GIAN CARLO MENOTTI (born 1911)

The Consul

Vienna 1963	Role of Foreign Woman Muszely, Lane, R.Fischer, H.Konetzni, Wächter, Ferenz Volksoper Orchestra Bauer-Theussl Sung in German	Unpublished video recording

CARL MILLOECKER (1842-1899)

Die Dubarry: Excerpt (Ich schenk' mein Herz)

Vienna June 1950	VPO Moralt	78: Decca K 28377 LP: Decca LXT 2567/BR 3053 CD: Myto MCD 954 135

MODEST MOUSSORGSKY (1839-1891)

Little star, tell me

New York 1950-1953	Ulanowsky	LP: Columbia (USA) ML 2118 CD: Myto MCD 954 135 CD: Polyhymnia 21212 CD issued with the book Ljuba Welitsch by Norbert Ernst Benke (Dachs-Verlag Vienna 1994)

WOLFGANG AMADEUS MOZART (1756-1791)

Don Giovanni

Salzburg July-August 1950	Role of Anna Schwarzkopf, Seefried, Dermota, Gobbi, Greindl, Kunz, Poell Vienna Opera Chorus VPO Furtwängler	LP: Ed Smith EJS 419 LP: Olympic 9109 LP: Discocorp RR 407 LP: Turnabout THS 65154-65156 LP: Melodram MEL 713 CD: JVC (Japan) R30C 1014-1016 CD: Priceless D 16581 CD: Laudis LCD 34001 Excerpts LP: Melodram MEL 095 CD: Melodram MEL 26511/CDI 204 004 Part of side 3 of Olympic version derives from a 1953 Furtwängler performance not featuring Welitsch
New York January 1951	Resnik, Connor, Conley, Silveri, Alvary, Moscona Metropolitan Opera Orchestra & Chorus Reiner	Unpublished Met broadcast Excerpts LP: MRF Records MRF 1 LP: Melodram MEL 096 CD: Melodram MEL 27042

Don Giovanni: Excerpt (Or sai chi l'onore)

Vienna November 1948	VPO Karajan	Columbia unpublished
New York February 1950	de Paolis Metropolitan Opera Orchestra Reiner	78: Columbia LB 124 78: Columbia (USA) X 340 45: Philips ABE 10074 LP: Columbia (USA) ML 2118/3216 0077 LP: Philips SBR 6255 LP: CBS 61088 CD: Myto MCD 954 135 CD: Polyhymnia 21212 CD issued with the book Ljuba Welitsch by Norbert Ernst Benke (Dachs-Verlag Vienna 1994); this recording includes preceding recitative Don Ottavio son morta!

Don Giovanni: Excerpt (Crudele? Non mi dir)

New York February 1950	Metropolitan Opera Orchestra Reiner	78: Columbia LB 121 78: Columbia (USA) X 340 45: Philips ABE 10074 LP: Columbia (USA) ML 2118/3216 0077 LP: Philips SBR 6255 LP: CBS 61088 CD: Myto MCD 954 135

Le Nozze di Figaro: Excerpt (Voi che sapete)

London September 1948	BBC SO Robertson Sung in German	LP: Melodram MEL 095 CD: Melodram MEL 26511/CDI 204 004

GIACOMO PUCCINI (1858-1924)

La Bohème: Excerpt (Quando m'en vo)

Vienna November 1948	VPO Karajan	78: Columbia LB 82 LP: EMI HLM 7006/1C 047 01267M LP: World Records SH 289 LP: Angel 60202 CD: EMI CDH 761 0072 CD: Polyhymnia 21212 CD: Melodram CDI 204 004 Polyhymnia issued with the book Ljuba Welitsch by Norbert Ernst Benke (Dachs Verlag Vienna 1994) ; Melodram dated 1952

La Rondine

Vienna 1955	Role of Magda Siebert, Dermota, Equiluz, Kmennt, Berry Austrian Radio Orchestra & Chorus Zallinger Sung in German	LP: Melodram MEL 403 Excerpts LP: Melodram MEL 090/MEL 095/MEL 096 CD: Melodram MEL 26511/CDI 204 004

243

Tosca: Excerpt (Perchè chiuso? Lo vuole il sagrestano)

New York March 1950	Tucker Metropolitan Opera Orchestra Rudolf	LP: Columbia (USA) ML 2139/ML 4795 LP: Columbia (USA) 3216 0077 LP: Philips SBR 6255 LP: CBS 61088

Tosca: Excerpt (Vissi d'arte)

London May 1948	Philharmonia Süsskind	78: Columbia LB 82 LP: EMI HLM 7006/1C 047 01267M LP: World Records SH 289 LP: Angel 60202 CD: EMI CDH 761 0072
London September 1948	BBC SO Robertson	LP: Melodram MEL 095 CD: Melodram MEL 26511/CDI 204 004
New York March 1950	Metropolitan Opera Orchestra Rudolf	LP: Columbia (USA) ML 2139/ML 4795 LP: Columbia (USA) 3216 0077 LP: Philips SBR 6255 LP: CBS 61088 CD: Myto MCD 954 135

Tosca: Excerpt (Ah! Frascigia a Floria Tosca/Senti, l'ore è vicina)

Vienna December 1949	Rosvaenge VPO Krips Sung in German	CD: Polyhymnia 21212 CD issued with the book Ljuba Welitsch by Norbert Ernst Benke (Dachs-Verlag Vienna 1994)

FRANZ SCHUBERT (1797-1828)

Die Forelle (In einem Bächlein helle)

| New York | Ulanowsky | LP: Melodram MEL 095 |
| 1950-1951 | | CD: Melodram MEL 26511/CDI 204 004 |

Im Walde (Windes Rauschen, Gottes Flügel)

| London | Stone | LP: World Records SH 373 |
| 1947 | | |

Die junge Nonne (Wie braust durch die Wipfel der heulende Sturm)

| New York | Ulanowsky | LP: Melodram MEL 095 |
| 1950-1951 | | CD: Melodram MEL 26511/CDI 204 004 |

Liebesbotschaft/Schwanengesang (Rauschendes Bächlein so silbern und hell)

| New York | Ulanowsky | LP: Melodram MEL 096 |
| 1950-1951 | | CD: Melodram MEL 26511/CDI 204 004 |

ROBERT SCHUMANN (1810-1856)

Mondnacht/Liederkreis op 39 (Es war, als hätt' der Himmel)

| New York | Ulanowsky | LP: Melodram MEL 095 |
| 1950-1951 | | CD: Melodram MEL 26511/CDI 204 004 |

Der Nussbaum (Es grünet ein Nussbaum vor dem Haus)

| New York | Ulanowsky | LP: Melodram MEL 095 |
| 1950-1951 | | CD: Melodram MEL 26511/CDI 204 004 |

Widmung (Du meine Seele, du mein Herz!)

| New York | Ulanowsky | LP: Melodram MEL 096 |
| 1950-1951 | | CD: Melodram MEL 26511/CDI 204 004 |

<u>The Schubert and Schumann recordings with Ulanowsky are incorrectly described by Melodram as having been made in London in 1949 with the pianist Nelles</u>

RUDOLF SIECZYNSKI (1879-1952)

Wien, Wien, nur du allein

Vienna 1960	Orchestral ensemble	LP: Decca MET 201-203/SET 201-203/D247 D3 CD: Decca 421 0462 Part of the gala sequence included in Karajan's recording of Die Fledermaus

BEDRICH SMETANA (1824-1884)

The Bartered Bride: Excerpt (Alone at last! How strange and dead is everything)

London September 1948	BBC SO Robertson Sung in German	LP: Melodram MEL 096 CD: Melodram MEL 26511/CDI 204 004

JOHANN STRAUSS II (1825-1899)

Die Fledermaus

New York December 1950- January 1951	Role of Rosalinde Pons, Lipton, Tucker, Kullmann, Brownlee Metropolitan Opera Orchestra & Chorus Ormandy Sung in English	78: Columbia (USA) MOP 32 LP: Columbia (USA) SL 108/Y2 32666 LP: Philips GBL 5643-5644 LP: CBS 78245 Excerpts CD: Polyhymnia 21212 CD issued with the book Ljuba Welitsch by Norbert Ernst Benke (Dachs-Verlag Vienna 1994)

Die Fledermaus: Excerpt (Klänge der Heimat)

New York March 1950	Metropolitan Opera Orchestra Rudolf	78: Columbia (USA) 73005D LP: Columbia (USA) ML 2139/3216 0077 LP: Philips SBR 6255 LP: CBS 61088 LP: Melodram MEL 096 CD: Myto MCD 954 135

Eine Nacht in Venedig

Munich 1973	Role of Agricola Geszty, Migenes, T.Schmidt, Curzi, De Ridder, Dönch Munich RO Eichhorn	Unpublished video recording

Der Zigeunerbaron: Excerpt (So habet acht!)

New York March 1950	Metropolitan Opera Orchestra Rudolf	78: Columbia (USA) 73005D LP: Columbia (USA) ML 2139/3216 0077 LP: Philips SBR 6255 LP: CBS 61088 CD: Myto MCD 954 135

Der Zigeunerbaron: Excerpt (Wer uns getraut)

Vienna 1943-1944	Meyer-Welfing Vienna Opera Chorus VPO Schönherr	CD: Polyhymnia 21212 CD issued with the book Ljuba Welitsch by Norbert Ernst Benke (Dachs-Verlag Vienna 1994)
Vienna 1955	Meyer-Welfing Austrian RO Matzerath	LP: Melodram MEL 095

RICHARD STRAUSS (1864-1949)

Elektra

London October 1947	Role of Chrysothemis Schlüter, Höngen, Widdop, Schöffler BBC Theatre Chorus RPO Beecham	LP: Ed Smith UORC 171 LP: Beecham Society WSA 509-512 LP: Rococo 1005 LP: Cetra ARK 9 LP: Melodram MEL 041 CD: Myto MCD 946 117 Excerpts LP: Melodram MEL 095/MEL 096 CD: Melodram MEL 26511/CDI 204 004 Rococo 1005 substitutes the recording listed below for the final scene of the opera

Elektra: Excerpt (Was willst du, fremder Mensch....to end of opera)

London October 1947	Schlüter, Widdop, Schöffler RPO Beecham	78: HMV DB 9393-9396 78: Victor M 1247 LP: Victor LCT 1135 LP: Rococo 1005 LP: RCA 42821

Der Rosenkavalier

London December 1956	Role of Leitmetzerin Schwarzkopf, Stich-Randall, C.Ludwig, Gedda, Edelmann, Wächter Philharmonia Orchestra & Chorus Karajan	LP: Columbia 33CX 1492-1495/ SAX 2269-2272 LP: EMI SLS 810/EX 29 00453 CD: EMI CDS 749 3542

Salome

New York March 1949	Role of Salome Thorborg, Jagel, Janssen Metropolitan Opera Orchestra Reiner	LP: Ed Smith EJS 178 LP: MRF Records MRF 1 LP: BJR Records BJR 156 LP: Melodram MEL 039 CD: Melodram MEL 27042
New York January 1952	Höngen, Svanholm, Hotter Metropolitan Opera Orchestra Reiner	LP: Discocorp IGI 293/SID 724 LP: Metropolitan Opera LP 9 CD: Myto MCD 952 125 Excerpts LP: Melodram MEL 096 CD: Melodram MEL 26511/CDI 204 004

Salome: Excerpt (Du wolltest mich nicht deinen Mund küssen lassen)

Vienna June 1944	Austrian RO Matacic	LP: EMI HLM 7006/RLS 764 LP: World Records SH 289 LP: EMI 1C 047 01267M LP: Angel 60202 CD: EMI CDH 761 0072 Excerpt CD: Polyhymnia 21212 Polyhymnia issued with the book Ljuba Welitsch by Noerbert Ernst Benke (Dachs Verlag Vienna 1994)
Vienna November 1948	Schuster, Witt VPO Karajan	LP: World Records SH 286 Excerpt CD: Polyhymnia 21212 This recording omits the section Oeffne deine Augen..hörte ich geheimnisvolle Musik; Polyhymnia issued with the book Ljuba Welitsch by Norbert Ernst Benke (Dachs-Verlag Vienna 1994)
New York March 1949	Metropolitan Opera Orchestra Reiner	78: Columbia LX 1241-1242 45: Philips ABE 10025 LP: Columbia 33C 1011 LP: Columbia (USA) ML 2048/ML 4795 LP: Columbia (USA) VC 806/3216 0077 LP: CBS 61088 CD: Myto MCD 954 135
Vienna September 1951	VPO Kempe	Unpublished video recording Promotional film soundtrack
Stuttgart 1955	SDR Orchestra Müller-Kray	LP: Melodram MEL 095 CD: Melodram MEL 26511/CDI 204 004

Beim Schlafengehen/4 letzte Lieder (Nun der Tag mich müd' gemacht)

New York   Ulanowsky   LP: Columbia (USA) Y 32675
1953

Cäcilie (Wenn du es wüsstest)

New York   Ulanowsky   LP: Columbia (USA) ML 2118/Y 32675
1953

Frühling/4 letzte Lieder (In dämm'rigen Grüften träumte ich lang)

New York   Ulanowsky   LP: Columbia (USA) Y 32675
1953

Im Abendrot/4 letzte Lieder (Wir sind durch Not und Freude gegangen)

New York   Ulanowsky   LP: Columbia (USA) Y 32675
1953

Die Nacht (Aus dem Walde tritt die Nacht)

New York   Ulanowsky   LP: Columbia (USA) ML 2118/Y 32675
1953

September/4 letzte Lieder (Der Garten trauert)

New York   Ulanowsky   LP: Columbia (USA) Y 32675
1953

PIOTR ILYICH TCHAIKOVSKY (1840-1893)

Eugene Onegin: Excerpt (Tatiana's Letter Scene)

Londpn May 1948	Philharmonia Susskind <u>Sung in German</u>	78: Columbia LX 1108-1109 78: Columbia (USA) X 310 LP: Columbia 33C 1011 LP: Columbia (USA) ML 2048/ML 4795/VC 806 LP: EMI HLM 7006/1C 047 01267M LP: World Records SH 289 LP: Angel 60202 CD: EMI CDH 761 0072/CHS 764 8552

The Queen of Spades: Excerpt ('Tis evening, the cloudy spaces darken)

Vienna June 1950	VPO Moralt <u>Sung in German</u>	78: Decca X 523/K 28376 LP: Decca LXT 2567/LW 5050 LP: Decca BR 3053/ECS 812 CD: Myto MCD 954 135

The Queen of Spades: Excerpt (It is close on midnight)

Vienna June 1950	VPO Moralt <u>Sung in German</u>	78: Decca X 523/K 28376 LP: Decca LXT 2567/LW 5050 LP: Decca BR 3053/ECS 812 CD: Myto MCD 954 135

GIUSEPPE VERDI (1813-1901)

Aida

New York March 1950	Role of Aida Harshaw, Vinay, Merrill, Hines Metropolitan Opera Orchestra & Chorus Cooper	LP: Melodram MEL 011 Excerpts LP: PR 20 LP: Melodram MEL 096 CD: Melodram MEL 26511/MEL 27042 CD: Myto MCD 952 125

Aida, unspecified extracts

New York February 1949	Harshaw, Jagel, Merrill, Hines Metropolitan Opera Orchestra & Cghorus Cooper	CD: Myto MCD 952 125

Aida: Excerpt (Ritorna vincitor)

London September 1947	Philharmonia Krips	78: Columbia LB 65 LP: EMI HLM 7006/1C 047 01267M LP: World Records SH 289 LP: Angel 60202 LP: EMI EX 769 7411 CD: EMI CDH 761 0072/CHS 769 7412

Aida: Excerpt (Qui Radames verrà! O patria mia)

London September 1947	Philharmonia Krips	Columbia unpublished

Un Ballo in maschera

Edinburgh August 1949	Role of Amelia Noni, Watson, Picchi, Silveri Edinburgh Festival Chorus RPO Gui	LP: Melodram MEL 019 Excerpts LP: Melodram MEL 095 CD: Melodram MEL 26511/CDI 204 004

Un Ballo in maschera: Excerpt (Ecco l'orrido campo!)

Vienna June 1950	VPO Moralt	78: Decca K 28378 LP: Decca LXT 2567/LW 5050/BR 3035 CD: Myto MCD 954 135

Un Ballo in maschera: Excerpt (Morrò ma prima in grazia)

Vienna June 1950	VPO Moralt	78: Decca K 28378 LP: Decca LXT 2567/LW 5050/BR 3035 CD: Myto MCD 954 135

Il Trovatore: Excerpt (Anima mia/Di geloso amor sprezzato..to end of Act 1)

Vienna April 1951	Rosvaenge, Baylé VPO Rossi Sung in German	CD: Polyhymnia 21212 CD issued with the book Ljuba Welitsch by Norbert Ernst Benke (Dachs-Verlag Vienna 1994)

CARL MARIA VON WEBER (1786-1826)

Der Freischütz: Excerpt (Wie nahte mir der Schlummer/Leise leise)

London May 1948	Philharmonia Susskind	78: Columbia LX 1090 78: Columbia (USA) 72777D LP: Columbia (USA) ML 2139 LP: EMI HLM 7006/1C 047 01267M LP: World Records SH 289 LP: Angel 60202 CD: EMI CDH 761 0072
London September 1948	BBC SO Robertson	LP: Ed Smith UORC 331 LP: Melodram MEL 096 CD: Melodram MEL 26511/CDI 204 004

CINEMA AND TELEVISION FILMS WITH LJUBA WELITSCH (SELECTION)
Compilation by Mathias Erhard

The Man Between
England 1953/directed by Carol Reed
Cast also includes Claire Bloom/
Hildegard Knef/James Mason/Geoffrey
Toone/Aribert Wäscher
Welitsch is heard in an extract from
the closing scene of Strauss'"Salome"

Im Prater blüh'n wieder die Bäume
Austria 1958/directed by Hans Wolff
Johanna Matz/Marthe Harell/Gerhard
Riedmann/Theo Lingen
Music by Robert Stolz

Geliebte Bestie
Austria 1958/directed by Arthur
Maria Rabenalt
Margit Nünke/Mady Rahl/Gerhard
Riedmann/Willy Birgel/Gustav Knuth

Helden
Germany 1958/directed by Franz Peter
Wirth
Lieselotte Pulver/O.W.Fischer/Kurt
Kaznar
Based on Shaw's "Arms and the Man"

Liebe auf krummen Beinen
Germany 1959/directed by Thomas Engel
Sonja Ziemann/Doris Kirchner/Walter
Giller/Günther Lüders

Meine Nichte tut das nicht
Austria 1960/directed by Franz
J.Gottlieb
Conny Froboes/Margit Nünke/Fred
Bertelmann/Peter Weck/Walter Gross/
Karl Schmalvogel

Schlussakkord
Germany/France/Italy 1960
Directed by Wolfgang Liebeneiner
Eleonora Rossi-Drago/Marion Michael/
Victor de Kowa/Mario del Monaco/
Christian Wolff

Eheinstitut Aurora
Germany 1961/directed by Wolfgang
Schleif
Eva Bartok/Elisabeth Flickenschildt/
Carlos Thompson/Claus Holm/Rudolf
Vogel

Julia, du bist zauberhaft!
Austria/France 1961
Directed by Alfred Weidenmann
Lilli Palmer/Charles Boyer/Thomas
Fritsch/Jean Sorel/Charles Regnier
Based on a play by Somerset Maugham

Der Kandidat
Hessischer Rundfunk 1965
Directed by Klaus Wagner
Alfred Balthoff/Hans Clarin/Heinz
Leo Fischer/Peter Striebeck/Joseph
Offenbach
Based on a comedy by Flaubert

Brooklyn-Ballade
Westdeutscher Rundfunk 1965
Directed by Gerhard Klingenberg
Christiane Hörbiger/Edda Seippel/
Alfred Balthoff/Friedrich Joloff
Based on Irwin Shaw's "The Gentle
People"

Jacobowsky und der Oberst
Süddeutscher Rundfunk 1967
Directed by Rainer Wolffhardt
Johanna von Koczian/Horst Bollmann/
Peter Pasetti/Alfred Balthoff
Based on a comedy by Franz Werfel

Die Person
Westdeutscher Rundfunk 1970
Directed by Wolfgang Staudte
Walter Taub/Walter Bluhm/Horst
Niendorf

Der kleine Muck
ORF 1971/directed by Otto Anton Eder
Anna Leilersperg/Rudolf Strobl/Edd
Stavjanik

Year indicates when the film was
first shown; televised performances
of operetta are listed in the main
discography under the respective
composers

Rita Streich
1920-1987

Discography compiled
by John Hunt

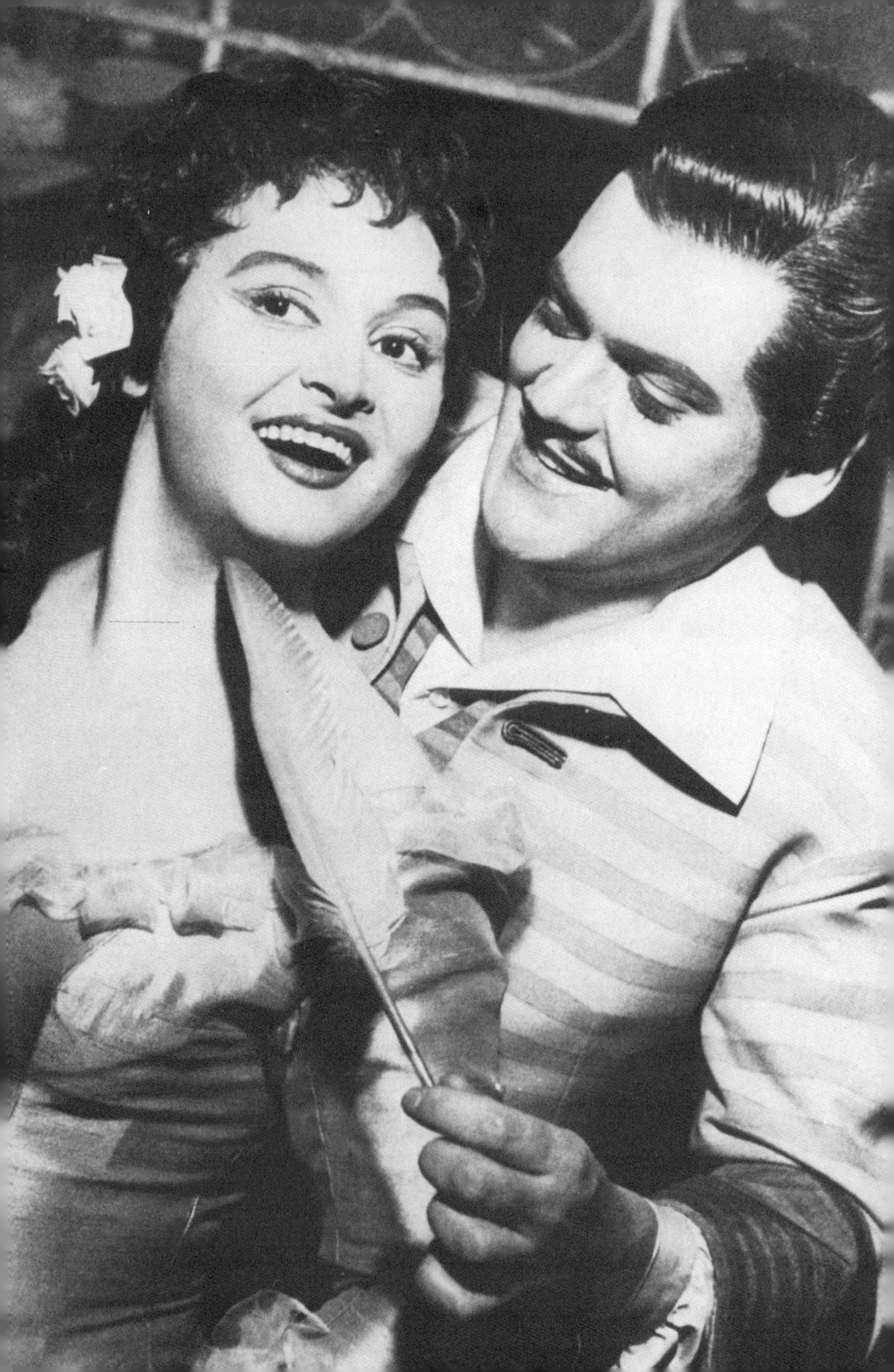

ALEXANDER ALABIEV (1787-1851)

The Nightingale

Berlin June 1955	Berlin RO Gaebel	LP: DG LPE 17 052 CD: DG (Japan) POCG 9301-9310 Version sung in German LP: DG LPE 17 051

LUIGI ARDITI (1822-1901)

Il bacio

Berlin June 1955	Berlin RO Gaebel	LP: DG LPE 17 051/LPE 17 052 CD: DG 435 7482 CD: DG (Japan) POCG 9301-9310

DANIEL-FRANCOIS-ESPRIT AUBER (1782-1871)

Fra Diavolo: Excerpt (Voyez sur cette roche/Quel bonheur)

Berlin 1957	Berlin RO Gaebel Sung in German	45: DG EPL 30 299

VINCENZO BELLINI (1801-1835)

I Capuleti e i Montecchi: Excerpt (O quante volte)

Berlin May 1965	Deutsche Oper Orchestra Peters	LP: DG SLPEM 136 495/SLPEM 136 496 LP: DG 2548 057/413 8241 CD: DG 435 7482 CD: DG (Japan) POCG 9301-9310

Opposite page: Rita Streich with Hermann Prey

GEORGES BIZET (1838-1875)

Les pêcheurs de perles: Excerpt (Me voilà seule dans la nuit)

Berlin May 1965	Deutsche Oper Orchestra Peters	LP: DG SLPEM 136 495/SLPEM 136 496 LP: DG 135 047/2548 057/413 8241 CD: DG 435 7482 CD: DG (Japan) POCG 9301-9310

JOHANNES BRAHMS (1833-1897)

Am Strande (Es sprechen und blicken die Wellen)

Paris September 1979	Forrester Machwilsky	LP: Etcetera ETC 1010 CD: Etcetera KTC 1010

Auf dem Schiffe (Ein Vöglein fliegt über den Rhein)

Vienna April 1961	Weissenborn	LP: DG LPM 18 716/SLPM 138 716 CD: DG (Japan) POCG 9301-9310

Geheimnis (O Frühlings-Abenddämmerung)

Vienna April 1961	Weissenborn	LP: DG LPM 18 716/SLPM 138 716/413 8241 CD: DG (Japan) POCG 9301-9310

Das Mädchen spricht (Schwalbe, sag' mir an!)

Vienna April 1961	Weissenborn	LP: DG LPM 18 716/SLPM 138 716 CD: DG (Japan) POCG 9301-9310

Mädchenlied (Ach, und du mein kühles Wasser!)

Vienna April 1961	Weissenborn	LP: DG LPM 18 716/SLPM 138 716/413 8241 CD: DG (Japan) POCG 9301-9310

Brahms Lieder/continued

Mädchenlied I (Am jüngsten Tag ich aufersteh')

Vienna	Weissenborn	LP: DG LPM 18 716/SLPM 138 716/413 8241
April 1961		CD: DG (Japan) POCG 9301-9310

Mädchenlied II (Auf die Nacht in der Spinnstub'n)

Vienna	Weissenborn	LP: DG LPM 18 716/SLPM 138 716/413 8241
April 1961		CD: DG 437 6802
		CD: DG (Japan) POCG 9301-9310

Die Meere (Alle Winde schlafen)

Paris	Forrester	LP: Etcetera ETC 1010
September 1979	Machwilsky	CD: Etcetera KTC 1010

Phänomen (Wenn zu der Regenwand)

Paris	Forrester	LP: Etcetera ETC 1010
September 1979	Machwilsky	CD: Etcetera KTC 1010

Die Schwestern (Wir Schwestern zwei)

Paris	Forrester	LP: Etcetera ETC 1010
September 1979	Machwilsky	CD: Etcetera KTC 1010

Ständchen (Der Mond steht über dem Berge)

Vienna	Weissenborn	LP: DG LPM 18 716/SLPM 138 716/413 8241
April 1961		CD: DG 437 6802
		CD: DG (Japan) POCG 9301-9310

Trennung/Deutsche Volkslieder (Da unten im Tale)

Vienna	Weissenborn	LP: DG LPM 18 716/SLPM 138 716
April 1961		CD: DG (Japan) POCG 9301-9310

Brahms Lieder/concluded

Vergebliches Ständchen (Guten Abend, mein Schatz)

Vienna April 1961	Weissenborn	LP: DG LPM 18 716/SLPM 138 716/413 8241 CD: DG 437 6802 CD: DG (Japan) POCG 9301-9310

Wiegenlied (Guten Abend, gut' Nacht)

Vienna April 1961	Weissenborn	LP: DG LPM 18 716/SLPM 138 716/413 8241 CD: DG 437 6802 CD: DG (Japan) POCG 9301-9310
Paris September 1979	Forrester Machwilsky	LP: Etcetera ETC 1010 CD: Etcetera KTC 1010

ANTON BRUCKNER (1824-1896)

Te Deum

Perugia September 1952	D.Hermann, Haefliger, Braun Wiener Singverein VSO Karajan	CD: Hunt CD 705

WILLY CZERNIK (Born 1901)

Chi sa?

Berlin September 1951	Städtische Oper Orchestra Lenzer	45: Nixa EP 751 LP: Urania URLP 209
Berlin June 1955	Berlin RO Gaebel	45: DG NL 32 119 LP: DG LPE 17 051/LPE 17 052 CD: DG 435 7482 CD: DG (Japan) POCG 9301-9310

EVA DELL' ACQUA (1860-1930)

Villanelle

Berlin	Berlin RO	LP: DG LPE 17 051/LPE 17 052
June 1955	Gaebel	CD: DG 435 7482
		CD: DG (Japan) POCG 9301-9310

LEO DELIBES (1836-1891)

Lakmé: Excerpts (Les fleurs me paraissent plus belles; Où va la jeune indoue?)

Berlin	Deutsche Oper	LP: DG SLPM 136 495/SLPM 136 496
May 1965	Orchestra	LP: DG 135 047/2548 057/413 8241
	Peters	CD: DG 435 7482
		CD: DG (Japan) POCG 9301-9310

Les filles de Cadiz

Berlin	Berlin RO	LP: DG LPE 17 051/LPE 17 052
June 1955	Gaebel	CD: DG (Japan) POCG 9301-9310

GAETONO DONIZETTI (1797-1848)

Don Pasquale: Excerpt (Ah, un foco insolito)

Munich	Bavarian RO	45: DG EPL 30 225
April 1955	Lehmann	LP: DG LPM 19 137
		<u>Version sung in German</u>
		45: DG EPL 30 275
		LP: DG LPE 17 053/LPE 17 074

Don Pasquale: Excerpt (So anchi' io la virtù magica)

| Munich
April 1955 | Bavarian RO
Lehmann | 45: DG EPL 30 225
LP: DG 413 8241
CD: DG 435 7482
CD: DG (Japan) POCG 9301-9310
Version sung in German
45: DG EPL 30 275
LP: DG LPE 17 053/LPE 17 074 |

Don Pasquale: Excerpt (Tornami a dir)

| Munich
April 1955 | Wehofschitz
Bavarian RO
Lehmann | 45: DG NL 32 113/EPL 30 476
Version sung in German
45: DG NL 32 112/EPL 30 475
LP: DG LPE 17 053 |

Linda di Chamonix: Excerpt (O luce di quest' anima)

| Berlin
May 1965 | Deutsche Oper
Orchestra
Peters | LP: DG SLPEM 136 495/SLPEM 136 496
LP: DG 135 047/2548 057/413 8241
CD: DG 435 7482
CD: DG (Japan) POCG 9301-9310 |

Lucia di Lammermoor: Excerpts (Regnava nel silenzio; Il dolce suono)

| Berlin
April 1962 | Berlin RO
Gaebel | LP: DG LPEM 19 368/SLPEM 136 368
LP: DG 2548 057/413 8241
CD: DG 435 7482
CD: DG (Japan) POCG 9301-9310 |

ANTONIN DVORAK (1841-1904)

Rusalka: Excerpt (O silver moon)

| Berlin
May 1958 | Berlin RO
Gaebel | 45: DG EPL 30 484
LP: DG LPEM 19 161/SLPEM 136 011
LP: DG 2535 367/2535 644
CD: DG 435 7482
CD: DG (Japan) POCG 9301-9310
Version sung in German
45: DG EPL 30 401 |

JEAN GILBERT (1872-1942)

Die Försterchristl

Berlin ca. 1946	Orchestra Dobrindt	45: Odeon 28435 Streich sings under the pseudonym of Gina Berger

CHRISTOPH WILLIBALD GLUCK (1714-1787)

Orfeo ed Euridice

Berlin 1946	Role of Amor Klose, Berger Städtische Oper Orchestra & Chorus Rother	LP: Urania URLP 223 LP: BASF 30 221407 LP: Acanta FA 22140/DE 21804
Berlin September 1956	Stader, Fischer-Dieskau Berlin Radio Orchestra & Chorus Fricsay Sung in German	LP: DG LPM 18 343-18 344/18 345-18 346 LP: DG 2700 103 CD: DG 439 7112/445 6782 Excerpts LP: DG LPEM 19 411

Orfeo ed Euridice: Excerpt (Mit Freuden den Willen der Götter erfüllen)

Berlin 1954	Berlin RO Rother Sung in German	LP: DG LPEM 19 053/478 128/89 538

BENJAMIN GODARD (1849-1895)

Jocelyn: Excerpt (Berceuse de Jocelyn)

Berlin May 1958	Berlin RO Gaebel	LP: DG LPEM 19 161/SLPEM 136 011 LP: DG 2535 644/413 8241 CD: DG 435 7482 CD: DG (Japan) POCG 9301-9310

HANS WERNER HENZE (Born 1926)

Muriel, ou le temps d'un retour

Recording details not confirmed	Orchestra Henze	LP: Milan A 248 <u>Film soundtrack</u>

RICHARD HEUBERGER (1850-1914)

Der Opernball: Excerpt (Geh'n wir ins chambre separée)

Berlin May 1954	Anders Operetten-Orchester Marszalek	78: Polydor 49 260 45: Polydor NH 22 260 CD: DG 447 6832

ERNST THEODOR AMADEUS HOFFMANN (1776-1822)

Undine

Munich October 1966	<u>Role of Undine</u> Muszely, Grumbach, Proebstl, Engen, Kohn Bavarian Radio Orchestra & Chorus Koetsier	LP: Voce 101 CD: Memories HR 4305-4306

ENGELBERT HUMPERDINCK (1854-1921)

Hänsel und Gretel

Milan December 1954	Roles of Sandman and Dew Fairy Schwarzkopf, Jurinac, Palombini, Panerai RAI Milan Orchestra & Chorus Karajan Sung in Italian	CD: Datum DAT 12314
Munich 1954	Role of Gretel Litz, Schech, Günter Munich Philharmonic Orchestra & Chorus Lehmann	LP: DG LPM 18 215-18 216 LP: DG 2700 008/89 751-89 752 CD: DG 435 4612 Excerpts 45: DG EPL 30 138/EPL 30 456 45: DG NL 32 092/NL 32 108 LP: DG LPEM 19 407/LPE 17 100

LEON JESSEL (1871-1942)

Das Schwarzwaldmädel, Querschnitt

Hamburg 1949	Role of Bärbele Glawitsch NDR Orchestra Hermann	78: Polydor HM 5737 45: Polydor EPH 20 053 LP: Polydor 736 012

FRANZ LEHAR (1870-1948)

Eva: Excerpt (Wär' es auch nicht ein Traum vom Glück)

London 1974	Symphonica of London Morris	LP: Pye TPLS 13064

Die lustige Witwe: Excerpt (Vilja-Lied)

London 1974	Symphonica of London Morris	LP: Pye TPLS 13064

Der Zarewitsch

Munich June 1968	Role of Sonja Reichart, Gedda, Söhnker, Friedauer Bavarian State Chorus Graunke SO Mattes	LP: Electrola 1C 163 29020-29021 CD: EMI CMS 769 3662 Excerpts LP: Electrola 1C 063 28073 CD: EMI CDM 769 6012

ALBERT LORTZING (1801-1851)

Undine: Excerpt (Nun ist's vollbracht)

Berlin May 1953	Fischer-Dieskau BPO Schüchter	78: HMV DB 11550 45: Electrola 7RW 501 LP: EMI 1C 047 28181M

Der Wildschütz: Excerpts (Lass' Er doch hören; Was seh' ich?)

Bamberg September 1965	Seefried, Haefliger, Böhme Bamberg SO Stepp	LP: DG SLPEM 136 428/2535 429

AIME MAILLART (1817-1871)

Das Glöckchen des Eremiten: Excerpt (Er liebt mich)

Berlin	Berlin RO	45: DG EPL 30 299
1957	Gaebel	

SALVATORE MARCHESI (1822-1908)

La Folletta

Berlin	Berlin RO	45: DG NL 32 119
1956	Gaebel	

JULES MASSENET (1842-1912)

Manon: Excerpts (Gavotte;   Adieu, notre petite table)

Berlin	Deutsche Oper	LP: DG SLPEM 136 495/SLPEM 136 496
May 1965	Orchestra & Chorus	LP: DG 135 047/2548 057/413 8241
	Peters	CD: DG 435 7482
		CD: DG (Japan) POCG 9301-9310

FELIX MENDELSSOHN-BARTHOLDY (1809-1847)

A Midsummer Night's Dream, incidental music

Berlin	Eustrati	LP: DG LPM 18 001/2548 201/2535 736
June-July	Berlin Radio	Issued on CD in Japan
1950	Orchestra and Chorus	
	Fricsay	
Berlin	Eustrati	Unpublished radio broadcast
May 1951	Berlin Radio	
	Orchestra & Chorus	
	Fricsay	

Abendlied (Wenn ich auf dem Lager liege)

Paris   Forrester   LP: Etcetera ETC 1010
September 1979   Machwilsky   CD: Etcetera KTC 1010

Abschiedslied der Zugvögel (Wie war so schön doch Wald und Feld)

Paris   Forrester   LP: Etcetera ETC 1010
September 1979   Machwilsky   CD: Etcetera KTC 1010

Auf Flügeln des Gesanges

Berlin   Parsons   LP: Electrola 1C 063 28995
1968

Gruss (Wohin ich geh' und schaue)

Paris   Forrester   LP: Etcetera ETC 1010
September 1979   Machwilsky   CD: Etcetera KTC 1010

Herbstlied (Ach, wie so bald verhallet der Reigen)

Paris   Forrester   LP: Etcetera ETC 1010
September 1979   Machwilsky   CD: Etcetera KTC 1010

Hexenlied

Berlin   Parsons   LP: Electrola 1C 063 28995
1968

Ich wollt', meine Liebe ergösse sich

Paris   Forrester   LP: Etcetera ETC 1010
September 1979   Machwilsky   CD: Etcetera KTC 1010

Mendelssohn Lieder/concluded

Neue Liebe

Berlin 1968	Parsons	LP: Electrola 1C 063 28995

Lied aus Ruy Blas (Wozu der Vöglein Chöre?)

Paris September 1979	Forrester Machwilsky	LP: Etcetera ETC 1010 CD: Etcetera KTC 1010

GIACOMO MEYERBEER (1791-1864)

Dinorah: Excerpt (Ombre légère)

Berlin May 1958	Berlin RO Gaebel Sung in Italian	45: DG EPL 30 485 LP: DG LPEM 19 161/SLPEM 136 011 LP: DG 135 020/2535 367/2535 644/413 8241 CD: DG 435 7482 CD: DG (Japan) POCG 9301-9310

Les Huguenots: Excerpt (Nobles seigneurs)

Berlin October 1953	Berlin RO Leitner	78: DG L 62 924 45: DG NL 32 011/EPL 30 464 LP: DG LPEM 19 137/413 8241 CD: DG 435 7482 CD: DG (Japan) POCG 9301-9310 Version sung in German 45: DG NL 32 013

DARIUS MILHAUD (1892-1974)

4 chansons de Ronsard: A une fontaine; A Cupidon; Tais-toi, babillarde arondelle; Dieu vous gard'

Munich August 1957	Werba	LP: DG LPEM 19 103/413 8241 CD: DG 437 6802 CD: DG (Japan) POCG 9301-9310

CARL MILLOECKER (1842-1899)

Der Bettelstudent

Munich September 1967	Role of Laura Litz, Gedda, Holm, Unger, Prey Bavarian Radio Chorus Graunke SO Allers	LP: Electrola 1C 191 30162-30163 CD: EMI CMS 769 6782/CMS 565 3872 Excerpts LP: Electrola 1C 061 28199 CD: EMI CDM 769 6022

Der Bettelstudent, Querschnitt

Berlin 1952	Anders, Witsch, Schneider, Capellman Orchestra Marszalek	78: Polydor 58 615 45: Polydor EPH 20 042 LP: Polydor LPH 45 040/45 049/46 664 LP: DG 478 109

Gasparone, Querschnitt

Hamburg October 1951	Soloists NDR Orchestra Stephan	LP: RCA VK 30421/VK 30446

WOLFGANG AMADEUS MOZART (1756-1791)

Bastien und Bastienne

Munich 1955	Role of Bastienne Holm, Blankenheim Munich CO Stepp	LP: DG LPM 18 280/89 736

Cosi fan tutte: Excerpt (Una donna a 15 anni)

Berlin January 1955	Berlin RO Sandberg	45: DG NL 32 029/EPL 30 484 LP: DG 413 8241 Version sung in German 45: DG NL 32 028/EPL 30 401

Don Giovanni

Cologne May 1955	Role of Zerlina Cunitz, Zadek, Simoneau, London, Kusche, Weber WDR Orchestra and Chorus Klemperer	LP: Discocorp RR 478 CD: Frequenz CMA 3
Salzburg July 1956	Grümmer,Della Casa, Simoneau, Siepi, Corena, Frick Vienna Opera Chorus VPO Mitropoulos	LP: Replica ARPL 42422 LP: Discoreale DR 10021-10023 CD: Hunt CD 552 CD: Sony SM3K 64263 Some pressings of CD 552 contained a 1960 performance conducted by Karajan and with a different cast

Don Giovanni: Excerpt (Vedrai carino)

Berlin February 1963	Berlin RO Löwlein Sung in German	LP: DG LPEM 19 415/SLPEM 136 415/135 020 LP: DG 2535 278/2548 230/413 8241 CD: DG 447 8122

Don Giovanni: Excerpt (Là ci darem la mano)

Berlin February 1963	Fischer-Dieskau Berlin RO Löwlein Sung in German	LP: DG LPEM 19 415/SLPEM 136 415/2535 278 LP: DG 2535 627/2548 230/413 8241 CD: DG 447 8122

Die Entführung aus dem Serail

Berlin July 1946	Role of Blondchen Berger, Anders, Schmidtmann, L.Hofmann Staatskapelle and Chorus Schmidt	Unpublished radio broadcast Excerpts not including Streich's role have been published by BASF/Acanta
Berlin December 1949	Barabas, Dermota, Krebs, Greindl Berlin Radio Orchestra & Chorus Fricsay	LP: Movimento musica 02.001 CD: Myto MCD 92361
Berlin May 1954	Stader, Haefliger, Vantin, Greindl Berlin Radio Orchestra & Chorus Fricsay	LP: DG LPM 18 197-18 198/18 184-18 185 LP: DG 89 756-89 757/2700 010/2730 014 CD: DG 445 4122 Excerpts 45: DG NL 32 093/NL 32 094 45: DG EPL 30 274/EPL 30 462 LP: DG LPEM 19 321/LPEM 19 409 LP: DG LPE 17 113/413 8241 CD: DG 431 8752/437 7482 CD: DG (Japan) POCG 9301-9310 This recording also used as soundtrack to a televised performance by Salzburger Marionettentheater

Idomeneo: Excerpt (Zeffiretti lusinghieri)

Berlin November 1955	Berlin RO Rother	45: DG EPL 30 217 LP: DG LPEM 19 137 CD: DG 437 7482 CD: DG (Japan) POCG 9301-9310 Version sung in German 45: DG EPL 30 216

Le Nozze di Figaro

Aix-en- Provence July 1955	Role of Susanna Stich-Randall, Lorengar, Panerai, Rehfuss Paris Conservatoire Orchestra & Chorus Rosbaud	LP: Pathé DTX 206-208/DTX 30391-30393 LP: EMI 2C 167 16312-16314 CD: Ca' d'Oro CAD 1001/7 CD: Stradivarius STR 10039-10040 CD: NotaBlu 935 140 Excerpts LP: Vox OPL 190
Vienna April 1956	Jurinac, C.Ludwig, Berry, Schöffler Vienna Opera Chorus VSO Böhm	LP: Philips A00357-00359L/GL 5777-5779 LP: Philips SFL 14012-14014/6706 006 CD: Philips 438 6702 Excerpts LP: Philips G03069L/700473/GL 5666
Munich 1956	Giebel, C.Ludwig, Berry, H.Braun Orchestra & Chorus Zallinger	Unpublished video recording Televised performance in which the singers were replaced by actors
Naples 1959	Pobbe, Casoni, Blankenburg, Cesari Teatro del Palazzo Reale Orchestra and Chorus Maag	Unpublished video recording

Le Nozze di Figaro: Excerpts (Cinque! Dieci!; Se a casa Madama)

Berlin December 1961	Berry BPO Leitner Sung in German	LP: DG LPEM 19 406/SLPEM 136 406/2535 279 CD: DG 423 8742

Le Nozze di Figaro: Excerpt (Venite inginocchiatevi)

London 1974	Symphonica of London Morris	LP: Pye TPLS 13064

Le Nozze di Figaro: Excerpt (Crudel, perchè finora)

Berlin December 1961	Fischer-Dieskau BPO Leitner Sung in German	LP: DG LPEM 19 406/SLPEM 136 406/2535 279 CD: DG 423 8742

Le Nozze di Figaro: Excerpt (Che soave zeffiretti)

Berlin	Stader	LP: DG LPEM 19 406/SLPEM 136 406/2535 279
December 1961	BPO	CD: DG 423 8742
	Leitner	
	Sung in German	

Le Nozze di Figaro: Excerpt (Deh vieni non tardar)

Berlin	BPO	LP: DG LPEM 19 406/SLPEM 136 406
December 1961	Leitner	LP: DG 135 020/2535 279
	Sung in German	CD: DG 423 8742
Berlin	Berlin RO	LP: DG LPEM 19 368/SLPEM 136 368/413 8241
April 1962	Gaebel	CD: DG 435 7482
		CD: DG (Japan) POCG 9301-9310
London	Symphonica	LP: Pye TPLS 13064
1974	of London	
	Morris	

Il rè pastore: Excerpt (L'amerò sarò costante)

London	Symphonica	LP: Pye TPLS 13064
1974	of London	
	Morris	

Il rè pastore: Excerpt (Alcandro lo confesso!)

Salzburg	Camerata Academica	LP: DG LPM 18 695/SLPM 138 695/199 032
February 1961	Paumgartner	CD: DG 431 8752
		CD: DG (Japan) POCG 9301-9310

Der Schauspieldirektor

Paris	Mesplé, Runge	Unpublished radio broadcast
April 1974	Orchestre National	
	Marty	

Zaide

Paris	Orchestre National	Unpublished radio broadcast
April 1974	Marty	Not confirmed whether role of Zaide
		taken by Streich or Mesplé

Zaide: Excerpt (Ruhe sanft)

Berlin November 1955	Berlin RO Rother	45: DG EPL 30 216/EPL 30 217

Die Zauberflöte

Rome December 1953	Role of Königin Schwarzkopf, Noni, Gedda, Taddei, Clabassi, Petri RAI Rome Orchestra & Chorus Karajan Sung in Italian	CD: Myto MCD 89007
Berlin June 1955	Stader, Otto, Haefliger, Greindl, Fischer-Dieskau Berlin Radio Orchestra & Chorus Fricsay	LP: DG LPM 18 264-18 266/18 267-18 269 LP: DG 2701 003/2728 009/2730 014 LP: DG 89 662-89 664 LP: Philips 6747 387 CD: DG 435 7412 Excerpts 45: DG NL 32 115/EPL 30 462 LP: DG LPEM 19 137/LPEM 19 194 LP: DG LPE 17 074/89 653/413 8241 CD: DG 431 8752/437 7482 CD: DG (Japan) POCG 9301-9310
Buenos Aires September 1958	Lorengar, Chelavine, Dermota, Berry, Van Mill Teatro Colon Orchestra & Chorus Beecham	LP: Melodram MEL 462

Abendempfindung (Abend ist's, die Sonne ist verschwunden)

Berlin May 1956	Werba	LP: DG LPEM 19 080 CD: DG (Japan) POCG 9301-9310

Ah se in ciel benigne stelle, concert aria

Munich September 1958	Bavarian RO Mackerras	LP: DG LPEM 19 183/SLPEM 136 028/2535 465 CD: DG 431 8752 CD: DG (Japan) POCG 9301-9310

An Chloe (Wenn die Lieb' aus deinen blauen Augen)

Berlin May 1956	Werba	LP: DG LPEM 19 080/413 8241 CD: DG 437 6802 CD: DG (Japan) POCG 9301-9310

Mozart Lieder and concert arias/continued

An die Einsamkeit (Sei du mein Trost!)

Berlin	Werba	LP: DG LPEM 19 080
May 1956		CD: DG 437 6802
		CD: DG (Japan) POCG 9301-9310

Dans un bois solitaire

Berlin	Werba	LP: DG LPEM 19 080/413 8241
May 1956		CD: DG 437 6802
		CD: DG (Japan) POCG 9301-9310

Geheime Liebe (Was ich in Gedanken küsse)

Berlin	Werba	LP: DG LPEM 19 080
May 1956		CD: DG (Japan) POCG 9301-9310

Das Kinderspiel (Wir Kinder, wir schmecken)

Berlin	Werba	LP: DG LPEM 19 080/413 8241
May 1956		CD: DG 437 6802
		CD: DG (Japan) POCG 9301-9310

Die kleine Spinnerin (Was spinnst du, fragte Nachbars Fritz)

Berlin	Werba	LP: DG LPEM 19 080/413 8241
May 1956		CD: DG 437 6802
		CD: DG (Japan) POCG 9301-9310

Das Lied der Trennung (Die Engel Gottes weinen)

Berlin	Werba	LP: DG LPEM 19 080/413 8241
May 1956		CD: DG 437 6802
		CD: DG (Japan) POCG 9301-9310

Mia speranza adorata, concert aria

Munich	Bavarian RO	LP: DG LPEM 19 183/SLPEM 136 028/2535 465
September 1958	Mackerras	CD: DG 431 8752
		CD: DG (Japan) POCG 9301-9310

Mozart Lieder and concert arias/continued

Un moto di gioia

Berlin	Werba	LP: DG LPEM 19 080/413 8241
May 1956		CD: DG 437 6802
		CD: DG (Japan) POCG 9301-9310

Nehmt meinen Dank

Munich	Bavarian RO	LP: DG LPEM 19 183/SLPEM 136 028
September 1958	Mackerras	LP: DG 135 020/2535 465
		CD: DG 431 8752
		CD: DG (Japan) POCG 9301-9310

No che non sei capace, concert aria

Munich	Bavarian RO	LP: DG LPEM 19 183/SLPEM 136 028/2535 465
September 1958	Mackerras	CD: DG 431 8752
		CD: DG (Japan) POCG 9301-9310

Non so d'onde viene, concert aria

Salzburg	Camerata Academica	LP: DG LPM 18 695/SLPM 138 695/199 032
February 1961	Paumgartner	CD: DG 431 8752
		CD: DG (Japan) POCG 9301-9310

Oiseaux si tous les ans

Berlin	Werba	LP: DG LPEM 19 080/413 8241
May 1956		CD: DG 437 6802
		CD: DG (Japan) POCG 9301-9310

Popoli di Tessaglia, concert aria

Munich	Bavarian RO	LP: DG LPEM 19 183/SLPEM 136 028/2535 465
September 1958	Mackerras	CD: DG 431 8752
		CD: DG (Japan) POCG 9301-9310

Ridente la calma

Berlin	Werba	LP: DG LPEM 19 080
May 1956		CD: DG (Japan) POCG 9301-9310

Mozart Lieder and concert arias/continued

Sehnsucht nach dem Frühlinge (Komm' lieber Mai!)

Berlin	Werba	LP: DG LPEM 19 080/413 8241
May 1956		CD: DG 437 6802
		CD: DG (Japan) POCG 9301-9310

Vado ma dove?, concert aria

Munich	Bavarian RO	LP: DG LPEM 19 183/SLPEM 136 028/2535 465
September 1958	Mackerras	CD: DG 431 8752
		CD: DG (Japan) POCG 9301-9310

Das Veilchen (Ein Veilchen auf der Wiese stand)

Berlin	Werba	LP: DG LPEM 19 080/413 8241
May 1956		CD: DG 437 6802
		CD: DG (Japan) POCG 9301-9310

Die Verschweigung (Sobald Damötas Chloen sieht)

Berlin	Werba	LP: DG LPEM 19 080/413 8241
May 1956		CD: DG 437 6802
		CD: DG (Japan) POCG 9301-9310

Vorrei spiegarvi, concert aria

Munich	Bavarian RO	LP: DG LPEM 19 183/SLPEM 136 028
September 1958	Mackerras	LP: DG 2535 465/413 8241
		CD: DG 431 8752
		CD: DG (Japan) POCG 9301-9310

Warnung (Männer suchen stets zu naschen)

Berlin	Werba	LP: DG LPEM 19 080
May 1956		CD: DG 437 6802
		CD: DG (Japan) POCG 9301-9310

Mozart Lieder and concert arias/concluded

Wie unglücklich bin ich nit

Berlin	Werba	LP: DG LPEM 19 080
May 1956		CD: DG 437 6802
		CD: DG (Japan) POCG 9301-9310

Der Zauberer (Ihr Mädchen flieht Damöten ja!)

Berlin	Werba	LP: DG LPEM 19 080/413 8241
May 1956		CD: DG 437 6802
		CD: DG (Japan) POCG 9301-9310

Die Zufriedenheit (Wie sanft, wie ruhig fühl' ich hier)

| Berlin | Werba | LP: DG LPEM 19 080 |
| May 1956 | | CD: DG (Japan) POCG 9301-9310 |

MODEST MUSSORGSKY (1839-1891)

The Nursery, song cycle

| Berlin | Parsons | LP: Electrola 1C 063 28995 |
| 1968 | | |

OTTO NICOLAI (1810-1849)

Die lustigen Weiber von Windsor: Excerpt (Nun eilt herbei)

Berlin April 1962	Berlin RO Gaebel	LP: DG LPEM 19 368/SLPEM 136 368 LP: DG 135 020/413 8241 CD: DG 435 7482 CD: DG (Japan) POCG 9301-9310

Variations on Weber's Schlaf Herzenssöhnchen

Munich August 1957	Werba	LP: DG LPEM 19 103 CD: DG (Japan) POCG 9301-9310
Munich July 1964	Regensburger Domspatzen Bavarian RO Gaebel	LP: DG LPEM 19 462/SLPEM 136 462 CD: DG (Japan) POCG 9301-9310

JACQUES OFFENBACH (1819-1880)

Les contes d'Hoffmann

Berlin July 1946	Role of Olympia Berger, Klein, Soot, Anders, Prohaska Berlin Radio Orchestra & Chorus Rother Sung in German	LP: Urania URLP 224 LP: Royale 1269-1271 LP: Gramophone (USA) 20154-20156 LP: BASF 22 218042 LP: Acanta 40.21804 Excerpts LP: Royale 1322 LP: Saga XID 2133 Royale and Gramophone editions used pseudonyms for participating artists

Les contes d'Hoffmann: Excerpt (Les oiseaux dans la charmille)

Berlin	Deutsche Oper	45: Electrola E 50088
November 1954	Chorus	LP: Electrola E 60053/E 60061
	Berlin SO	LP: EMI 1C 047 28181M/1C 047 28577M
	Schüchter	
	Sung in German	

Berlin	Berlin Radio	LP: DG LPEM 19 368/SLPEM 136 368/136 230
June 1960	Orchestra & Chorus	LP: DG 135 020/135 047/136 404/413 8241
	Kraus	CD: DG 435 7482
		CD: DG (Japan) POCG 9301-9310

Les contes d'Hoffmann: Excerpts (Belle nuit, o nuit d'amour;   Elle a fui, la tourterelle)

Berlin	Roles of Giulietta	LP: Electrola E 60053/E 60061
November 1954	and Antonia	LP: EMI 1C 047 28181M/1C 047 28577M
	Schock, Metternich	
	Berlin SO	
	Schüchter	
	Sung in German	

HANS PFITZNER (1869-1949)

Palestrina: Excerpt (Allein in dunkler Tiefe)

Berlin	Schlemm, Trötschel,	78: DG LM 68 420
1955	Fehenberger	45: DG NL 32 204
	Komische Oper	
	Orchestra	
	Heger	

FRANCIS POULENC (1899-1963)

Airs chantés

| Berlin | Parsons | LP: Electrola 1C 063 28995 |
| 1968 | | |

GIACOMO PUCCINI (1858-1924)

La Bohème

Berlin June 1961	Role of Musetta Lorengar, Konya, Fischer-Dieskau, Günter Staatsoper and Komische Oper Choruses Staatskapelle Erede Sung in German	LP: DG LPM 18 720-18 721/ SLPM 138 720-138 721 LP: DG 2726 059 Excerpts LP: DG 136 404/2535 007/2535 427 CD: DG 423 8752

La Bohème, Querschnitt

Cologne 1960	Fahberg, Konya, Kusche WDR Orchestra and Chorus Marszalek Sung in German	LP: Polydor LPHM 46541 LP: Polydor 237 041/635 096

La Bohème: Excerpt (Quando m'en vo)

Berlin February 1958	Berlin RO Märzendorfer	45: DG EPL 30 485 LP: DG LPEM 19 137 CD: DG 435 7482 CD: DG (Japan) POCG 9301-9310

La Bohème: Excerpt (Addio dolce svegliare alla mattina)

Berlin September 1949	Trötschel, Fehenberger, Fischer-Dieskau Komische Oper Orchestra Schmitz Sung in German	78: DG LM 68 435 45: DG NL 32 048

Gianni Schicchi: Excerpt (O mio babbino caro)

| Berlin
May 1965 | Deutsche Oper
Orchestra
Peters | LP: DG SLPEM 136 495/SLPEM 136 496
LP: DG 2548 057/413 8241
CD: DG 435 7482
CD: DG (Japan) POCG 9301-9310 |

Turandot: Excerpt (Signore ascolta)

| Berlin
May 1965 | Deutsche Oper
Orchestra
Peters | LP: DG SLPEM 136 495/SLPEM 136 496
LP: DG 135 020/2548 057/413 8241
CD: DG 435 7482
CD: DG (Japan) POCG 9301-9310 |

JOHANN RATHGEBER (1682-1750)

Von der edlen Musik; Von der Geduld

| Munich
1970 | Munich Instrumental
Ensemble
Neumeyer | LP: EMI 1C 187 30198-30199
LP: Angel 37107 |

Von der Musik und Jägerei

| Munich
1970 | Brokmeier, Frick
Munich Instrumental
Ensemble
Neumeyer | LP: EMI 1C 187 30198-30199
LP: Angel 37107 |

Von der Begierde zum Geld

| Munich
1970 | Anheisser
Munich Instrumental
Ensemble
Neumeyer | LP: EMI 1C 187 30198-30199
LP: Angel 37107 |

Wigmore Hall
Manager: William Lyne

Rita Streich
soprano

Paul Badura-Skoda
piano

SCHUBERTIADE

Monday 25th April 1977 at 7.30 pm

Tickets: £2.00, £1.50, £1.10, 75p (available 25th March)

from Wigmore Hall Box Office (01-935 2141), Hours: Weekdays 10-8 (Days without concerts 10-5) Saturdays 10-12.30 and Saturday/Sunday 30 minutes before each performance, usual ticket offices, and

IBBS & TILLETT, 122/124 WIGMORE STREET, W1H 0AX
Ticket Office: 01-935 8418   Hours: Monday to Friday 9.30—4.30

Applications for tickets by post must be accompanied by remittance and stamped, addressed envelope

Management: Ibbs & Tillett

JOSEPH RHEINBERGER (1839-1901)

Der Stern von Bethlehem

Munich September- October 1968	Fischer-Dieskau Bavarian Radio Chorus Graunke SO Heger	LP: EMI ASD 2630/146 7951 CD: Carus (USA) 83111

NIKOLAI RIMSKY-KORSAKOV (1844-1908)

The Golden Cockerel: Excerpt (Hymn to the Sun)

Berlin April 1962	Berlin RO Gaebel	LP: DG LPEM 19 368/SLPEM 136 368 LP: DG 135 057/413 8241 CD: DG 435 7482 CD: DG (Japan) POCG 9301-9310

Sadko: Excerpt (Berceuse)

Berlin May 1965	Deutsche Oper Orchestra Peters	LP: DG SLPEM 136 495/SLPEM 136 496 LP: DG 2548 057 CD: DG 435 7482 CD: DG (Japan) POCG 9301-9310

GIOACHINO ROSSINI (1792-1868)

Il Barbiere di Siviglia, Querschnitt

Berlin 1963	<u>Role of Rosina</u> Haefliger, Sardi, Grumbach, Borg Berlin Radio Choir Deutsche Oper Orchestra Peters <u>Sung in German</u>	LP: DG LPEM 19 423/SLPEM 136 423/2535 374

Il Barbiere di Siviglia: Excerpt (Una voce poco fà)

Berlin October 1953	Berlin RO Leitner	78: DG LVM 72 446 45: DG EPL 30 052 LP: DG 413 8241 CD: DG 435 7482 CD: DG (Japan) POCG 9301-9310 <u>Version sung in German</u> 78: DG LVM 72 445 45: DG EPL 30 051 LP: DG LPE 17 074

Semiramide: Excerpt (Bel raggio lusinghier)

Berlin April 1955	Berlin RO Rother	45: DG EPL 30 225 LP: DG LPEM 19 137 CD: DG 435 7482 CD: DG (Japan) POCG 9301-9310

CAMILLE SAINT-SAENS (1835-1921)

Le rossignol et la rose

Berlin May 1958	Berlin RO Gaebel	LP: DG LPEM 19 161/SLPEM 136 011 LP: DG 2535 644/413 8241 CD: DG 435 7482 CD: DG (Japan) POCG 9301-9310

FRANZ SCHUBERT (1797-1828)

An den Mond (Geuss', lieber Mond, deine Silberflimmer)

Berlin	Werba	LP: DG LPM 18 585/SLPM 138 047
April 1961		LP: DG 2548 136/413 8241
		CD: DG (Japan) POCG 9301-9310

An die Nachtigall (Er liegt und schläft an meinem Herzen)

Berlin	Werba	LP: DG LPM 18 585/SLPM 138 047/2548 136
April 1961		CD: DG (Japan) POCG 9301-9310

Auf dem Wasser zu singen (Mitten im Schimmer der spiegelnden Wellen)

Munich	Werba	LP: DG LPEM 19 103/413 8241
August 1957		CD: DG (Japan) POCG 9301-9310
Berlin	Werba	LP: DG LPM 18 585/SLPM 138 047/2548 136
April 1961		CD: DG 437 6802
		CD: DG (Japan) POCG 9301-9310

Die Forelle (In einem Bächlein helle)

Munich	Werba	LP: DG LPEM 19 103/413 8241
August 1957		CD: DG (Japan) POCG 9301-9310
Berlin	Werba	LP: DG LPM 18 585/SLPM 138 047/2548 136
April 1961		CD: DG 437 6802
		CD: DG (Japan) POCG 9301-9310

Geheimes (Ueber meines Liebchens Aeugeln)

Berlin	Parsons	LP: Electrola 1C 063 28995
1968		

Schubert Lieder/continued

Heidenröslein (Sah ein Knab' ein Röslein steh'n)

Munich August 1957	Werba	LP: DG LPEM 19 103/413 8241 CD: DG (Japan) POCG 9301-9310 CD: DG 437 6802
Berlin April 1961	Werba	LP: DG LPM 18 585/SLPM 138 047/2548 136 CD: DG (Japan) POCG 9301-9310

Der Hirt auf dem Felsen (Wenn auf dem höchsten Fels ich steh')

Date not confirmed	Raucheisen Geuser, clarinet	45: DG EPL 30 288
Berlin April 1961	Werba Geuser, clarinet	45: DG SEPL 121 014 LP: DG LPM 18 585/SLPM 138 047 LP: DG 2548 136/413 8241 CD: DG 437 6802 CD: DG (Japan) POCG 9301-9310

Der Jüngling an der Quelle (Leise, rieselnder Quell'!)

Berlin 1968	Parsons	LP: Electrola 1C 063 28995

Liebe schwärmt auf allen Wegen

Berlin April 1961	Werba	LP: DG LPM 18 585/SLPM 138 047/2548 136 CD: DG 437 6802 CD: DG (Japan) POCG 9301-9310

Die Liebende schreibt

Berlin 1968	Parsons	LP: Electrola 1C 063 28995

Schubert Lieder/continued

Liebhaber in allen Gestalten (Ich wollt', ich wär' ein Fisch)

Berlin   Werba   LP: DG LPM 18 585/SLPM 138 047/2548 136
April 1961   CD: DG 437 6802
                               CD: DG (Japan) POCG 9301-9310

Berlin   Parsons   LP: Electrola 1C 063 28995
1968

Lied der Mignon (Nur wer die Sehnsucht kennt)

Berlin   Werba   LP: DG LPM 18 585/SLPM 138 047
April 1961   LP: DG 2548 136/413 8241
                               CD: DG 437 6802
                               CD: DG (Japan) POCG 9301-9310

Das Lied im Grünen (Ins Grüne, ins Grüne, da lockt uns der Frühling)

Berlin   Werba   LP: DG LPM 18 585/SLPM 138 047
April 1961   LP: DG 2548 136/413 8241
                               CD: DG 437 6802
                               CD: DG (Japan) POCG 9301-9310

Nachtviolen (Nachtviolen, dunkle Augen)

Berlin   Werba   LP: DG LPM 18 585/SLPM 138 047/2548 136
April 1961   CD: DG (Japan) POCG 9301-9310

Nähe des Geliebten (Ich denke dein, wenn mir der Sonne Schimmer)

Berlin   Werba   LP: DG LPM 18 585/SLPM 138 047
April 1961   LP: DG 2548 136/413 8241
                               CD: DG 437 6802
                               CD: DG (Japan) POCG 9301-9310

Der Schmetterling (Wie soll ich nicht tanzen?)

Berlin   Werba   LP: DG LPM 18 585/SLPM 138 047
April 1961   LP: DG 2548 136/413 8241
                               CD: DG (Japan) POCG 9301-9310

Schubert Lieder/concluded

Schweizerlied (Uf 'm Bergli bin i g'sässe)

Berlin April 1961	Werba	LP: DG LPM 18 585/SLPM 138 047/2548 136 CD: DG (Japan) POCG 9301-9310

Seligkeit (Freuden sonder Zahl)

Munich August 1957	Werba	LP: DG LPEM 19 103/413 8241 CD: DG (Japan) POCG 9301-9310
Berlin April 1961	Werba	LP: DG LPM 18 585/SLPM 138 047/2548 136 CD: DG 437 6802 CD: DG (Japan) POCG 9301-9310

Die Vögel (Wie lieblich und fröhlich zu schweben, zu singen)

Berlin April 1961	Werba	LP: DG LPM 18 585/SLPM 138 047/2548 136 CD: DG 437 6802 CD: DG (Japan) POCG 9301-9310

Der Wanderer an den Mond (Ich auf der Erd', am Himmel du)

Berlin 1968	Parsons	LP: Electrola 1C 063 28995

Wiegenlied (Schlafe, schlafe, holder süsser Knabe!)

Berlin April 1961	Werba	LP: DG LPM 18 585/SLPM 138 047/2548 136 CD: DG (Japan) POCG 9301-9310

ROBERT SCHUMANN (1810-1856)

An den Abendstern (Schweb' empor am Himmel)

Paris	Forrester	LP: Etcetera ETC 1010
September 1979	Machwilsky	CD: Etcetera KTC 1010

Aufträge (Nicht so schnelle, nicht so schnelle!)

Vienna	Weissenborn	LP: DG LPM 18 716/SLPM 138 716/413 8241
April 1959		CD: DG 437 6802
		CD: DG (Japan) POCG 9301-9310

Erste Begegnung (Von dem Rosenbusch, o Mutter!)

Paris	Forrester	LP: Etcetera ETC 1010
September 1979	Machwilsky	CD: Etcetera KTC 1010

Herbstlied (Das Laub fällt von den Bäumen)

Paris	Forrester	LP: Etcetera ETC 1010
September 1979	Machwilsky	CD: Etcetera KTC 1010

Liebesgram (Dereinst, dereinst, Gedanke mein!)

Paris	Forrester	LP: Etcetera ETC 1010
September 1979	Machwilsky	CD: Etcetera KTC 1010

Die Lotosblume ängstigt

Vienna	Weissenborn	LP: DG LPM 18 716/SLPM 138 716/413 8241
April 1959		CD: DG 437 6802
		CD: DG (Japan) POCG 9301-9310

Mailied (Pflückt Rosen um das Haar!)

Paris	Forrester	LP: Etcetera ETC 1010
September 1979	Machwilsky	CD: Etcetera KTC 1010

Schumann Lieder/concluded

Intermezzo/Liederkreis op 39 (Dein Bildnis wunderselig)

Vienna	Weissenborn	LP: DG LPM 18 716/SLPM 138 716
April 1959		CD: DG 437 6802
		CD: DG (Japan) POCG 9301-9310

Der Nussbaum (Es grünet ein Nussbaum vor dem Haus)

Vienna	Weissenborn	LP: DG LPM 18 716/SLPM 138 716/413 8241
April 1959		CD: DG 437 6802
		CD: DG (Japan) POCG 9301-9310

Schneeglöckchen (Der Schnee, der gestern noch in Flöckchen)

Vienna	Weissenborn	LP: DG LPM 18 716/SLPM 138 716
April 1959		CD: DG 437 6802
		CD: DG (Japan) POCG 9301-9310

Schön Blümelein (Ich bin hinausgegangen)

Paris	Forrester	LP: Etcetera ETC 1010
September 1979	Machwilsky	CD: Etcetera KTC 1010

Sommerruh', wie schön bist du!

Paris	Forrester	LP: Etcetera ETC 1010
September 1979	Machwilsky	CD: Etcetera KTC 1010

Die Stille/Liederkreis op 39 (Es weiss und rät es doch keiner)

Vienna	Weissenborn	LP: DG LPM 18 716/SLPM 138 716/413 8241
April 1959		CD: DG 437 6802
		CD: DG (Japan) POCG 9301-9310

Wenn ich ein Vöglein wär'

Paris	Forrester	LP: Etcetera ETC 1010
September 1979	Machwilsky	CD: Etcetera KTC 1010

SEYFERT

Die lustige Tirolerin

Munich 1970	Munich Instrumental Ensemble Neumeyer	LP: EMI 1C 187 30198-30199 LP: Angel 37107

BEDRICH SMETANA (1824-1884)

The Bartered Bride

Berlin 1946	Role of Esmeralda T.Richter, Blatter, Hauser, Böhme, Koffmane Städtische Oper Orchestra & Chorus Lenzer Sung in German	LP: Urania URLP 210 LP: Vox OPBX 148 LP: Turnabout THS 65164-65165

JOHANN STRAUSS II (1825-1899)

Die Fledermaus

Berlin November 1949	Role of Adele Schlemm, Anders, Krebs, Brauer Berlin Radio Orchestra & Chorus Fricsay	CD: Melodram MEL 29001 CD: DG 447 3702
London April 1955	Schwarzkopf, Gedda, Krebs, Christ, Dönch Chorus Philharmonia Karajan	LP: Columbia 33CX 1309-1310 LP: Columbia (Germany) C 80512-80513 LP: EMI RLS 728 CD: EMI CHS 769 5312 Excerpts LP: Columbia 33CX 1516 LP: Electrola 1C 047 01953M/1C 047 28181M
Vienna December 1960	Güden, Zampieri, Stolze, Berry, Kunz Vienna Opera Chorus VPO Karajan	LP: Foyer FO 1031 CD: Foyer 3CF 2021 CD: Hunt CDKAR 215 Excerpts LP: Gioielli della lirica GML 25

Die Fledermaus, Querschnitt

Berlin	Trötschel, Anders,	78: Polydor 58 612
1952	Hofmann, Schneider	45: Polydor EPH 20 038
	Orchestra & Chorus	LP: Polydor LPH 45 025/LPH 46 664
	Marszalek	LP: DG 478 108

Die Fledermaus: Excerpt (Mein Herr Marquis)

Berlin	Berlin RO	LP: DG LPEM 19 161/SLPEM 136 011
May 1958	Gaebel	LP: DG LPH 46 562/237 062
		LP: DG 2535 644/413 8241
		CD: DG 435 7482
		CD: DG (Japan) POCG 9301-9310
London	Symphonica	LP: Pye TPLS 13064
1974	of London	
	Morris	

Die Fledermaus: Excerpt (Spiel' ich die Unschuld vom Lande)

Hamburg	NDR Orchestra	LP: Koch F 121 246
December 1950	Schüchter	
Berlin	Berlin RO	LP: DG LPEM 19 161/SLPEM 136 011
May 1958	Gaebel	LP: DG LPH 46 562/237 062
		LP: DG 2535 644/413 8241
		CD: DG 435 7482
		CD: DG (Japan) POCG 9301-9310

Frühlingsstimmen, Waltz

Berlin	Berlin RO	LP: DG LPEM 19 161/SLPEM 136 011
May 1958	Gaebel	LP: DG 2535 644/413 8241
		CD: DG 435 7482
		CD: DG (Japan) POCG 9301-9310

G'schichten aus dem Wienerwald, Waltz

Berlin May 1958	Berlin RO Gaebel	LP: DG LPEM 19 161/SLPEM 136 011 LP: DG 2535 644/413 8241 CD: DG 435 7482 CD: DG (Japan) POCG 9301-9310

Eine Nacht in Venedig

Munich September 1967	Role of Annina Rothenberger, Gedda, Curzi, Prey Bavarian Radio Chorus Graunke SO Allers	LP: Electrola SME 81051-81052 LP: Electrola 1C 157 29095-29096 CD: EMI CMS 769 3632 Excerpts LP: Electrola 1C 061 28200 CD: EMI CDM 769 6082

Eine Nacht in Venedig, Querschnitt

Berlin May 1954	Weigelt, Schulz, Anders, Hofmann Orchestra & Chorus Marszalek	78: Polydor 58 626 45: Polydor EPH 20 052 LP: Polydor LPH 45 067/LPH 46 664 LP: DG 478 108

Die Tänzerin Fanny Elssler: Excerpt (Draussen in Sievering)

Hamburg February 1952	NDR Orchestra Müller-Lampertz	LP: RCA VK 30875

Berlin June 1955	Berlin RO Gaebel	LP: DG LPE 17 051/LPE 17 052 CD: DG (Japan) POCG 9301-9310

1001 Nacht: Excerpt (Niemals kann man die vergessen)

Hamburg 1952	NDR Orchestra Stephan	LP: Acanta 40 22903

Wiener Blut, Querschnitt

Berlin Role of Pepi LP: Urania URLP 209
September 1951 T.Richter, Beilke, LP: Saga FID 2116
  Hauser, Hoppe LP: RCA VL 30313/VK 30366
  Städtische Oper Excerpt
  Orchestra & Chorus 45: Nixa EP 751
  Lenzer

Der Zigeunerbaron

Munich Role of Arsena LP: Electrola 1C 163 28354-28355
July-October Bumbry, Litz, Excerpts
1969 Anheisser, Prey, LP: Electrola 1C 061 28820
  Böhme
  Bavarian State
  Orchestra & Chorus
  Allers

Der Zigeunerbaron: Excerpt (Wer uns getraut)

Berlin Anders 78: Polydor 49 260
May 1954 Orchestra 45: Polydor NH 22 260/EPH 20 153
  Marszalek LP: Polydor LPH 45 064
    CD: DG 447 6832

JOSEF STRAUSS (1827-1870)

Dorfschwalben aus Oesterreich, Waltz

Berlin Berlin RO LP: DG LPE 17 051/LPE 17 052
June 1955 Gaebel CD: DG (Japan) POCG 9301-9310

RICHARD STRAUSS (1864-1949)

Ariadne auf Naxos

London June-July 1954	Role of Zerbinetta Schwarzkopf, Seefried, Schock, Prey Philharmonia Karajan	LP: Columbia 33CX 1292-1294 LP: EMI RLS 760 CD: EMI CMS 769 2962/CDS 555 1762 Grossmächtige Prinzessin LP: Electrola 1C 047 28181M
Salzburg August 1954	Role of Najad Della Casa, Güden, Seefried, Schock, Schöffler VPO Böhm	LP: Melodram MEL 104 CD: Gala GL 100.513 CD: DG 445 3322/445 4912

Ariadne auf Naxos: Excerpt (Circe! Circe!...to end of opera)

Cologne 1954	Zadek, Ilosvay, Sommerschuh, Hopf, Müller-Siepermann WDR Orchestra Keilberth	LP: Melodram MEL 651

Daphne

Vienna June 1964	Role of 1st Maid Güden, Little, Wunderlich, King, Schöffler Vienna Opera Chorus VSO Böhm	LP: DG LPM 18 956-18 957/ SLPM 138 956-138 957 LP: DG 2707 019/2721 190/2726 090 CD: DG 423 5792/445 3322/445 4912
Vienna April 1965	Güden, Little, Wunderlich, King, Schöffler Vienna Opera Chorus VSO Böhm	Unpublished radio broadcast

Der Rosenkavalier

Dresden	Role of Sophie	LP: DG LPM 18 570-18 573/
December 1958	Schech, Seefried,	SLPM 138 040-138 043
	Böhme, Francl,	LP: DG 2711 001/2721 162/419 1201
	Fischer-Dieskau	CD: DG (Japan)
	Dresden	Excerpts
	Staatskapelle	45: DG EPL 30 644
	and Chorus	LP: DG LPM 18 656/SLPM 138 656
	Böhm	LP: DG LPEM 19 410/SLPEM 136 410
		LP: DG LPEM 19 477/SLPEM 136 477
		LP: DG 2535 746/2537 013/410 8471
		CD: DG 437 6772

Als mir dein Lied erklang

Vienna	Weissenborn	LP: DG LPM 18 716/SLPM 138 716
April 1961		CD: DG (Japan) POCG 9301-9310

Amor (An dem Feuer sass das Kind)

Vienna	Weissenborn	LP: DG LPM 18 716/SLPM 138 716
April 1961		CD: DG 437 6802
		CD: DG (Japan) POCG 9301-9310

An die Nacht (Heilige Nacht! Heilige Nacht!)

Vienaa	Weissenborn	LP: DG LPM 18 716/SLPM 138 716/413 8241
April 1961		CD: DG 437 6802
		CD: DG (Japan) POCG 9301-9310

Einerlei (Ihr Mund ist stets derselbe)

Munich	Werba	LP: DG LPEM 19 103
August 1957		CD: DG 437 6802
		CD: DG (Japan) POCG 9301-9310

Schlagende Herzen (Ueber Wiesen und Felder ein Knabe ging)

Vienna	Weissenborn	LP: DG LPM 18 716/SLPM 138 716/413 8241
April 1961		CD: DG 437 6802
		CD: DG (Japan) POCG 9301-9310

Strauss Lieder/concluded

Schlechtes Wetter (Das ist ein schlechtes Wetter)

Munich August 1957	Werba	LP: DG LPEM 19103/413 8241 CD: DG 437 6802 CD: DG (Japan) POCG 9301-9310
Vienna April 1961	Weissenborn	LP: DG LPM 18 716/SLPM 138 716 CD: DG (Japan) POCG 9301-9310

Der Stern (Ich seh' ihn wieder, den lieblichen Stern)

Munich August 1957	Werba	LP: DG LPEM 19 103/413 8241 CD: DG 437 6802 CD: DG (Japan) POCG 9301-9310

Wiegenlied (Träume, träume, du mein süsses Leben)

Vienna April 1961	Weissenborn	LP: DG LPM 18 716/SLPM 138 716/413 8241 CD: DG 437 6802 CD: DG (Japan) POCG 9301-9310

FRANZ VON SUPPÉ (1819-1895)

Boccaccio

Hamburg October 1949	Role of Fiametta Jung, Kind, Glawitsch, Günter, Neidlinger NDR Orchestra and Chorus Schüchter	LP: RCA VL 30404 Excerpts LP: RCA VK 30412

Boccaccio: Excerpt (Hab' ich nur deine Liebe)

Berlin May 1958	Berlin RO Gaebel	LP: DG LPEM 19 161/SLPEM 136 011/2535 367 LP: DG LPH 46 562/237 062 CD: DG 435 7482 CD: DG (Japan) POCG 9301-9310

AMBROISE THOMAS (1811-1896)

Mignon: Excerpt (Je suis Titania!)

Munich September 1953	Munich PO Leitner	45: DG EPL 30 476 LP: DG LPEM 19 137 CD: DG 435 7482 CD: DG (Japan) POCG 9301-9310 Version sung in German 45: DG EPL 30 475 LP: DG LPEM 19 004

GIUSEPPE VERDI (1813-1901)

Un Ballo in maschera: Excerpt (Volta la terrea)

Berlin October 1953	Berlin RO Leitner	78: DG L 62 924 45: DG NL 32 011/EPL 30 464 LP: DG 413 8241 CD: DG 435 7482 CD: DG (Japan) POCG 9301-9310 <u>Version sung in German</u> 45: DG NL 32 013

Un Ballo in maschera: Excerpt (Sapper vorreste)

Berlin October 1953	Berlin RO Leitner	78: DG L 62 924 45: NL 32 011/EPL 30 464 LP: DG LPEM 19 137 CD: DG 435 7482 CD: DG (Japan) POCG 9301-9310 <u>Version sung in German</u> LP: DG LPE 17 074

Falstaff: Excerpt (Sul fil d'un soffio)

Berlin May 1965	Deutsche Oper Orchestra & Chorus Peters	LP: DG SLPEM 136 495/SLPEM 136 496 LP: DG 135 020/135 047/2548 057/413 8241 CD: DG 435 7482 CD: DG (Japan) POCG 9301-9310

Rigoletto

Berlin September 1950	<u>Role of Gilda</u> Klose, Schock, Metternich Berlin Radio Orchestra & Chorus Fricsay <u>Sung in German</u>	CD: Myto MCD 94511

Rigoletto: Excerpt (Caro nome)

Berlin October 1953	Berlin RO Leitner	78: DG LVM 72 446 45: DG EPL 30 052 LP: DG LPE 17 011/LPEM 19 137/413 8241 CD: DG 435 7482 CD: DG (Japan) POCG 9301-9310 <u>Version sung in German</u> 78: DG LVM 72 445 45: DG EPL 30 051 LP: DG LPE 17 074

Rigoletto: Excerpt (Tutte le feste)

Berlin October 1953	Uhde Berlin RO Leitner	LP: DG LPE 17 011/LPEM 19 043

Lo spazzocamino

Berlin May 1958	Berlin RO Gaebel	LP: DG LPEM 19 161/SLPEM 136 011 LP: DG 2535 644/413 8241 CD: DG DG 435 7842 CD: DG (Japan) POCG 9301-9310

La Traviata, Querschnitt

Recording details not confirmed	Kozub, Günter Orchestra Wagner <u>Sung in German</u>	LP: Philips 837 020/G 03142 L LP: Pergola 659 3007

I Vespri Siciliani: Excerpt (Mercè, dilette amiche)

Berlin February 1958	Berlin RO Märzendorfer	45: DG EPL 30 464 LP: DG LPEM 19 137 CD: DG 435 7482 CD: DG (Japan) POCG 9301-9310

BERNHARD VLIES (1770)

Wiegenlied (Schlafe, mein Prinzchen)

Munich July 1964	Regensburger Domspatzen Bavarian RO Gaebel	LP: DG LPEM 19 462/SLPEM 136 462 CD: DG (Japan) POCG 9301-9310

RICHARD WAGNER (1813-1883)

Parsifal

Bayreuth July 1953	Role of Flower Maiden Mödl, Vinay, Weber, Greindl, Uhde Bayreuth Festival Orchestra & Chorus Krauss	LP: Documents OR 305 LP: Melodram MEL 533 CD: Rodolphe RPC 32516-32517

Siegfried

Bayreuth July 1952	Role of Waldvogel Varnay, Aldenhoff, Bugarinovic, Kuen, Hotter, Neidlinger, Böhme Bayreuth Festival Orchestra Keilberth	LP: Melodram MEL 528 CD: Paragon PCD 84021-84024
Bayreuth August 1953	Mödl, Ilosvay, Windgassen, Kuen, Hotter, Greindl, Neidlinger Bayreuth Festival Orchestra Keilberth	LP: Allegro-Elite 3133-3137 LP: Melodram MEL 538
Bayreuth August 1953	Varnay, Ilosvay, Windgassen, Kuen, Hotter, Greindl, Neidlinger Bayreuth Festival Orchestra Krauss	LP: Foyer FO 1010 CD: Foyer 4CF 2009/15CF 2011 CD: Rodolphe RPC 32503-32509 CD: Laudis LCD 44004
Rome November 1953	Mödl, Klose, Suthaus, Patzak, Frantz, Greindl, Pernerstorfer RAI Rome Orchestra Furtwängler	LP: MRF Records MRF 23 LP: EMI RLS 702/EX 29 06703 CD: Hunt CDWFE 359 CD: EMI CZS 767 1232/CZS 767 1312

Tannhäuser

Munich 1951	Role of Hirt Schech, Bäumer, Seider, Paul, Rohr Bavarian State Orchestra & Chorus Heger	LP: Urania URLP 209 LP: Artia ALS 506 LP: Nixa 5209/2 LP: Vox OPBX 143/OPL 130 LP: Acanta HB 23129-23132

CARL MARIA VON WEBER (1786-1826)

Der Freischütz

Salzburg July 1954	Role of Aennchen Grümmer, Hopf, Edelmann, Poell, Böhme Vienna Opera Chorus VPO Furtwängler	LP: Discocorp IGS 008-010/IGI 338 LP: Cetra LO 21/FE 24 LP: Turnabout THS 65148-65150 CD: Rodolphe RPL 32519-32520 CD: Movimento musica 013.6324-6326 CD: Hunt CDWFE 302/CDWFE 352 CD: Gala 100.501
Cologne 1955	Grümmer, Hopf, Pröbstl, Poell, Böhme WDR Orchestra and Chorus Kleiber	LP: Discocorp IGI 300 LP: Cetra LO 42 CD: Hunt CDLSMH 34033 Excerpts LP: Gioielli della lirica GML 74
Munich December 1959	Seefried, Holm, Böhme, Wächter Kreppel Bavarian Radio Orchestra & Chorus Jochum	LP: DG LPM 18 639-18 640/ SLPM 138 639-138 640 LP: DG 2707 009/2726 061 CD: DG 439 7172 Excerpts LP: DG LPEM 19 221/SLPEM 136 221 LP: DG 135 020/2535 280/413 8241 CD: DG 423 8692

Der Freischütz: Excerpt (Kommt ein schlanker Bursch' gegangen)

Berlin 1954	Berlin RO Rother	45: DG NL 32 028/EPL 30 401/EPL 30 484 LP: DG LPE 17 074/LPEM 19 013/89 537 CD: DG 435 7482 CD: DG (Japan) POCG 9301-9310

Der Freischütz: Excerpt (Einst träumte meiner sel'gen Base)

Berlin 1954	Berlin RO Rother	45: DG EPL 30 275/EPL 30 401/EPL 30 484 LP: DG LPE 17 074/LPEM 19 013 LP: DG LPEM 19 015/LPEM 19 137/89 537

HUGO WOLF (1860-1903)

Auch kleine Dinge/Italienisches Liederbuch

Vienna April 1961	Werba	LP: DG LPM 18 641/SLPM 138 641 CD: DG (Japan) POCG 9301-9310

Bedeckt mich mit Blumen/Spanisches Liederbuch

Vienna April 1961	Werba	LP: DG LPM 18 641/SLPM 138 641 CD: DG (Japan) POCG 9301-9310

Die Bekehrte/Goethe-Lieder (Bei dem Glanz der Abendröte)

Berlin April 1961	Werba	LP: DG LPM 18 641/SLPM 138 641 CD: DG 437 6802 CD: DG (Japan) POCG 9301-9310
Berlin 1968	Parsons	LP: Electrola 1C 063 28995

Du denkst mit einem Fädchen/Italienisches Liederbuch

Vienna April 1961	Werba	LP: DG LPM 18 641/SLPM 138 641 CD: DG (Japan) POCG 9301-9310

Elfenlied/Mörike-Lieder (Bei Nacht im Dorf der Wächter rief)

Vienna April 1961	Werba	LP: DG LPM 18 641/SLPM 138 641 CD: DG (Japan) POCG 9301-9310

Der Gärtner/Mörike-Lieder (Auf ihrem Leibrösslein so weiss wie der Schnee)

Vienna April 1961	Werba	LP: DG LPM 18 641/SLPM 138 641 CD: DG 437 6802 CD: DG (Japan) POCG 9301-9310

Gleich und gleich/Goethe-Lieder (Ein Blumenglöckchen vom Boden hervor)

Vienna April 1961	Werba	LP: DG LPM 18 641/SLPM 138 641 CD: DG (Japan) POCG 9301-9310

Wolf Lieder/continued

In dem Schatten meiner Locken/Spanisches Liederbuch

Vienna   Werba   LP: DG LPM 18 641/SLPM 138 641
April 1961   CD: DG (Japan) POCG 9301-9310

Die Kleine/Eichendorff-Lieder

Munich   Werba   LP: DG LPEM 19 103/413 8241
August 1957   CD: DG 437 6802
                                      CD: DG (Japan) POCG 9301-9310

Köpfchen, Köpfchen, nicht gewimmert/Spanisches Liederbuch

Vienna   Werba   LP: DG LPM 18 641/SLPM 138 641
April 1961   CD: DG (Japan) POCG 9301-9310

Mausfallensprüchlein/Mörike-Lieder (Kleine Gäste, kleines Haus)

Vienna   Werba   LP: DG LPM 18 641/SLPM 138 641
April 1961   CD: DG (Japan) POCG 9301-9310

Wolf Lieder/continued

Mein Liebster ist so klein/Italienisches Liederbuch

Vienna	Werba	LP: DG LPM 18 641/SLPM 138 641
April 1961		CD: DG (Japan) POCG 9301-9310

Nachtgruss (In dem Himmel ruht die Erde)

Munich	Werba	LP: DG LPEM 19 103
August 1957		CD: DG 437 6802
		CD: DG (Japan) POCG 9301-9310

Nein junger Herr/Italienisches Liederbuch

Vienna	Werba	LP: DG LPM 18 641/SLPM 138 641
April 1961		CD: DG (Japan) POCG 9301-9310

Nun lass uns Frieden schliessen/Italienisches Liederbuch

Vienna	Werba	LP: DG LPM 18 641/SLPM 138 641
April 1961		CD: DG (Japan) POCG 9301-9310

O wär' dein Haus durchsichtig wie ein Glas/Italienisches Liederbuch

Vienna	Werba	LP: DG LPM 18 641/SLPM 138 641
April 1961		CD: DG (Japan) POCG 9301-9310

Die Spröde/Goethe-Lieder (An dem reinsten Frühlingsmorgen)

Vienna	Werba	LP: DG LPM 18 641/SLPM 138 641
April 1961		CD: DG 437 6802
		CD: DG (Japan) POCG 9301-9310
Berlin	Parsons	LP: Electrola 1C 063 28995
1968		

Wolf Lieder/continued

Trau' nicht der Liebe/Spanisches Liederbuch

Vienna	Werba	LP: DG LPM 18 641/SLPM 138 641
April 1961		CD: DG (Japan) POCG 9301-9310

Tretet ein, hoher Krieger!

Vienna	Werba	LP: DG LPM 18 641/SLPM 138 641
April 1961		CD: DG (Japan) POCG 9301-9310

Verschwiegene Liebe/Eichendorff-Lieder (Ueber Wipfel und Saaten)

Vienna	Werba	LP: DG LPM 18 641/SLPM 138 641
April 1961		CD: DG 437 6802
		CD: DG (Japan) POCG 9301-9310

Wer rief dich denn?/Italienisches Liederbuch

Vienna	Werba	LP: DG LPM 18 641/SLPM 138 641
April 1961		CD: DG (Japan) POCG 9301-9310

Wie lange schon war immer mein Verlangen/Italienisches Liederbuch

Vienna	Werba	LP: DG LPM 18 641/SLPM 138 641
April 1961		CD: DG (Japan) POCG 9301-9310

Wiegenlied

Munich	Werba	LP: DG LPEM 19 103
August 1957		CD: DG 437 6802
		CD: DG (Japan) POCG 9301-9310
Berlin	Parsons	LP: Electrola 1C 063 28995
1968		

Wolf Lieder/concluded

Wiegenlied im Sommer (Vom Berg hinabgestiegen)

Vienna   Werba   LP: DG LPM 18 41/SLPM 138 641
April 1961   CD: DG (Japan) POCG 9301-9310

Wohin mit der Freud? (Ach, du klarblauer Himmel)

Munich   Werba   LP: DG LPEM 19 103/413 8241
August 1957   CD: DG 437 6802
                                       CD: DG (Japan) POCG 9301-9310

Zitronenfalter im April/Mörike-Lieder (Grausame Frühlingssonne!)

Vienna   Werba   LP: DG LPM 18 641/SLPM 138 641
April 1961   CD: DG (Japan) POCG 9301-9310

Zum neuen Jahr/Mörike-Lieder (Wie heimlicherweise ein Englein leise)

Vienna   Werba   LP: DG LPM 18 641/SLPM 138 641
April 1961   CD: DG (Japan) POCG 9301-9310

TRADITIONAL AND MISCELLANEOUS

Abendlied

| Munich
July 1964 | Regensburger
Domspatzen
Bavarian RO
Gaebel | LP: DG LPEM 19 462/SLPEM 136 462
CD: DG (Japan) POCG 9301-9310 |

Ach Modr ich will en Ding han

| Munich
July 1964 | Regensburger
Domspatzen
Bavarian RO
Gaebel | LP: DG LPEM 19 462/SLPEM 136 462
CD: DG (Japan) POCG 9301-9310 |

All mein Gedanken

| Munich
July 1964 | Regensburger
Domspatzen
Bavarian RO
Gaebel | LP: DG LPEM 19 462/SLPEM 136 462
CD: DG (Japan) POCG 9301-9310 |

L'amour de moi

| Munich
September 1962 | Rudolf Lamy Choir
Instrumental
Ensemble
Michalski | LP: DG LPEM 19 376/SLPEM 136 376
CD: DG (Japan) POCG 9301-9310) |

Au clair de la lune

| Munich
August 1957 | Werba | LP: DG LPEM 19 103
CD: DG 437 6802
CD: DG (Japan) POCG 9301-9310 |

Ave Maria, attributed to Mozart

| Munich
July 1964 | Regensburger
Domspatzen
Bavarian RO
Gaebel | LP: DG LPEM 19 462/SLPEM 136 462
CD: DG (Japan) POCG 9301-9310 |

Traditional and miscellaneous/continued

Der Bürgermeister von Wesel

Munich July 1964	Regensburger Domspatzen Bavarian RO Gaebel	LP: DG LPEM 19 462/SLPEM 136 462 CD: DG (Japan) POCG 9301-9310

Canto delle risaioli

Munich August 1957	Werba	LP: DG LPEM 19 103 CD: DG 437 6802 CD: DG (Japan) POCG 9301-9310
Munich September 1962	Rudolf Lamy Choir Instrumental Ensemble Michalski	LP: DG LPEM 19 376/SLPEM 136 376 CD: DG (Japan) POCG 9301-9310

Drink to me only

Munich September 1962	Rudolf Lamy Choir Instrumental Ensemble Michalski	LP: DG LPEM 19 376/SLPEM 136 376 CD: DG (Japan) POCG 9301-9310

Du, du liegst mir am Herzen

Munich September 1962	Rudolf Lamy Choir Instrumental Ensemble Michalski	LP: DG LPEM 19 376/SLPEM 136 376 CD: DG (Japan) POCG 9301-9310

Frère Jacques

Munich September 1962	Rudolf Lamy Choir Instrumental Ensemble Michalski	LP: DG LPEM 19 376/SLPEM 136 376 CD: DG (Japan) POCG 9301-9310

Traditional and miscellaneous/continued

Glockenruf

Munich July 1964	Regensburger Domspatzen Bavarian RO Gaebel	LP: DG LPEM 19 462/SLPEM 136 462 CD: DG (Japan) POCG 9301-9310

Gsätzli

Munich August 1957	Werba	LP: DG LPEM 19 103 CD: DG 437 6802 CD: DG (Japan) POCG 9301-9310

In der Fruah

Munich July 1964	Regensburger Domspatzen Bavarian RO Gaebel	LP: DG LPEM 19 462/SLPEM 136 462 CD: DG (Japan) POCG 9301-9310

In mezzo al mar

Munich September 1962	Rudolf Lamy Choir Instrumental Ensemble Michalski	LP: DG LPEM 19 376/SLPEM 136 376 CD: DG (Japan) POCG 9301-9310

Der Kuckuck

Munich July 1964	Regensburger Domspatzen Bavarian RO Gaebel	LP: DG LPEM 19 462/SLPEM 136 462 CD: DG (Japan) POCG 9301-9310

Last Rose of Summer

Berlin June 1955	Berlin RO Gaebel	LP: DG LPE 17 052 CD: DG (Japan) POCG 9301-9310 <u>Version sung in German</u> LP: DG LPE 17 051

Traditional and miscellaneous/continued

Der Mond ist aufgegangen

| Munich | Rudolf Lamy Choir | LP: DG LPEM 19 376/SLPEM 136 376 |
| September 1962 | Instrumental Ensemble Michalski | CD: DG (Japan) POCG 9301-9310 |

Muss i denn

| Munich | Rudolf Lamy Choir | LP: DG LPEM 19 376/SLPEM 136 376 |
| September 1962 | Instrumental Ensemble Michalski | CD: DG (Japan) POCG 9301-9310 |

Nobody knows the trouble

| Munich | Rudolf Lamy Choir | LP: DG LPEM 19 376/SLPEM 136 376 |
| September 1962 | Instrumental Ensemble Michalski | CD: DG (Japan) POCG 9301-9310 |

O du liabs Aengeli

| Munich | Rudolf Lamy Choir | LP: DG LPEM 19 376/SLPEM 136 376 |
| September 1962 | Instrumental Ensemble Michalski | CD: DG (Japan) POCG 9301-9310 |

O wie wohl ist mir am Abend

| Munich | Regensburger | LP: DG LPEM 19 462/SLPEM 136 462 |
| July 1964 | Domspatzen Bavarian RO Gaebel | CD: DG (Japan) POCG 9301-9310 |

Traditional and miscellaneous/continued

Sakura-sakura

Munich	Rudolf Lamy Choir	LP: DG LPEM 19 376/SLPEM 136 376
September 1962	Instrumental	CD: DG (Japan) POCG 9031-9310
	Ensemble	
	Michalski	

Sandmännchen

Munich	Regensburger	LP: DG LPEM 19 462/SLPEM 136 462
July 1964	Domspatzen	CD: DG (Japan) POCG 9301-9310
	Bavarian RO	
	Gaebel	

Schlof sche, mein Vogele

Munich	Rudolf Lamy Choir	LP: DG LPEM 19 376/SLPEM 136 376
September 1962	Instrumental	CD: DG (Japan) POCG 9301-9310
	Ensemble	
	Michalski	

Schwesterlein

Munich	Regensburger	LP: DG LPEM 19 462/SLPEM 136 462
July 1964	Domspatzen	CD: DG (Japan) POCG 9301-9310
	Bavarian RO	
	Gaebel	

Spi madenez

Munich	Rudolf Lamy Choir	LP: DG LPEM 19 376/SLPEM 136 376
September 1962	Instrumental	CD: DG (Japan) POCG 9301-9310
	Ensemble	
	Michalski	

Tschubtschiki

Munich	Rudolf Lamy Choir	LP: DG LPEM 19 376/SLPEM 136 376
September 1962	Instrumental	CD: DG (Japan) POCG 9301-9310
	Ensemble/Michalski	

Traditional and miscellaneous/continued

Der Wechsel der Jahreszeiten

Munich July 1964	Regensburger Domspatzen Bavarian RO Gaebel	LP: DG LPEM 19 462/SLPEM 136 462 CD: DG (Japan) POCG 9301-9310

When love is kind

Munich August 1957	Werba	LP: DG LPEM 19 103 CD: DG (Japan) POCG 9301-9310

Wenn ich ein Vöglein wär'

Munich September 1962	Rudolf Lamy Choir Instrumental Ensemble Michalski	LP: DG LPEM 19 376/SLPEM 136 376 CD: DG (Japan) POCG 9301-9310

Weisst du, wie viele Sterne stehen?

Munich July 1964	Regensburger Domspatzen Bavarian RO Gaebel	LP: DG LPEM 19 462/SLPEM 136 462 CD: DG (Japan) POCG 9301-9310

Wo e kleins Hüttle steht

Munich July 1964	Regensburger Domspatzen Bavarian RO Gaebel	LP: DG LPEM 19 462/SLPEM 136 462 CD: DG (Japan) POCG 9301-9310

Traditional and miscellaneous/continued

Z' Lauterbach hab' i mei Strumpf verlor'n

Munich August 1957	Werba	LP: DG LPEM 19103 CD: DG 437 6802 CD: DG (Japan) POCG 9301-9310
Munich September 1962	Rudolf Lamy Choir Instrumental Ensemble Michalski	LP: DG LPEM 19 376/SLPEM 136 376 CD: DG (Japan) POCG 9301-9310

Rita Streich sings Christmas carols: Alle Jahre wieder; Maria auf dem Berge; Ihr Kindelein kommt; Echolied der Hirten; O du fröhliche; Es ist ein Ros' entsprungen; Vom Himmel hoch; Die Hirten auf dem Felde; Maria ging durch ein'n Dornwald; Still, still, still; Süsser die Glocken; Stille Nacht

Berlin October 1953	Berlin Radio Orchestra & Chorus Gaebel	78: DG LVM 72 442 45: DG EPL 30 062 CD: DG (Japan) POCG 9301-9310

Rita Streich singt die erfolgreichsten Melodien aus dem Gitta-Alpar-Repertoire: Was kann so schön sein wie deine Liebe?; Dort wo die Wälder grün; Ich hab' einen Mann, der mich liebt; Liebe kleine Jeanne; Wenn man sein Herz verliert; Sag' armes Herzchen; Toujours l'amour; Es lockt die Nacht; Wenn du liebst, dann scheint die Sonne; Heut' hab' ich Glück; Du Veilchen von Montmartre; Bin verliebt, so verliebt

Berlin 1965	Grosses Berliner Promenaden- Orchester Carste	LP: Polydor 237 280

Rita Streich: Erzähltes Leben

1958	The singer talks in German about her life and career, with musical examples	LP: DG LPM 18 731

CINEMA FILMS WITH RITA STREICH
Compilation by Mathias Erhard

Es geht nicht ohne Gisela
Germany 1951/directed by Hans Deppe
Cast also includes Edith Schneider/
Eva-Ingeborg Scholz/Hilde Sessak/
Maria Corelli/Peter Mosbacher/Horst
Genten/Rudolf Schock/Aribert Wäscher

Hoffmanns Erzählungen
German soundtrack recording for the
Powell and Pressburger film version
of the opera conducted by Beecham
in 1950
Singers also included Anny Schlemm/
Maria Reith/Annelies Müller/Rudolf
Schock/Josef Metternich

Kiss me Kate
German soundtrack recording for the
George Sidney 1953 film starring
Kathryn Grayson and Howard Keel.
Other singers included Josef
Metternich

Die Stärkere
Germany 1953/directed by Wolfgang
Liebeneiner
Antje Weisgerber is dubbed by
Streich in Brahms Der Schmied and
Immer leiser wird mein Schlummer,
Schubert Wanderers Nachtlied and
Mozart Laudate dominum
Gertrud Kückelmann/Antje Weisgerber/
Tilla Durieux/Tilly Lauenstein/
Hans Söhnker/Harald Juhnke/Paul
Henckels

Horch auf die Musik
Germany 1954/directed by Paul Gordon
Diana Eustrati/Eula Beal/Rudolf
Schock/Gerhard Frei/Yehudi Menuhin/
Jakob Gimpel/Jockel Stahl

Muriel ou les temps d'un retour
France/Italy 1963
Directed by Alain Resnais
Delphine Seyrig/Nita Klein/Jean-Pierre
Kérien/Jean-Baptiste Thierrée/Claude
Sainval
Streich sings the music composed by
Hans Werner Henze (see discography)

Year given is the year in which film
was released; filmed or televised
performances of opera are listed in
main discography under respective
composers

Erna Berger
1900-1990

Discography compiled by John Hunt

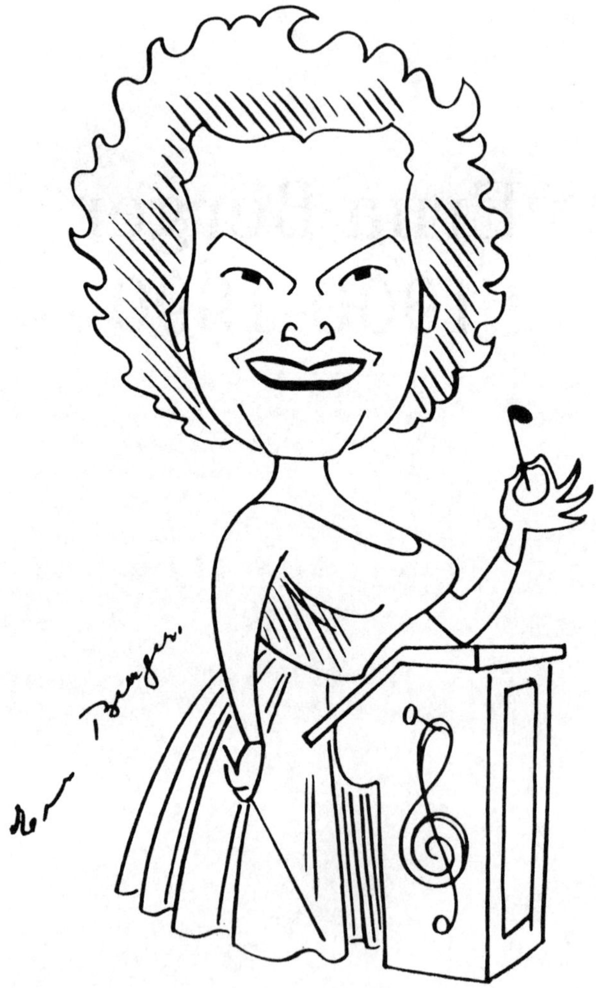

DANIEL-FRANCOIS-ESPRIT AUBER (1782-1871)

Fra Diavolo: Excerpt (Quel bonheur)

Berlin 1934	Staatkapelle Blech Sung in German	78: Grammophon 10285/26500 LP: Rococo 5326 LP: Preiser LV 234 CD: Preiser 89035

JOHANN SEBASTIAN BACH (1685-1750)

Ave Maria, arranged by Gounod

Before 1930	Organ	78: Gloriola M 105

Bist du bei mir; Willst du dein Herz

Berlin November 1957	Scherzer	45: Electrola E 50096 LP: EMI 1C 047 30601

Mass in B minor

Location and date unknown	Soloists Cathedral Choir and Orchestra	LP: Gramophone (USA) 20164-20166 According to Teri Noel Towe in Choral Music on Record (Cambridge University Press 1991), the soprano soloist in this anonymous performance could well be Erna Berger

LUDWIG VAN BEETHOVEN (1770-1827)

Fidelio: Excerpt (Mir ist so wunderbar)

Berlin 1932	Gottlieb, Wittrisch, Domgraf-Fassbaender Staatskapelle Zweig	78: HMV DB 4417 LP: Preiser LV 120

Symphony No 9 "Choral"

London May 1937	Pitzinger, W.Ludwig, Watzke Philharmonic Choir BPO Furtwängler	LP: EMI ED 27 01231 LP: Toshiba WF 60073-60074 CD: Toshiba TOCE 6057 CD: Music and Arts CD 818
Berlin April 1942	Höngen, Anders, Watzke Kittel Choir BPO Furtwängler	Concluding bars of symphony only on newsreel film However, soundtrack added from a March 1942 performance with different soprano and tenor soloists

Ich liebe dich

Berlin 1959	Scherzer	45: Bertelsmann 16333

HECTOR BERLIOZ (1803-1869)

La Damnation de Faust, closing scene

Berlin 1943	Rosvaenge, Greindl Staatsoper Chorus Berlin RO Heger Sung in German	Unpublished radio broadcast

GEORGES BIZET (1838-1875)

Les Pêcheurs de perles: Excerpt (Me voilà seule dans la nuit)

Berlin	Staatskapelle	78: Grammophon 10285/26500
1934	Blech	LP: Preiser LV 234
	Sung in German	CD: Preiser 89035

JOHANNES BRAHMS (1833-1897)

An eine Aeolsharfe (Angelehnt an die Efeuwand)

| Berlin | Raucheisen | LP: Acanta 40 23524 |
| February 1945 | | CD: Pilz 44 10372 |

Berlin	Raucheisen	78: DG 36 047
July 1952		LP: Decca (USA) DL 9666
		LP: DG 89 532

Auf dem Schiffe (Ein Vögelein fliegt über den Rhein)

| Berlin | Raucheisen | LP: Bellaphon 630 01001 |
| 1949 | | |

Geheimnis (O Frühlings-Abenddämmerung!)

Berlin	Raucheisen	LP: Urania URLP 7060
1942		LP: Acanta 40 23524
		LP: BASF BB 23317/10 223175
		CD: Pilz 44 10372

Es träumte mir

| Berlin | Raucheisen | CD: Koch 3-1058-2 |
| May 1951 | | |

Brahms Lieder/continued

Immer leiser wird mein Schlummer

Berlin 1942	Raucheisen	LP: Acanta 40 23524 CD: Pilz 44 10372
Berlin July 1952	Raucheisen	78: DG 36 047 45: DG EPL 30 224 LP: Decca (USA) DL 9666 LP: DG 89 532
Berlin October 1957	Scherzer	LP: DG LPEM 19 149

Juchhe! (Wie ist doch die Erde so schön!)

Berlin 1942	Raucheisen	LP: Acanta 40 23524

Lerchengesang (Aetherische ferne Stimmen)

Berlin 1949	Raucheisen	LP: Bellaphon 630 01001
Berlin May 1951	Raucheisen	CD: Koch 3-1058-2
Berlin July 1952	Raucheisen	78: DG 36 048 LP: Decca (USA) DL 9666 LP: DG 89 532
Berlin October 1957	Scherzer	LP: DG LPEM 19 149

Liebeslieder-Walzer

Berlin 1957	Pitzinger, W.Ludwig, Wenk Falbe, Scherzer	LP: Quadriga-Ton 703-704 CD: FNAC Music 642 313

Brahms Lieder/continued

Mein wundes Herz verlangt

Berlin September 1951	Raucheisen	CD: Koch 3-1058-2
Berlin July 1952	Raucheisen	78: DG 36 047 LP: Decca (USA) DL 9666 LP: DG 89 532

Das Mädchen spricht (Schwalbe, sag' mir an!)

Berlin 1942	Raucheisen	LP: Urania URLP 7060 LP: Acanta 40 23524 LP: BASF BB 22317/10 223175 CD: Pilz 44 10372

Neue Liebeslieder-Walzer

Berlin 1957	Pitzinger, W.Ludwig, Wenk Falbe, Scherzer	LP: Quadriga-Ton 703-704 CD: FNAC Music 642 313

Sandmännchen/Volkskinderlieder (Die Blümelein, sie schlafen)

Berlin 1944	Raucheisen	LP: Acanta 40 23524 CD: Pilz 44 10372
Berlin 1959	Scherzer	45: Bertelsmann 16391

Der Tod, das ist die kühle Nacht

Berlin July 1952	Raucheisen	78: DG 36 048 LP: Decca (USA) DL 9666

Brahms Lieder/concluded

Vergebliches Ständchen (Guten Abend, mein Schatz!)

Berlin 1942	Raucheisen	LP: Acanta 40 23524 CD: Pilz 44 10372
Berlin 1949	Raucheisen	LP: Bellaphon 630 01001
Berlin October 1957	Scherzer	LP: DG LPEM 19 149

Vorüber (Ich legte mich unter den Lindenbaum)

Berlin September 1951	Raucheisen	CD: Koch 3-1058-2
Berlin July 1952	Raucheisen	78: DG 36 048 LP: Decca (USA) DL 9666

Wiegenlied (Guten Abend, gut' Nacht)

Berlin 1935-1936	Altmann	78: Grammophon 47068 CD: Preiser 89092
Berlin 1945	Raucheisen	LP: Acanta 40 23524
Berlin July 1952	Raucheisen	78: DG 36 047 45: DG EPL 30 224 LP: Decca (USA) DL 9666 LP: DG 89 532

Wir wandelten

Berlin 1942	Raucheisen	LP: Acanta 40 23524 CD: Pilz 44 10372
Berlin 1949	Raucheisen	LP: Bellaphon 630 01001
Berlin July 1952	Raucheisen	78: DG 36 048 LP: Decca (USA) DL 9666
Berlin October 1957	Scherzer	LP: DG LPEM 19 149

BENJAMIN BRITTEN (1913-1976)

Veggio co' bei vastri occhi; Spirto ben nato (7 Sonnets of Michelangelo)

Berlin   Raucheisen   CD: Koch 3-1058-2
May 1951

DOMENICO CIMAROSA (1749-1801)

Il matrimonio segreto

Hamburg   Role of Carolina   Unpublished radio broadcast
1948   Guilleaume, Fuchs,
                Fiedler, Roth
                NWDR Orchestra
                and Chorus
                Spitz
                Sung in German

PETER CORNELIUS (1824-1874)

Weihnachtslieder

Berlin   Scherzer   45: Electrola E 50487
1956

Christkind (Weihnachtslieder)

Berlin   Raucheisen   LP: Legendary LR 136
1944

CLAUDE DEBUSSY (1862-1918)

Mélodies: Pantomime; Clair de lune; Pierrot; Apparition

Berlin   Raucheisen   LP: Urania URLP 7060
Date uncertain   LP: BASF BB 22137/10 223175
                                    CD: Pilz 44 10372

Berlin   Scherzer   LP: DG LPEM 19 149
October 1957

GAETONO DONIZETTI (1797-1848)

Don Pasquale

Berlin 1938	Role of Norina Sinimberghi, Kandl, Schmitt-Walter Reichssender Orchestra & Chorus Steiner Sung in German	Unpublished radio broadcast

Don Pasquale: Excerpt (So anchi'io la virtù magica)

Hamburg March 1949	NDR Orchestra Schüchter Sung in German	Unpublished radio broadcast
Berlin December 1953	Berlin SO Schüchter Sung in German	78: HMV DB 11562 LP: Electrola E 83384/WCLP 790 LP: EMI 1C 047 28556 LP: EMI 1C 137 46104-46105M

Don Pasquale: Excerpt (Tornami a dir)

Berlin 1939	Sinimberghi Staatskapelle Baltzer Sung in German	78: Grammophon 67536 CD: Preiser 89092

La Fille du régiment: Excerpt (Tyrolienne)

Berlin 1934	Staatskapelle Blech Sung in German	78: Grammophon 10329/26501/62386 LP: Rococo 5326 CD: Preiser 89092

WERNER EGK (1901-1983)

Variationen über ein altes Strophenlied, composed as insert for Rosina's aria in Il Barbiere di Siviglia

Berlin	Raucheisen	CD: Koch 3-1058-2
September 1951	Sung in German	Composed for Erna Berger in 1937

FRIEDRICH FLOTOW (1812-1883)

Martha

Stuttgart November 1935	Role of Lady Harriett Mayer, F.Krauss, Hann, B.Müller Reichssender Orchestra & Chorus Görlich	Unpublished radio broadcast Excerpts LP: Acanta 98 221776 LP: Acanta DE 23323-23324
Berlin October 1944	Tegethoff, Anders, Fuchs, Greindl Staatskapelle and Chorus Schüler	LP: Urania URLP 217 LP: DG LPEM 19 253-19 254 CD: Berlin Classics BC 21632 Excerpts LP: BASF 22 214903 DG issue contains Berger's 1953 recording of Letzte Rose (see below)

Martha: Excerpt (Letzte Rose)

Berlin 1934	Staatskapelle Blech	78: Grammophon 10329/26501/62386 LP: Rococo 5326 CD: Preiser 89029
Berlin October 1953	BPO Rother	45: DG EPL 30 521 Also inserted into DG's edition of the 1944 complete recording

Martha: Excerpt (Mag der Himmel euch vergeben)

Berlin 1934-1939	Klose, Wittrisch Carli Staatskapelle and Chorus Kun	78: HMV DB 4411

CHRISTOPH WILLIBALD GLUCK (1714-1787)

Orfeo ed Euridice

Berlin	Role of Euridice	LP: Urania URLP 223
1946	Streich, Klose	LP: Acanta FA 22140/30 221407/DE 21804
	Städtische Oper	Excerpt
	Orchestra & Chorus	LP: BASF 22 214903
	Rother	

EDVARD GRIEG (1843-1907)

Jeg giver mit digt til vaeren

Berlin	Raucheisen	LP: Acanta 40 23559
June 1943	Sung in German	CD: Pilz 44 10372

Lauf der Welt

Berlin	Raucheisen	LP: Acanta 40 23559
June 1943		

Liden Kirsten

Berlin	Raucheisen	LP: Acanta 40 23559
June 1943	Sung in German	CD: Pilz 44 10372

Lys Nat

Berlin	Raucheisen	LP: Acanta 40 23559
June 1943	Sung in German	CD: Pilz 44 10372

Solveig's Song (Peer Gynt)

Berlin	Staatskapelle	78: Grammophon 10429/26502
1934	Blech	78: Grammophon 47061/62387
	Sung in German	78: Polydor 11518
		LP: Preiser LV 234
		CD: Preiser 89035

Zickeltanz

Berlin   Raucheisen   LP: Acanta 40 23559
June 1943

FRANZ GROTHE (1908-1982)

Lied der Nachtigall & Postillon-Lied, from the film Die schwedische Nachtigall

Berlin   Orchestra   78: Telefunken E 1121/E 3264
1933   Grothe   LP: Rococo 5326

GEORGE FRIDERIC HANDEL (1685-1759)

Rodelinda

Bern   Role of Rodelinda   Unpublished radio broadcast
1959   Traxel, Prey
                 Kammerorchester Bern
                 Esser
                 Sung in German

Rodelinda: Excerpt (Pastorale)

Hamburg   Leitner   Unpublished radio broadcast
March 1946   Sung in German

Semele: Excerpt (O sleep, why dost thou leave me?)

Berlin   Raucheisen   LP: Urania URLP 7060
1944   LP: BASF 10 223175/BB 22317

Alleluia

Berlin   Raucheisen   LP: Bellaphon 630 01001
1949

FRANZ JOSEF HAYDN (1732-1809)

Die Schöpfung: Excerpt (Nun beut die Flur)

Copenhagen December 1934	Danish RO Busch	LP: Rococo 5348

Lieder: Rückerinnerung; Treue; Schäferlied

Berlin 1942-1945	Raucheisen	CD: Pilz 44 10372

PAUL HINDEMITH (1895-1963)

Das Marienleben, song cycle

Berlin December 1953	Puchelt	LP: BASF 10 225046

Das Marienleben, 4 songs orchestrated by the composer: Geburt Mariae; Argwohn Josephs; Geburt Christi; Rast auf der Flucht nach Aegypten

Berlin January 1954	BPO Hindemith	Unpublished radio broadcast

ENGELBERT HUMPERDINCK (1854-1921)

Hänsel und Gretel

Berlin April 1944	Role of Gretel Schilp, Waldenau, Arndt-Ober, Erdmann, Nissen Städtische Oper Chorus Berlin RO Rother	LP: Urania URLP 212 CD: Preiser 90209 Excerpt LP: BASF 22 214903

RUGGIERO LEONCAVALLO (1858-1919)

I Pagliacci

Hamburg January 1955	Role of Nedda De Luca, Marschner, H.Braun, Prey NDR Orchestra and Chorus Sandberg Sung in German	Unpublished radio broadcast

FRANZ LISZT (1811-1886)

Comment disaient-ils?

Berlin June-July 1943	Raucheisen Sung in German	LP: Acanta 40 23563

Die tote Nachtigall

Berlin June-July 1943	Raucheisen	LP: Acanta 40 23563

Wir entgehen der Gefahr

Berlin January 1944	Raucheisen	Unpublished radio broadcast

FELIX MENDELSSOHN-BARTHOLDY (1809-1847)

Auf Flügeln des Gesanges

Berlin 1949	Raucheisen	LP: Bellaphon 630 01001
New York 1950	Gurlitt	LP: Victor (Japan) JAS 272
Berlin September 1956	Scherzer	45: Electrola E 40056 LP: Electrola E 80011/1C 047 30601M LP: HMV ALP 1587

Einmal aus seinen Blicken

Berlin September 1956	Scherzer	LP: HMV ALP 1587 LP: Electrola E 80011

Es weiss und rät es doch keiner

New York 1950	Gurlitt	LP: Victor (Japan) JAS 272
Berlin September 1956	Scherzer	45: Electrola E 40056 LP: Electrola E 80011/1C 047 30601M LP: HMV ALP 1587

Gruss

Berlin September 1956	Scherzer	45: Electrola E 40056 LP: Electrola E 80011/1C 047 30601M LP: HMV ALP 1587

Hexenlied

Berlin September 1956	Scherzer	LP: HMV ALP 1587 LP: Electrola E 80011

Liebesplätzchen

Berlin 1949	Raucheisen	LP: Bellaphon 630 01001
Berlin September 1956	Scherzer	45: Electrola E 40056 LP: Electrola E 80011/1C 047 30601M LP: HMV ALP 1587

Der Mond

New York 1950	Gurlitt	LP: Victor (Japan) JAS 272
Berlin September 1956	Scherzer	LP: HMV ALP 1587 LP: Electrola E 80011/1C 047 30601M

Neue Liebe

New York 1950	Gurlitt	LP: Victor (Japan) JAS 272
Berlin September 1956	Scherzer	LP: HMV ALP 1587 LP: Electrola E 80011/1C 047 30601M

Schlafloser Augen Leuchte

Berlin September 1956	Scherzer	LP: HMV ALP 1587 LP: Electrola E 80011

WOLFGANG AMADEUS MOZART (1756-1791)

Così fan tutte: Excerpt (Una donna a 15 anni)

Berlin	Weissenborn	CD: Koch 3-1058-2
October 1950	Sung in German	
Berlin	Berlin SO	45: Electrola E 50520
November 1959	Klobucar	LP: EMI 1C 047 28556M
	Sung in German	LP: EMI 1C 137 46104-46105M

Così fan tutte: Excerpt (In uomini, in soldati)

Berlin	Berlin SO	45: Electrola E 50520
November 1959	Klobucar	LP: EMI 1C 047 28556M
	Sung in German	LP: EMI 1C 137 46104-46105M

Don Giovanni

Salzburg July 1953	Role of Zerlina Schwarzkopf, Grümmer, Dermota, Siepi, Edelmann, Arié, Berry Vienna Opera Chorus VPO Furtwängler	CD: Rodolphe RPC 32527-32530 CD: Virtuoso 269 9052 CD: Gala 100.602
Salzburg August 1954	Schwarzkopf, Grümmer, Dermota, Siepi, Edelmann, Ernster, Berry Vienna Opera Chorus VPO Furtwängler	LP: Morgan MOR 5302 LP: Discocorp MORG 003 LP: Cetra LO 7 LP: Foyer FO 1017 LP: Nippon Columbia OZ 7568-7571 LP: EMI EX 29 06673 CD: Nippon Columbia 90C37-7313 CD: Music and Arts CD 003 CD: Cetra CDE 1050 CD: Hunt CD 509 CD: EMI CMS 763 8602 Final scene missing from this recording: final scene spliced in from 1953 version
Salzburg August 1954	Schwarzkopf, Grümmer, Dermota, Siepi, Edelmann, Ernster, Berry Vienna Opera Chorus VPO Furtwängler	Unused soundtrack recording for Czinner's film version; this recording may not have been completed, as Schwarzkopf did not in the event participate in the film
Salzburg August 1954	Della Casa, Grümmer, Dermota, Siepi, Edelmann, Ernster, Berry Vienna Opera Chorus VPO Furtwängler	VHS Video: DG 072 4403 Final scene LP: Japan W 28-29

Don Giovanni: Excerpt (La ci darem la mano)

Berlin 1936	Schlusnus Staatskapelle Krauss Sung in German	78: Grammophon 62755/62760 78: Decca DE 7070 45: DG NL 32 153 LP: Rococo 5326 CD: Preiser 89035/89212 Also issued on Preiser LP

Don Giovanni: Excerpts (Batti batti; Vedrai carino)

Hamburg January 1955	NDR Orchestra Grüber	Unpublished radio broadcast Unidentified versions of these arias just published on CD Phoenix (USA) ENGT 12

STAATSTHEATER BERLIN

STAATS-OPER
UNTER DEN LINDEN

Donnerstag, den 8. Juli 1943

18½—21 Uhr

Veranstaltet vom Reichspropagandaamt und dem Oberbürgermeister der Reichshauptstadt

DIE ENTFÜHRUNG AUS DEM SERAIL
Oper in 3 Akten (5 Bildern), Musik von Wolfgang Amadeus Mozart

Musikalische Leitung: Johannes Schüler   Inszenierung: Wolf Völker

Gesamtausstattung: Emil Preetorius

Selim Bassa	Felix Fleischer
Belmonte	Peter Anders
Constanze, Geliebte des Belmonte	Erna Berger
Blonde, Mädchen der Constanze	Irmgard Armgart
Pedrillo, Bediener des Belmonte und Aufseher über die Gärten des Bassa	Albert Pfeifle a. G.
Osmin, Aufseher über das Landhaus des Bassa	Herbert Alsen a. G.
Leute aus dem Gefolge des Bassa	Ruth Schlüter, Rosemarie Spilca, Hans Wrana, O. Hüsch
Ein Stummer	Albert Burkat
Anführer der Leibwache	Otto Reimann

Weiber — Gefolge — Wachen

Die Szene ist auf dem Landgute des Bassa

Chöre: Gerhard Steeger

Bühnentechnische Einrichtung: Rudolf Klein

Große Pause nach dem 3. Bild

Vor dem Vorhang erscheinen nur darstellende Künstler. Diese stellen eine Gemeinschaft innerhalb des Kunstwerkes dar; es wird deshalb gebeten bei Beifallskundgebungen von dem Rufen einzelner Namen abzusehen.

Während der Ouvertüre, welche ohne Unterbrechung in den ersten Akt übergeht, bleiben die Eingangstüren zum Zuschauerraum geschlossen

STAATSTHEATER BERLIN

STAATS-OPER
UNTER DEN LINDEN

Sonntag, den 1. August 1943

18½—21 Uhr   Ausverkauft

LA TRAVIATA
Oper in vier Bildern von Giuseppe Verdi · Text von Piave

Musikalische Leitung: Johannes Schüler   Spielleitung: Wolf Völker

Violetta Valery .... Erna Berger
Flora Bervois .... Vera Schröder
Annina .... Ruth Schlüter
Alfred Germont .... Helge Roswaenge
Georg Germont, sein Vater .... Willi Domgraf-Faßbaender
Gaston, Vicomte von Létoriéres .... Fritz Marcks
Baron Douphal .... Otto Hüsch
Marquis von Aubigny .... Leo Laschet
Doktor Grenvil .... Wilhelm Hiller
Joseph, Diener bei Violetta .... Willi Fischer

Ort der Handlung: Paris und seine Umgebung

Chöre: Gerhard Steeger   Gesamtausstattung: Leo Pasetti

Bühnentechnische Einrichtung: Rudolf Klein

Größere Pause nach dem zweiten Bilde

Vor dem Vorhang erscheinen nur darstellende Künstler. Diese stellen eine Gemeinschaft innerhalb des Kunstwerkes dar; es wird deshalb gebeten, bei Beifallskundgebungen von dem Rufen einzelner Namen abzusehen.

Beim Klingelzeichen zum Beginn des Vorspiels werden die Eingänge zum Zuschauerraum geschlossen

Die Entführung aus dem Serail

Stuttgart May 1938	Role of Konstanze Beilke, W.Ludwig, Buchta, S.Nilsson Reichssender Orchestra & Chorus Böhm	Unpublished radio broadcast
Hamburg March 1946	Wulf, W.Ludwig, Pfeifle, J.Herrmann Hamburg Opera Orchestra & Chorus Schmidt-Isserstedt	Unpublished radio broadcast Excerpts LP: Ed Smith LP: Allegro ALL 3090 Allegro issue uses pseudonyms for all participants
Berlin July 1946	Streich, Anders, Schmidtmann, L.Hofmann Staatskapelle and Chorus Schmidt	Unpublished radio broadcast Excerpts LP: BASF 10 221784/98 221776 LP: BASF 22 214903/22 214917 LP: Eterna 821 873 LP: Acanta BB 21495 CD: Acanta 43268 Acanta issues dated 1942-1944

Die Entführung aus dem Serail: Excerpt (Welcher Kummer herrscht in meiner Seele/Traurigkeit ward mir zum Lose)

Saarbrücken January 1938	Reichssender- und Stadtorchester Jung	Unpublished radio broadcast
Berlin 1942	Staatskapelle Heger	LP: BASF 22 214903
Berlin September 1953	Berlin SO Schüchter	78: HMV DB 11560 LP: Electrola E 60067 LP: EMI 1C 047 28556M LP: EMI 1C 137 46104-46105M LP: EMI 1C 187 52287-52288

Unidentified aria from Entführung has just been published on CD Phoenix (USA) ENGT 12

Die Entführung aus dem Serail: Excerpt (Martern aller Arten)

London October 1947	Philharmonia Krips	78: HMV DB 6616 LP: Electrola E 83384/WCLP 790 LP: EMI 1C 047 28556M LP: EMI 1C 137 46104-46105M LP: EMI EX 29 05983 CD: EMI CDM 763 7592
Berlin May 1951	Raucheisen	CD: Koch 3-1058-2

Die Entführung aus dem Serail: Excerpt (Welch ein Geschick!)

Hamburg 1949	Rosvaenge NDR Orchestra Schüchter	LP: Melodram MEL 102
Berlin September 1953	Schock Berlin SO Schüchter	78: HMV DB 11559 LP: Electrola E 80001/E 60067 LP: EMI 1C 047 28556M/1C 047 28569M LP: EMI 1C 137 46104-46105M/SMVP 8010 CD: Marcato 65 3121 CD: EMI CDM 763 7592

Die Entführung aus dem Serail: Excerpt (Nie werd' ich deine Huld verkennen)

Berlin 1933	Kern, Hirzel, Jöken, Kandl Orchestra	78: Grammophon 35005 78: Decca CA 8169 LP: Preiser LV 120
Berlin September 1953	Otto, Schock, Unger, Frick Berlin SO Schüchter	LP: Electrola E 80001/1C 047 28569M LP: Electrola SMVP 8010

Idomeneo: Excerpt (Zeffiretti lusinghieri)

London October 1947	Philharmonia Krips Sung in German	78: HMV DB 6617 LP: EMI 1C 137 46104-46105M
Berlin May 1951	Raucheisen Sung in German	CD: Koch 3-1058-2

Le Nozze di Figaro

Berlin 1949	Role of Susanna Lemnitz, A.Müller, Klose, Fuchs, Ahlersmayer, Domgraf-Fassbaender, Schmidtmann Staatskapelle Chorus Rother Sung in German	Soundtrack only to the film Figaros Hochzeit Ahlersmeyer and Domgraf-Fassbaender do appear in the film

Le Nozze di Figaro: Excerpt (Non so più)

Hamburg January 1955	NDR Orchestra Grüber Sung in German	Unpublished radio broadcast
Berlin November 1959	Berlin SO Klobucar Sung in German	45: Electrola E 50520 LP: EMI 1C 047 28556M LP: EMI 1C 137 46104-46105M CD: EMI CDM 763 7592

Le Nozze di Figaro: Excerpt (Voi che sapete)

Hamburg January 1955	NDR Orchestra Grüber Sung in German	Unpublished radio broadcast
Berlin November 1959	Berlin SO Klobucar Sung in German	45: Electrola E 50520 LP: EMI 1C 047 28556M LP: EMI 1C 137 46104-46105M

Le Nozze di Figaro: Excerpt (Deh vieni non tardar)

Berlin February 1948	Staatskapelle Schüler Sung in German	Electrola unpublished
Berlin September 1951	Raucheisen Sung in German	CD: Koch 3-1058-2
Berlin December 1953	Berlin SO Schüchter Sung in German	78: HMV DB 11562 LP: Electrola E 70014/WBLP 536 LP: EMI 1C 047 28556M/1C 047 28574M LP: EMI 1C 137 46104-46105M CD: EMI CDM 763 7592
Hamburg January 1955	NDR Orchestra Grüber Sung in German	Unpublished radio broadcast

Le Nozze di Figaro: Excerpt (Che soave zeffiretti)

Berlin 1936	Ursuleac Staatskapelle Krauss Sung in German	78: Grammophon 62755 78: Decca DE 7070 45: DG NL 32 153 LP: DG 2700 708 LP: Preiser LV 1384 LP: Discophilia KG-U 1 CD: Preiser 89035
Berlin October 1955	Grümmer Berlin SO Schüchter Sung in German	78: HMV DB 11589 LP: Electrola E 60627/E 83384/WCLP 790 LP: EMI 1C 047 28574M LP: EMI 1C 137 46104-46105M CD: EMI CDM 763 7592
Berlin October 1955	Grümmer Berlin SO Schüchter	78: HMV DB 11590 LP: EMI EX 29 12103 CD: EMI CDM 763 1372/CDM 763 7592

Il rè pastore: Excerpt (L'amerò, sarò costante)

New York 1950	Schick Shumsky, violin Sung in German	78: HMV DB 21495 45: Victor WDM 1423
Hamburg September 1950	Pastohr, violin NDR Orchestra Schüchter Sung in German	Unpublished radio broadcast
Berlin May 1951	Raucheisen Schultz, violin Sung in German	CD: Koch 3-1058-2

Zaide: Excerpt (Ruhe sanft)

Berlin February 1948	Staatskapelle Schüler	Electrola unpublished

Die Zauberflöte

Berlin November 1937 and March 1938	Role of Königin Lemnitz, Beilke, Rosvaenge, Hüsch, Strienz, Grossmann Favres Solisten- vereinigung BPO Beecham	78: HMV DB 3465-3483/DB 8475-8493 auto 78: Victor M 541-542 45: Victor WCT 56 78: Electrola C 6371-6389 LP: HMV ALP 1273-1275 LP: Victor LCT 6101 LP: Electrola E 80471-80473 LP: Toshiba GR 2115C LP: World Records SH 158-160 LP: Turnabout THS 65078-65080 LP: EMI 143 4653 CD: EMI CHS 761 0342 CD: Nimbus NI 7827-7828 CD: Pearl GEMMCD 9371 CD: Calig 30845-30846 CD: Melodram MEL 27056 Excerpts 78: HMV DB 4645 LP: Electrola E 70414/E 83384/WCLP 790 LP: EMI 1C 047 28556M LP: EMI 1C 137 46104-46105M CD: EMI CDM 763 7592 Zum Leiden bin ich auserkoren conducted on the March 1938 date by Seidler-Winkler
Berlin December 1937	Lemnitz, W.Ludwig, Domgraf-Fassbaender, Alsen, Hezel Reichssender Orchestra & Chorus Steiner	Unpublished radio broadcast Excerpt LP: BASF 22 214903
New York November 1950	Steber, Tucker, Brownlee, Hines, Schöffler Metropolitan Opera Orchestra & Chorus Stiedry Sung in English	LP: HRE Records HRE 316 Incorrectly described as a 1949 performance conducted by Walter

Die Zauberflöte: Excerpt (Zum Leiden bin ich auserkoren)

Vienna December 1941	VPO Knappertsbusch	CD: Koch 3-1467-2
Baden-Baden September 1949	Südwestfunk- orchester Reichert	Unpublished radio broadcast

Die Zauberflöte: Excerpt (Der Hölle Rache)

Berlin	Städtische Oper	Telefunken unpublished
1939	Orchestra	
	Schmidt-Isserstedt	

Die Zauberflöte: Excerpt (Ach, ich fühl's)

Hamburg	Role of Pamina	Unpublished radio broadcast
January 1955	NDR Orchestra	
	Grüber	

Benedictus sit Deus K117

Berlin	BPO	LP: Electrola E 60044/E 80008
1957	Forster	

Exsultate jubilate

Berlin	Raucheisen	LP: Urania URLP 7060
1944		LP: BASF 10 223175/BB 22317
		CD: Pilz 44 10372
Berlin	BPO	LP: Electrola E 60044/E 80008
1957	Forster	

Mass in C minor: Excerpt (Et incarnatus est)

London	Philharmonia	78: HMV DB 6536
October 1947	Krips	LP: Electrola E 83384/WCLP 790
		LP: Victor LM 6130
		LP: EMI EX 29 05983
		CD: EMI CHS 763 7502
Berlin	Berlin RO	Unpublished radio broadcast
December 1947	Rother	

Vesperae solennes de confessore

Berlin	Höffgen, Wilhelm,	LP: Electrola E 80010
1957	Frantz	LP: Schwann AMS 77
	St Hedwig's Choir	Laudate dominum
	BPO	LP: Electrola E 70014/WBLP 536
	Forster	

Abendempfindung (Abend ist's, die Sonne ist verschwunden)

Berlin 1942-1945	Raucheisen	CD: Pilz 44 10372
New York 1951	Gurlitt	45: Victor WDM 1589 LP: Victor LM 133

Als Luise die Briefe (Erregt von heisser Fantasie)

Berlin 1944	Raucheisen	Unpublished radio broadcast

Dans un bois solitaire

New York 1951	Gurlitt	45: Victor WDM 1589 LP: Victor LM 133

Der Liebe himmlisches Gefühl

Berlin September 1951	Raucheisen	CD: Koch 3-1058-2

Mia speranza adorata

Saarbrücken January 1938	Reichssender- und Stadtorchester Jung	Unpublished radio broadcast

Ridente la calma

Berlin 1942-1955	Raucheisen	CD: Pilz 44 10372
Berlin October 1957	Scherzer	LP: DG LPEM 19 149

Mozart Songs and concert arias/concluded

Schon lacht der holde Frühling

Berlin 1942-1945	Raucheisen	CD: Pilz 44 10372
Baden-Baden September 1949	Südwestfunk- orchester Reichert	Unpublished radio broadcast

Das Veilchen (Ein Veilchen auf der Wiese stand)

New York 1951	Gurlitt	45: Victor WDM 1598 LP: Victor LM 133

Warnung (Männer suchen stets zu naschen)

New York 1951	Gurlitt	45: Victor WDM 1598 LP: Victor LM 133

Der Zauberer (Ihr Mädchen flieht Damöten ja!)

Berlin 1942-1943	Raucheisen	CD: Pilz 44 10372
New York 1951	Gurlitt	45: Victor WDM 1598 LP: Victor LM 133

JOHANNES MUELLER

Musik und Leben: Mir hat ein Märchen heut' geträumt; Nun ist Frieden uns beschieden

Berlin August 1933	Anders BPO Müller	78: Telefunken A 1467

OTTO NICOLAI (1810-1849)

Die lustigen Weiber von Windsor: Excerpt (Nun eilt herbei)

Berlin	Funkorchester	Unpublished radio broadcast
February 1933	Jochum	

Die lustigen Weiber von Windsor: Excerpt (Nein, das ist wirklich doch zu keck)

Berlin	Müller	78: Electrola EG 2857
1932-1933	Städtische Oper	LP: Electrola E 83384/WCLP 790
	Orchestra	LP: Preiser LV 234
	Reuss	LP: EMI 1C 137 46104-46105M
		CD: Preiser 89035
		CD: EMI CDM 763 7592

Drei Monde schwanden, for soprano, flute and piano

Berlin	Raucheisen	LP: Acanta 40 23542
October 1942	Schultz, flute	CD: Pilz 44 10372

Frohsinn und Laune würzen das Leben

Berlin	Funkorchester	Unpublished radio broadcast
February 1933	Jochum	

Lebewohl

Berlin	Raucheisen	LP: Acanta 40 23542
October 1942	Schulz Quartet	

Variations on Weber's Schlaf' Herzenssöhnchen

Berlin	Raucheisen	LP: Acanta 40 23542
October 1942	Schulz Quartet	CD: Pilz 44 10372

ROBERT OBOUSSIER (1900-1957)

Klopstock-Lieder: 1. Zeit, Verkünderin der besten Zeiten; 2. Weine du nicht; 3. Dein süsses Bild, Edone

Berlin 1938	Schleif, oboe Harich-Schneider, harpsichord	78: HMV DB 4596-4597 LP: Preiser LV 234 LP: EMI EX 29 01693 (2) CD: Preiser 89092

JACQUES OFFENBACH (1819-1880)

Les contes d'Hoffmann

Berlin July 1946	Role of Antonia Streich, Klein, Soot, Anders, Prohaska Berlin Radio Orchestra & Choru Rother Sung in German	LP: Urania URLP 224 LP: Royale 1269-1271 LP: Gramophone (USA) 20154-20156 LP: BASF 22 218042 LP: Acanta 40.21804 Excerpts LP: Royale 1322 LP: Saga XID 2133 LP: BASF 22 214903 Royale and Gramophone editions used pseudonyms for participating artists

Les contes d'Hoffmann: Excerpt (Les oiseaux dans la charmille)

Baden-Baden September 1949	Südwestfunk- orchester Reichert Sung in German	Unpublished radio broadcast

GIOVANNI PAISIELLO (1740-1816)

Nel cor più non mi sento

Berlin 1942-1945	Raucheisen	CD: Pilz 44 10372

HANS PFITZNER (1869-1949)

Von deutscher Seele

Berlin February 1941	Höngen, Seider, Weber Berlin Radio Orchestra & Chorus Pfitzner	Unpublished radio broadcast

An die Bienen

Berlin October 1944	Raucheisen	LP: Acanta 40 23532
Berlin 1949	Raucheisen	LP: Bellaphon 630 01002

Du milchjunger Knabe/Alte Weisen

Berlin October 1944	Raucheisen	LP: Acanta 40 23532
Berlin 1949	Raucheisen	LP: Bellaphon 630 01002
Berlin October 1950	Weissenborn	CD: Koch 3-1058-2
Berlin July 1952	Raucheisen	78: DG 72 251

Gretel

Berlin October 1944	Raucheisen	LP: Acanta 40 23532
Berlin 1949	Raucheisen	LP: Bellaphon 630 01001

Pfitzner Lieder/continued

Ich fürcht' net Gespenster/Alte Weisen

Berlin October 1950	Weissenborn	CD: Koch 3-1058-2
Berlin July 1952	Raucheisen	78: DG 72 251

Immer leiser wird mein Schlummer

Berlin September 1951	Raucheisen	CD: Koch 3-1058-2

Mir glänzten die Augen/Alte Weisen

Berlin October 1944	Raucheisen	LP: Acanta 40 23532 CD: Pilz 44 10372
Berlin 1949	Raucheisen	LP: Bellaphon 630 01002
Berlin October 1950	Weissenborn	CD: Koch 3-1058-2
Berlin July 1952	Raucheisen	78: DG 72 251

Röschen, biss den Apfel an/Alte Weisen

Berlin October 1944	Raucheisen	LP: Acanta 40 23532
Berlin 1949	Raucheisen	LP: Bellaphon 630 01002
Berlin October 1950	Weissenborn	CD: Koch 3-1058-2
Berlin July 1952	Raucheisen	78: DG 72 251

Pfitzner Lieder/continued

Singt mein Schatz wie ein Fink/Alte Weisen

Berlin October 1944	Raucheisen	LP: Acanta 40 23532
Berlin 1949	Raucheisen	LP: Bellaphon 630 01002
Berlin October 1950	Weissenborn	CD: Koch 3-1058-2
Berlin July 1952	Raucheisen	78: DG 72 251

Sonst

Berlin 1949	Raucheisen	LP: Bellaphon 630 01002
Berlin September 1951	Raucheisen	CD: Koch 3-1058-2

Tretet ein, hoher Krieger/Alte Weisen

Berlin October 1950	Weissenborn	CD: Koch 3-1058-2
Berlin July 1952	Raucheisen	78: DG 72 251

Unter den Linden

Berlin October 1944	Raucheisen	LP: Acanta 40 23532 CD: Pilz 44 10372
Berlin 1949	Raucheisen	LP: Bellaphon 630 01001

Venus mater

Berlin 1949	Raucheisen	LP: Bellaphon 630 01001
Berlin September 1951	Raucheisen	CD: Koch 3-1058-2

Pfitzner Lieder/concluded

Verrat

Berlin 1949	Raucheisen	LP: Bellaphon 630 01001

Wandl' ich in dem Morgentau/Alte Weisen

Berlin October 1944	Raucheisen	LP: Acanta 40 23532
Berlin 1949	Raucheisen	LP: Bellaphon 630 01002
Berlin October 1950	Weissenborn	CD: Koch 3-1058-2

Wie glänzt der helle Mond/Alte Weisen

Berlin October 1944	Raucheisen	LP: Acanta 40 23532 CD: Pilz 44 10372
Berlin 1949	Raucheisen	LP: Bellaphon 630 01002
Berlin October 1950	Weissenborn	CD: Koch 3-1058-2
Berlin July 1952	Raucheisen	78: DG 72 251

GIACOMO PUCCINI (1858-1924)

La Bohème: Excerpt (Chi è la? Una donna!/Oh sventata, sventata!)

Berlin	Schock	LP: Electrola E 80003/E 60068
September 1954	Berlin SO	LP: EMI 1C 047 28572M
	Schüchter	Selection continues with Rodolfo's aria
	Sung in German	

La Bohème: Excerpt (Mi chiamano Mimì)

Berlin	Städtische Oper	78: Telefunken SK 3113
1940	Orchestra	LP: Telefunken HT 25
	Schmidt-Isserstedt	CD: Preiser 89092
	Sung in German	
Berlin	Berlin SO	78: HMV DB 11574
September 1954	Schüchter	LP: Electrola E 80003/E 83384/WCLP 790
	Sung in German	LP: Electrola E 60068/E 70014/WBLP 536
		LP: EMI 1C 047 28556M/1C 047 28572M
		LP: EMI 1C 137 46104-46105M

La Bohème: Excerpt (O soave fanciulla)

Berlin	Schock	78: HMV DB 11574
September 1954	Berlin SO	LP: Electrola E 80003/E 60068
	Schüchter	LP: EMI 1C 047 28572M
	Sung in German	LP: EMI 1C 137 46104-46105M
		CD: EMI CDM 763 7592

La Bohème: Excerpt (Quando m'en vo)

Berlin	Staatskapelle	78: Grammophon 10267
1934	Melichar	LP: Preiser LV 234
	Sung in German	CD: Preiser 89035
Berlin	Städtische Oper	78: Telefunken SK 3113
1940	Orchestra	CD: Preiser 89092
	Schmidt-Isserstedt	
	Sung in German	

La Bohème: Excerpt (Donde lietà uscì/Dunque è proprio finita)

Berlin 1934-1939	Oehme-Förster, W.Ludwig, Domgraf-Fassbaender Orchestra Zweig Sung in German	78: Electrola EH 813
Berlin September 1954	Köth, Schock, Fischer-Dieskau Berlin SO Schüchter Sung in German	LP: Electrola E 80003/E 60068 LP: EMI 1C 047 28572M

La Bohème: Excerpt (Sono andati...to end of Act 4)

Berlin September 1954	Köth, Schock, Fischer-Dieskau, Prey, Frick Berli SO Schüchter Sung in German	LP: Electrola E 80003/E 60068 LP: EMI 1C 047 28572M

Madama Butterfly

Berlin January 1939	Role of Butterfly Schilp, Katona, Schmitt-Walter Reichssender Orchestra & Chorus Steiner Sung in German	Unpublished radio broadcast

Madama Butterfly: Excerpt (Ancora un passo)

Berlin September 1954	Zimmermann Deutsche Oper Chorus Berlin SO Schüchter Sung in German	78: HMV DA 5523 LP: Electrola E 60062/E 70414 LP: 1C 047 28570M/SMVP 8011

Madama Butterfly: Excerpt (Bimba dagli ochi/Viene la sera)

Berlin	Schock	78: HMV DB 11577
September 1954	Berlin SO	LP: Electrola E 60062/1C 047 28570M
	Schüchter	LP: EMI 1C 137 46104-46105M/SMVP 8011
	Sung in German	

Madama Butterfly: Excerpt (Un bel dì)

Berlin	Staatskapelle	78: Grammophon 10267/11518
1934	Blech	LP: Preiser LV 234
	Sung in German	CD: Preiser 89035
Berlin	Berlin SO	78: HMV DA 5523
September 1954	Schüchter	LP: Electrola E 60062/E 70014/WBLP 536
	Sung in German	LP: EMI 1C 047 28570M/SMVP 8011

Madama Butterfly: Excerpt (Scuoti quella fronda di ciliego)

Berlin	Wagner	78: HMV DB 11576
September 1954	Berlin SO	LP: Electrola E 60062/1C 047 28570M
	Schüchter	LP: Electrola SMVP 8011
	Sung in German	

Madama Butterfly: Excerpt (Con onor muore)

Berlin	Berlin SO	78: HMV DB 11576
September 1954	Schüchter	LP: Electrola E 60062/1C 047 28570M
	Sung in German	LP: Electrola SMVP 8011

HENRY PURCELL (1659-1695)

Music for a while

Berlin	Weissenborn	CD: Koch 3-1058-2
October 1950		

MAX REGER (1873-1916)

Mariae Wiegenlied

Before 1930	Organ	78: Gloriola M 105
Berlin 1935-1936	Orchestra	78: Grammophon 10429/26502/62387

GIOACHINO ROSSINI (1792-1868)

Il Barbiere di Siviglia

Berlin May 1938	Role of Rosina Bühler, Katona, Schmitt-Walter, Kandl, Garavelli Reichssender Orchestra & Chorus Steiner Sung in German	Unpublished radio broadcast

Il Barbiere di Siviglia: Excerpt (Una voce poco fa)

Berlin December 1932	Staatskapelle Zweig Sung in German	78: Electrola EH 819 LP: Electrola E 83384/WCLP 790 LP: EMI 1C 047 28556M LP: Preiser LV 234 LP: EMI 1C 137 46104-46105M CD: Preiser 89035 CD: EMI CDM 763 7592

FRANZ SCHUBERT (1797-1828)

An die Nachtigall (Er liegt und schläft an meinem Herzen)

Berlin 1944	Raucheisen	LP: Urania URLP 7060 LP: BASF 10 223175/BB 23177 CD: Pilz 44 10372

An eine Quelle (Du kleine grünumwachs'ne Quelle)

Berlin 1942-1945	Raucheisen	Unpublished radio broadcast

Auf dem Wasser zu singen (Mitten im Schimmer der spiegelnden Wellen)

Berlin 1942-1945	Raucheisen	CD: Pilz 44 10372

Ave Maria/Ellens dritter Gesang

Berlin 1933	Lasowski Quartet Saal, harp	78: Grammophon 10098
Berlin 1942-1945	Raucheisen	CD: Pilz 44 10372
Berlin 1949	Raucheisen	LP: Bellaphon 630 01002
Berlin November 1957	Scherzer	LP: EMI 1C 047 30601M

Daphne am Bach (Ich hab' ein Bächlein funden)

Berlin 1942-1945	Raucheisen	CD: Pilz 44 10372

Du bist die Ruh'

Berlin July 1957	Scherzer	LP: DG LPEM 19 149

Schubert Lieder/continued

Das Echo (Herzliebe gute Mutter)

Berlin   Raucheisen   Unpublished radio broadcast
1942-1945

Erlafsee (Mir ist so wohl, so weh!)

Berlin   Raucheisen   Unpublished radio broadcast
1942-1945

Fischerweise (Den Fischer fechten Sorgen)

Berlin   Raucheisen   Unpublished radio broadcast
1942-1945

Die Forelle (In einem Bächlein helle)

Berlin   Raucheisen   CD: Pilz 44 10372
1942-1945

Berlin   Scherzer   LP: EMI 1C 047 30601M
November 1957

Gretchen am Spinnrade (Meine Ruh' ist hin, mein Herz ist schwer)

Berlin   Raucheisen   78: DG 62 889
July 1952   45: DG EPL 30 224
                                     LP: DG 89 532

Heidenröslein (Sah ein Knab' ein Röslein steh'n)

Berlin   Raucheisen   LP: Bellaphon 630 01002
1949

New York   Gurlitt   45: Victor WDM 1589
1951   LP: Victor LM 133

Schubert Lieder/continued

Der Hirt auf dem Felsen (Wenn auf dem höchsten Fels)

Berlin 1942-1945	Raucheisen A.Richter, clarinet	CD: Pilz 44 10372
New York 1950	Schick Oppenheimer, clarinet	45: Victor WDM 1423
Berlin May 1951	Raucheisen Geuser, clarinet	CD: Koch 3-1058-2
Berlin December 1953- September 1954	Scherzer Geuser, clarinet	78: HMV DB 11569 LP: Electrola E 70014/WBLP 534

Die junge Nonne (Wie braust durch die Wipfel der heulende Sturm!)

Berlin 1949	Raucheisen	LP: Bellaphon 630 01002

Lachen und Weinen

Berlin 1944	Raucheisen	LP: Urania URLP 7060 LP: BASF 10 223175/BB 23177 CD: Pilz 44 10372
Berlin 1949	Raucheisen	LP: Bellaphon 630 01002
Berlin July 1957	Scherzer	LP: DG LPEM 19 149

Liebe schwärmt auf allen Wegen

Berlin 1959	Scherzer	45: Bertelsmann 16333

Schubert Lieder/continued

Nacht und Träume (Heil'ge Nacht, du sinkest nieder)

Berlin 1949	Raucheisen	LP: Bellaphon 630 01002
Berlin July 1952	Raucheisen	78: DG 62 889 45: DG EPL 30 224 LP: DG 89 532
Berlin July 1957	Scherzer	LP: DG LPEM 19 149

Nur wer die Sehnsucht kennt/Mignon

Berlin 1942-1945	Raucheisen	Unpublished radio broadcast
Berlin October 1950	Weissenborn	CD: Koch 3-1058-2

La pastorella al prato

Berlin 1949	Raucheisen	LP: Bellaphon 630 01002
Berlin 1959	Scherzer	45: Bertelsmann 16333

Die Rose (Es lockte schöne Wärme)

Berlin 1942-1945	Raucheisen	CD: Pilz 44 10372

Salve regina

Berlin September 1951	Raucheisen Geuser, clarinet	CD: Koch 3-1058-2

Ständchen (Leise flehen meine Lieder)

Berlin 1933	Lasowski Quartet	78: Grammophon 10098

Schubert Lieder/concluded

Suleika I (Was bedeutet die Bewegung?)

New York 1950	Schick	45: Victor WDM 1423
Berlin October 1950	Weissenborn	CD: Koch 3-1058-2

Suleika (Ach, um deine feuchten Schwingen)

New York 1950	Schick	45: Victor WDM 1423
Berlin October 1950	Weissenborn	CD: Koch 3-1058-2

Totus in corde lanqueo

Berlin September 1951	Raucheisen Geuser, clarinet	CD: Koch 3-1058-2

Vedi quanto adoro

Berlin 1942-1945	Raucheisen	Unpublished radio broadcast
Berlin 1949	Raucheisen	LP: Bellaphon 630 01002

HEINZ SCHUBERT (1908-1945)

Hymnisches Konzert

Berlin December 1942	W.Ludwig Heitmann, organ BPO Furtwängler	LP: Melodiya M10 49723 CD: Melodiya MEL 10 00725 CD: Grammofono AB 78510 CD: Hunt CDWFE 365

ROBERT SCHUMANN (1810-1856)

Frauenliebe und -Leben, song cycle

Berlin	Scherzer	LP: HMV ALP 1587
September 1956		LP: Electrola E 80011/1C 047 30601M

Liederkreis op 39

Berlin	Scherzer	LP: DG LPE 17 089/89 532
June 1956		

In der Fremde/Liederkreis op 39 (Aus der Heimat hinter den Blitzen rot)

Berlin	Raucheisen	CD: Koch 3-1058-2
May 1951		

Mondnacht/Liederkreis op 39 (Es war, als hätt' der Himmel)

Berlin	Raucheisen	CD: Koch 3-1058-2
May 1951		

Aufträge (Nicht so schnelle! Nicht so schnelle!)

Berlin	Raucheisen	CD: Koch 3-1058-2
May 1951		

Er ist's (Frühling lässt sein blaues Band)

Berlin	Scherzer	45: Bertelsmann 16391
1959		

Die Lotosblume/Myrthen

Berlin	Scherzer	LP: DG LPEM 19 149
October 1957		

Schumann Lieder/concluded

Marienwürmchen/Des Knaben Wunderhorn

Berlin   Scherzer   45: Bertelsmann 16333
1959

Der Nussbaum (Es grünet ein Nussbaum vor dem Haus)

Berlin   Scherzer   LP: DG LPEM 19 149
October 1957

Der Sandmann (Zwei feine Stieflein hab' ich an)

Berlin   Raucheisen   Unpublished radio broadcast
1942-1945

Schneeglöckchen (Der Schnee, der gestern noch in Flöckchen)

Berlin   Scherzer   45: Bertelsmann 16333
1959

So sei gegrüsst

Berlin   Scherzer   45: Bertelsmann 16333
1959

Stille Tränen (Du bist vom Schlaf erstanden)

Berlin   Scherzer   LP: DG LPEM 19 149
October 1957

Wenn ich in den Garten geh'

Berlin   Scherzer   45: Bertelsmann 16333
1959

BEDRICH SMETANA (1824-1884)

The Bartered Bride, Querschnitt

Hannover February 1955	Role of Marie Höffgen, C.Ludwig, Schock, Schlott, Nissen, Frick Hannover Opera Chorus NWD Philharmonie Schüchter Sung in German	LP: Electrola E 60063/1C 047 28568M Excerpts 78: HMV DB 11582 45: Electrola E 50086/E 30097 LP: Electrola E 70014/WBLP 536/SMVP 8008 LP: EMI 1C 137 46104-46105M CD: Marcato 65 3121 CD: EMI CDM 763 7592

The Bartered Bride: Excerpt (Think it over, Marie)

Berlin 1933	Ruziczka, Zador, Beck, Grossmann, Fuchs Staatskapelle Schmalstich Sung in German	78: Columbia DWX 5037/LX 316 78: Columbia (USA) 9096M LP: Preiser LV 120

The Bartered Bride: Excerpts (Nun in Lust und Leide; Mein lieber Schatz)

Date not confirmed	Anders Orchestra	CD: Marcato 65 3121

ROBERT STOLZ (1880-1975)

Wann kommst du? from the film Die Nacht der grossen Liebe

Berlin 1934-1939	Kapelle Ludwig Rüth	78: Electrola EG 2845 CD: EMI CDM 763 7592

JOHANN STRAUSS II (1825-1899)

Die Fledermaus, Querschnitt

Berlin August 1933	<u>Role of Adele</u> Friedrichs, Anders, Fuchs Städtische Oper Chorus BPO Reuss	78: Telefunken E 1456

Die Fledermaus: Excerpt (Mein Herr Marquis)

Berlin 1933	Staatskapelle Schütze	78: Grammophon 10169 78: Decca/Polydor 5001 LP: Rococo 5326 LP: Preiser LV 234 CD: Preiser 89035
Berlin September 1951	Berlin RO Fricsay	Unpublished radio broadcast

Die Fledermaus: Excerpt (Spiel' ich die Unschuld vom Lande)

Berlin 1933	Staatskapelle Schütze	78: Grammophon 10169 78: Decca/Polydor 5001 LP: Rococo 5326 LP: Preiser LV 234 LP: Belcantodisc BC 235 CD: Preiser 89035

Spiel um die Fledermaus

Berlin February 1934	Pfahl, Heindl, Fidesser, Hüsch, Wörle, Reinmar Städtische Oper Orchestra & Chorus H-U.Müller	Unpublished radio broadcast

Der Zigeunerbaron: Excerpt (Wer uns getraut)

Berlin 1932-1933	Kullmann Staatskapelle Schmalstich	78: Columbia DW 3067/DZ 549 LP: Preiser LV 144 CD: Preiser 89057 CD: EMI CDM 763 7592
Ca. 1936	W.Ludwig Orchestra	Film soundtrack recording

Frühlingsstimmen, Waltz

Berlin February 1933	Funkorchester Jochum	Unpublished radio broadcast
Berlin January 1948	Staatskapelle Schüler	Electrola unpublished
London May 1949	Philharmonia Süsskind	78: HMV DB 6954 CD: EMI CDM 763 7592
Berlin September 1951	Berlin RO Fricsay	Unpublished radio broadcast

RICHARD STRAUSS (1864-1949)

Ariadne auf Naxos, opera without the prologue

Berlin June 1935	Role of Zerbinetta Ursuleac, Korjus, Rosvaenge, Fuchs Reichssender Orchestra & Chorus Krauss	LP: BASF 22 214903 LP: Acanta DE 218066 CD: Preiser 90259 Grossmächtige Prinzessin CD: Preiser 89092 BASF edition incorrectly states that the performance took place in Stuttgart

Der Rosenkavalier

New York December 1949	Role of Sophie Steber, Stevens, di Stefano, List, Thompson Metropolitan Opera Orchestra & Chorus Reiner	Unpublished Met broadcast A previous performance (November 1949) was televised to open the Met season

New York February 1951	Steber, Novotna, Baum, Krenn, Thompson Metropolitan Opera Orchestra & Chorus Reiner	Unpublished Met broadcast

Der Rosenkavalier: Excerpt (Mir ist die Ehre widerfahren)

New York April 1951	Stevens RCA Orchestra Reiner	45: Victor WDM 9010 LP: Victor LM 9010/LM 6171 CD: Metropolitan Opera CD 114
Munich July 1952	Grümmer Bavarian State Orchestra Kleiber	LP: Orfeo S120 842I

Der Rosenkavalier: Excerpt (Hab' mir's gelobt)

Berlin 1936	Ursuleac, Lemnitz Staatskapelle Krauss	78: Grammophon 67075 78: Decca CA 8328 LP: Preiser LV 1384

Der Rosenkavalier: Excerpt (Ist ein Traum, kann nicht wirklich sein)

Berlin 1936	Lemnitz Staatskapelle Krauss	78: Grammophon 67075 78: Decca CA 8328 CD: Preiser 89035 CD: Nimbus NI 7848
Berlin June 1934	Lemnitz Reichssender Orchestra Krauss	LP: BASF 22 214903
New York April 1951	Stevens RCA Orchestra Reiner	45: Victor WDM 9010 LP: Victor LM 9010/RL 85177 CD: Metropolitan Opera CD 114 CD: RCA/BMG 09026 615802

Als mir dein Lied erklang

Berlin October 1944	Raucheisen	LP: Acanta DE 21807/40 23546 CD: Pilz 44 10372
Berlin October 1950	Weissenborn	CD: Koch 3-1058-2
Berlin July 1952	Raucheisen	78: DG 72 278 LP: DG LP 16 042 LP: Decca (USA) DL 9666

Amor (An dem Feuer sass das Kind Amor)

Berlin October 1944	Raucheisen	LP: Acanta DE 21807/40 23546 CD: Pilz 44 10372
Berlin October 1950	Weissenborn	CD: Koch 3-1058-2
Berlin July 1952	Raucheisen	78: DG 72 278 LP: DG LP 16 042 LP: Decca (USA) DL 9666

An die Nacht (Heilige Nacht! Heilige Nacht!)

Berlin October 1944	Raucheisen	LP: Acanta DE 21807/40 23546 CD: Pilz 44 10372
Berlin October 1950	Weissenborn	CD: Koch 3-1058-2
Berlin July 1952	Raucheisen	78: DG 72 277 LP: DG LP 16 042 LP: Decca (USA) DL 9666

Strauss Lieder/continued

Ich wollt' ein Sträusslein binden

Berlin October 1944	Raucheisen	LP: Acanta DE 21807/40 23546 CD: Pilz 44 10372
Berlin October 1950	Weissenborn	CD: Koch 3-1058-2
Berlin July 1952	Raucheisen	78: DG 72 277 LP: DG LP 16 042 LP: Decca (USA) DL 9666

Junghexenlied (Als nachts ich überm Gebirge ritt)

Berlin September 1951	Raucheisen	CD: Koch 3-1058-2

Lied der Frauen

Berlin October 1950	Weissenborn	CD: Koch 3-1058-2
Berlin July 1952	Raucheisen	78: DG 72 278 LP: DG LP 16 042 LP: Decca (USA) DL 9666

Ophelia-Lieder: Wie erkenn' ich mein Treulieb?; Guten Morgen, 's ist Valentinstag!; Sie trugen ihn auf der Bahre bloss

Berlin October 1944	Raucheisen	LP: Urania URLP 7060 LP: BASF 10 223175/BB 22317 LP: Acanta DE 21807/40 23546 CD: Pilz 44 10372
Berlin September 1951	Raucheisen	CD: Koch 3-1058-2

Strauss Lieder/concluded

Säusle, liebe Myrte

Berlin October 1944	Raucheisen	LP: Acanta DE 21807/40 23546 CD: Pilz 44 10372
Berlin October 1950	Weissenborn	CD: Koch 3-1058-2
Berlin July 1952	Raucheisen	78: DG 72 277 LP: DG LP 16 042 LP: Decca (USA) DL 9666

Schlagende Herzen (Ueber Wiesen und Felder ein Knabe ging)

Berlin 1949	Raucheisen	LP: Bellaphon 630 01001

Schlechtes Wetter (Das ist ein schlechtes Wetter)

Berlin 1949	Raucheisen	LP: Bellaphon 630 01001
Berlin September 1951	Raucheisen	CD: Koch 3-1058-2

Wiegenlied (Träume, träume, du mein süsses Leben)

Berlin 1949	Raucheisen	LP: Bellaphon 630 01001
Berlin September 1951	Raucheisen	CD: Koch 3-1058-2

AMBROISE THOMAS (1811-1896)

Mignon: Excerpt (Je suis Titania!)

Baden-Baden September 1949	Südwestfunk- orchester Reichert <u>Sung in German</u>	Unpublished radio broadcast

PIERO TORRI (1650-1737)

Son rosignolo che mesto e solo

Berlin   Raucheisen   CD: Pilz 44 10372
1942-1945

JOAQUIN TURINA (1882-1949)

3 poemas

Berlin   Raucheisen   CD: Koch 3-1058-2
May 1951

ANTONIO VERACINI (1690-1750)

Meco verrai su quella

Berlin   Raucheisen   CD: Pilz 44 10372
1942-1945

GIUSEPPE VERDI (1813-1901)

Un Ballo in maschera: Excerpt (E scherzo od è follia)

Berlin 1933	Cavara, Kandl, Fleischer-Janczak, Ruziczka Staatskapelle Blech Sung in German	78: Grammophon 35004 LP: Preiser LV 120

Un Ballo in maschera: Excerpts (Volta la terrea; Saper vorreste)

Hamburg March 1949	NDR Orchestra Schüchter Sung in German	Unpublished radio broadcast

Rigoletto

Berlin October 1936	Role of Gilda Heyer, W.Ludwig, Reinmar, Kaiser Reichssender Orchestra & Chorus Steiner Sung in German	Unpublished radio broadcast

Berlin November 1944	Klose, Rosvaenge, Schlusnus, Greindl, Hann Staatskapelle and Chorus Heger Sung in German	LP: Urania URLP 222 LP: DG LPEM 19 222-19 223/88 026-88 027 LP: Eterna 820 152-820 153 CD: Preiser 90026 Excerpts 45: Urania UREP 41 LP: Somerset 689 LP: Eterna 720 163/821 873 LP: BASF 22 214877/22 214903 LP: BASF 10 221784 LP: Acanta 40 23558

New York May 1950	Merriman, Peerce, Warren, Tajo Shaw Chorale RCA Orchestra Cellini	45: Victor DM 1400-1401 LP: Victor LM 6101/LM 6021/AVM2-0698 LP: HMV ALP 1004-1006 Excerpts 45: Victor DM 1414 45: HMV 7ER 5023 LP: Victor LM 1104/LM 1148/RB 6516 LP: HMV ALP 1392

Rigoletto: Excerpt (E il sol dell' anima)

Berlin 1936	Patzak Staatskapelle Martin Sung in German	78: Grammophon 67535 LP: Rococo 5326 CD: Preiser 89092

Rigoletto: Excerpt (Caro nome)

Berlin 1932	Staatskapelle Schmalstich Sung in German	78: Columbia DW 3071 LP: EMI 1C 137 46104-46105M CD: Preiser 89035 CD: EMI CDM 763 7592
Berlin 1934	Staatskapelle Blech Sung in German	78: Grammophon 10444 LP: Rococo 5326 LP: Preiser LV 234 CD: Preiser 89092
London October 1947	Philharmonia Krips	HMV unpublished
Berlin January 1948	Staatskapelle Schüler	Electrola unpublished
Berlin January 1948	Staatskapelle Schüler Sung in German	Electrola unpublished
London May 1949	Philharmonia Susskind	HMV unpublished
Berlin May 1951	Raucheisen	CD: Koch 3-1058-2

Rigoletto: Excerpt (Compiuto pur quanto)

Berlin   Domgraf-Fassbaender   78: HMV DB 4414
1934   Grossmann, Beck   LP: Electrola E 83384/WCLP 790
                 Städtische Oper   LP: EMI 1C 137 46104-46105M
                 Orchestra   CD: Preiser 89092
                 Zweig
                 Sung in German

Rigoletto: Excerpt (Bella figlia dell' amore)

Berlin   Klose, Wittrisch,   78: HMV DB 4414
1934   Domgraf-Fassbaender   LP: Preiser LV 120
                 Städtische Oper   CD: Preiser 89092
                 Orchestra
                 Zweig
                 Sung in German

Rigoletto: Excerpt (Non v'è più alcuno che qui rispondami!)

Berlin   Cavara, Neumann,   78: Grammophon 35004
1933   Batteux,   LP: Preiser LV 120
                 Fleischer-Janczak   Berger sings only the words of
                 Staatskapelle   Countess Ceprano
                 Blech
                 Sung in German

Simone Boccanegra: Excerpt (Plebe! Patrizi!)

Berlin   Schlusnus   78: Grammophon 67150
1933   Orchestra   CD: Preiser 89212
                 Melichar   Also on Preiser LP
                 Sung in German

La Traviata: Excerpt (Un dì felice)

Ca. 1936	Gigli Orchestra	<u>Soundtrack to the film Ave Maria</u> CD: Legato LCD 106

La Traviata: Excerpt (E strano/Ah fors è lui/Folliè/Sempre libera)

Berlin 1940	Städtische Oper Orchestra Schmidt-Isserstedt <u>Sung in German</u>	78: Telefunken SK 3101 LP: Rococo 5326 CD: Preiser 89092
Berlin January 1948	Staatskapelle Schüler	78: HMV DB 21048 LP: EMI 1C 137 46104-46105M
Berlin February 1948	Staatskapelle Schüler <u>Sung in German</u>	Electrola unpublished
Berlin September 1953	Staatskapelle Schüler <u>Sung in German</u>	Electrola unpublished
Berlin October 1953	Anders BPO Rother	Electrola unpublished <u>Recording incomplete</u>
Berlin October 1953	Anders BPO Rother <u>Sung in German</u>	Electrola unpublished <u>Recording incomplete</u>

La Traviata: Excerpt (Addio del passato)

Berlin 1936	Staatskapelle Sung in German	78: Grammophon 10444 CD: Preiser 89035
Berlin October 1953	BPO Rother	Electrola unpublished
Berlin October 1953	BPO Rother Sung in German	Electrola unpublished

La Traviata: Excerpt (Parigi o cara)

Berlin 1936	Patzak Staatskapelle Martin Sung in German	78: Grammophon 67535 LP: Rococo 5326 CD: Preiser 89092
New York 1952	Melton Orchestra	LP: Rococo 5310
Berlin October 1953	Anders BPO Rother	Electrola unpublished
Berlin October 1953	Anders BPO Rother Sung in German	Electrola unpublished

BERNHARD VLIES (1770)

Wiegenlied (Schlafe, mein Prinzchen)

Berlin 1935-1936	Altmann	78: Grammophon 47068 CD: Preiser 89092

RICHARD WAGNER (1813-1883)

Götterdämmerung

New York February 1951	Role of Woglinde Traubel, Resnik, Harshaw, Svanholm, Janssen, Pechner, Ernster Metropolitan Opera Orchestra & Chorus Stiedry	Unpublished Met broadcast

Die Meistersinger von Nürnberg: Excerpt (Selig wie die Sonne)

Berlin 1933	Ruziczka, Hirzel, Jöken, Kandl Staatskapelle Blech	78: Grammophon 35006 78: Brunswick 90273

Das Rheingold

New York January 1951	Role of Woglinde Harshaw, Branzell, Novotna, Sullivan, Chabay, Svanholm, Hotter, Davidson, Hines, Ernster Metropolitan Opera Orchestra Stiedry	Unpublished Met broadcast

Siegfried

New York February 1951	Role of Waldvogel Traubel, Branzell, Svanholm, Klein, Frantz, Pechner, Ernster Metropolitan Opera Orchestra Stiedry	Unpublished Met broadcast

Tannhäuser

Bayreuth July 1930	Role of Hirt Müller, Jost-Arden, Pilinsky, Janssen, Andresen Bayreuth Festival Orchestra & Chorus Elmendorff	78: Columbia LX 81-98/LCX 46-63 78: Columbia LWX 3300-3317/LFX112-129 78: Columbia (USA) 67897D-67914D/OP 24 LP: EMI 1C 137 03130-03132M CD: Pearl GEMMCDS 9941 Frau Holda kam LP: Electrola E 83384/WCLP 790 LP: EMI 1C 181 30669-30678M

CARL MARIA VON WEBER (1786-1826)

Der Freischütz: Excerpts (Kommt ein schlanker Bursch' gegangen; Einst träumte meiner sel'gen Base)

Baden-Baden September 1949	Südwestfunk- orchester Reichert	Unpublished radio broadcast

Ines de Castro: Excerpt (Non parentar mia vita/Come tradir potrai)

Berlin 1937	Staatskapelle Schüler	78: Grammophon 57083 78: Decca LY 6181 LP: Rococo 5326 CD: Preiser 89035

Ch'io mai vi possa

| Berlin | Raucheisen | LP: Acanta 40 23566 |
| June 1943 | | CD: Pilz 44 10372 |

| Berlin | Raucheisen | LP: Bellaphon 630 01001 |
| 1949 | | |

Es sitzt die Zeit im weissen Kleid

| Berlin | Raucheisen | LP: Acanta 40 23566 |
| June 1943 | | CD: Pilz 44 10372 |

Die freien Sänger (Vöglein hüpfet in dem Haine)

| Berlin | Raucheisen | Unpublished radio broadcast |
| 1942-1945 | | |

Die gefangenen Sänger (Vöglein einsam in dem Bauer)

| Berlin | Raucheisen | LP: Acanta 40 23566 |
| June 1943 | | |

Ich denke dein

| Berlin | Raucheisen | LP: Acanta 40 23566 |
| June 1943 | | CD: Pilz 44 10372 |

Ninfe se liete

| Berlin | Raucheisen | LP: Acanta 40 23566 |
| June 1943 | | CD: Pilz 44 10372 |

| Berlin | Raucheisen | LP: Bellaphon 630 01001 |
| 1949 | | |

Weber Songs/concluded

Sind es Schmerzen?

| Berlin | Raucheisen | LP: Acanta 40 23566 |
| June 1943 | | CD: Pilz 44 10372 |

Unbefangenheit

| Berlin | Raucheisen | LP: Acanta 40 23566 |
| June 1943 | | CD: Pilz 44 10372 |

Das Veilchen im Thale

| Berlin | Raucheisen | LP: Acanta 40 23566 |
| June 1943 | | |

Wenn Kindlein süssen Schlummers Ruh'

| Berlin | Raucheisen | LP: Acanta 40 23566 |
| June 1943 | | |

HUGO WOLF (1860-1903)

Ach des Knaben Augen/Spanisches Liederbuch

| Berlin | Raucheisen | LP: Acanta 40 23581 |
| February 1945 | | CD: Voci della luna VL 2003 |

An eine Aeolsharfe/Mörike-Lieder (Angelehnt an die Efeuwand)

| Berlin | Raucheisen | LP: Acanta 40 23580 |
| October 1942 | | CD: Voci della luna VL 2003 |

| Berlin | Raucheisen | CD: Koch 3-1058-2 |
| May 1951 | | |

| Berlin | Scherzer | LP: DG LPE 17 058 |
| April 1955 | | |

Wolf Lieder/continued

Auch kleine Dinge/Italienisches Liederbuch

Berlin	Raucheisen	LP: BASF 10 223175/BB 22317
June 1943		LP: Acanta 40 23581
		CD: Pilz 44 10372
		CD: Voci della luna VL 2003
Berlin	Weissenborn	LP: Electrola E 80565-80566/
1959		STE 80565-80566
		LP: Vox (USA) SLDL 5532

Auf eine Christblume/Mörike-Lieder (Im Winterboden schläft ein Blumenkeim)

Berlin	Raucheisen	CD: Koch 3-1058-2
September 1951		

Die ihr schwebt um diese Palmen/Spanisches Liederbuch

Berlin	Raucheisen	LP: Acanta 40 23581
February 1945		CD: Voci della luna VL 2003

Du denkst mit einem Fädchen/Italienisches Liederbuch

Berlin	Weissenborn	LP: Electrola E 80565-80566/
1959		STE 80565-80566
		LP: Vox (USA) SLDL 5532

Du milchjunger Knabe/Alte Weisen

Berlin	Raucheisen	LP: Acanta 40 23581
1945		CD: Voci della luna VL 2003

Du sagst mir, dass ich keine Fürstin sei/Italienisches Liederbuch

Berlin	Weissenborn	LP: Electrola E 80565-80566/
1959		STE 80565-80566
		LP: Vox (USA) SLDL 5532

Wolf Lieder/continued

Elfenlied/Mörike-Lieder (Bei Nacht im Dorf der Wächter rief)

Berlin October 1942	Raucheisen	LP: Acanta 40 23580 CD: Voci della luna VL 2003
New York November 1952	Gurlitt	LP: Victor (Japan) JAS 272
Berlin April 1955	Scherzer	LP: DG LPE 17 058

Er ist's/Mörike-Lieder (Frühling lässt sein blaues Band)

Berlin May 1951	Raucheisen	CD: Koch 3-1058-2

Gesegnet sei das Grün/Italienisches Liederbuch

Berlin 1959	Weissenborn	LP: Electrola E 80565-80566/ STE 80565-80566 LP: Vox (USA) SLDL 5532

Heb' auf dein blondes Haupt/Italienisches Liederbuch

Berlin June 1943	Raucheisen	LP: BASF 10 223175/BB 22317 LP: Acanta 40 23581 CD: Pilz 44 10372 CD: Voci della luna VL 2003

Ich esse nun mein Brot/Italienisches Liederbuch

Berlin 1959	Weissenborn	LP: Electrola E 80565-80566/ STE 80565-80566 LP: Vox (USA) SLDL 5532

Ich hab' in Penna/Italienisches Liederbuch

Berlin June 1943	Raucheisen	LP: Acanta 40 23581 CD: Voci della luna VL 2003
Berlin 1959	Weissenborn	LP: Electrola E 70414/E 80011 LP: Electrola E 80565-80566/ STE 80565-80566 LP: Vox (USA) SLDL 5532

Wolf Lieder/continued

Ich liess mir sagen/Italienisches Liederbuch

Berlin 1959	Weissenborn	LP: Electrola E 80565-80566/ STE 80565-80566 LP: Vox (USA) SLDL 5532

Ihr jungen Leute/Italienisches Liederbuch

Berlin June 1943	Raucheisen	LP: BASF 10 223175/BB 22317 LP: Acanta 40 23581 CD: Voci della luna VL 2003
Berlin 1959	Weissenborn	LP: Electrola E 80565-80566/ STE 80565-80566 LP: Vox (USA) SLDL 5532

Im Frühling/Mörike-Lieder (Hier lieg' ich auf dem Frühlingshügel)

Berlin April 1955	Scherzer	LP: DG LPE 17 058

Karwoche/Mörike-Lieder (O Woche, Zeugin heiliger Beschwerde!)

Berlin February 1945	Raucheisen	LP: Acanta 40 23580 CD: Pilz 44 10372 CD: Voci della luna VL 2003
Berlin April 1955	Scherzer	LP: DG LPE 17 058

Der Knabe und das Immlein/Mörike-Lieder (Im Weinberg auf der Höhe)

Berlin April 1955	Scherzer	LP: DG LPE 17 058

Wolf Lieder/continued

Köpfchen, Köpfchen, nicht gewimmert/Spanisches Liederbuch

Berlin	Raucheisen	LP: Acanta 40 23581
February 1945		CD: Voci della luna VL 2003

Lied vom Winde/Mörike-Lieder (Sausewind! Brausewind!)

Berlin	Raucheisen	CD: Koch 3-1058-2
September 1951		

Man sagt mir, deine Mutter wollt' es nicht/Italienisches Liederbuch

Berlin	Weissenborn	LP: Electrola E 80565-80566/
1959		STE 80565-80566
		LP: Vox (USA) SLDL 5532

Mausfallensprüchlein/Mörike-Lieder (Kleine Gäste, kleines Haus)

Berlin	Raucheisen	LP: Acanta 40 23580
February 1942		CD: Voci della luna VL 2003
New York	Gurlitt	LP: Victor (Japan) JAS 272
November 1952		

Mein Liebster ist so klein/Italienisches Liederbuch

Berlin	Weissenborn	LP: Electrola E 80565-80566/
1959		STE 80565-80566
		LP: Vox (USA) SLDL 5532

Mein Liebster hat zu Tische mich geladen/Italienisches Liederbuch

Berlin	Raucheisen	LP: BASF 10 223175/BB 22317
June 1943		LP: Acanta 40 23581
		CD: Voci della luna VL 2003
Berlin	Weissenborn	LP: Electrola E 80565-80566/
1959		STE 80565-80566
		LP: Vox (USA) SLDL 5532

Wolf Lieder/continued

Mein Liebster singt/Italienisches Liederbuch

Berlin June 1943	Raucheisen	LP: BASF 10 223175/BB 22317 LP: Acanta 40 23581 CD: Voci della luna VL 2003
Berlin 1959	Weissenborn	LP: Electrola E 70414/E 80011 LP: Electrola E 80565-80566/ STE 80565-80566 LP: Vox (USA) SLDL 5532

Mir ward gesagt, du reisest in die Ferne/Italienisches Liederbuch

Berlin June 1943	Raucheisen	LP: Acanta 40 23581 CD: Pilz 44 10372 CD: Voci della luna VL 2003
Berlin 1959	Weissenborn	LP: Electrola E 80565-80566/ STE 80565-80566 LP: Vox (USA) SLDL 5532

Morgentau (Der Frühhauch hat gefächelt)

Berlin February 1942	Raucheisen	LP: Acanta 40 23580 CD: Pilz 44 10372 CD: Voci della luna VL 2003

Nachtzauber/Eichendorff-Lieder (Hörst du nicht die Quellen rauschen?)

Berlin October 1942	Raucheisen	CD: Pilz 44 10372 CD: Voci della luna VL 2003

Nein junger Herr/Italienisches Liederbuch

Berlin June 1943	Raucheisen	LP: Acanta 40 10372 CD: Voci della luna VL 2003
Berlin 1959	Weissenborn	LP: Electrola E 80565-80566/ STE 80565-80566 LP: Vox (USA) SLDL 5532

Nixe Binsenfuss/Mörike-Lieder

Berlin October 1942	Raucheisen	LP: Acanta 40 23580 CD: Voci della luna VL 2003
Berlin May 1951	Raucheisen	CD: Koch 3-1058-2
Berlin April 1955	Scherzer	LP: DG LPE 17 058

Wolf Lieder/continued

O wär' dein Haus durchsichtig wie ein Glas/Italienisches Liederbuch

Berlin June 1943	Raucheisen	LP: Acanta 40 23581 CD: Voci della luna VL 2003
Berlin 1959	Weissenborn	LP: Electrola E 80565-80566/ STE 80565-80566 LP: Vox (USA) SLDL 5532

Philine/Goethe-Lieder (Singet nicht in Trauertönen)

Berlin 1942-1945	Raucheisen	CD: Pilz 44 10372 CD: Voci della luna VL 2003

Sankt Nepomuks Vorabend/Goethe-Lieder (Lichtlein schwimmen auf dem Strome)

Berlin February 1945	Raucheisen	LP: Acanta 40 23580 CD: Voci della luna VL 2003

Schweig' einmal still/Italienisches Liederbuch

Berlin 1959	Weissenborn	LP: Electrola E 70414/E 80011 LP: Electrola E 80565-80566/ STE 80565-80566 LP: Vox (USA) SLDL 5532

Singt mein Schatz wie ein Fink/Alte Weisen

Berlin 1945	Raucheisen	LP: Acanta 40 23581 CD: Voci della luna VL 2003

So lasst mich scheinen/Goethe-Lieder

Berlin 1945	Raucheisen	LP: Acanta 40 23580 CD: Voci della luna VL 2003

Die Spinnerin

Berlin February 1942	Raucheisen	LP: Acanta 40 23580 CD: Voci della luna VL 2003

Wolf Lieder/continued

Die Spröde/Eichendorff-Lieder

Berlin   Raucheisen   LP: Acanta 40 23580
October 1942   CD: Voci della luna VL 2003

Suschens Vogel

Berlin   Raucheisen   LP: Acanta 40 23581
October 1944   CD: Voci della luna VL 2003

Die Tochter der Herde

Berlin   Raucheisen   LP: Acanta 40 23581
October 1944   CD: Voci della luna VL 2003

Unfall/Eichendorff-Lieder (Ich ging bei Nacht)

Berlin   Raucheisen   LP: Acanta 40 23580
June 1943   CD: Voci della luna VL 2003

Verborgenheit/Mörike-Lieder (Lass, o Welt, o lass' mich sein)

Berlin   Scherzer   LP: DG LPE 17 058
April 1955

Das verlassene Mägdlein/Mörike-Lieder (Früh wann die Hähne kräh'n)

Berlin   Raucheisen   LP: Acanta 40 23580
February 1942   CD: Voci della luna VL 2003

Berlin   Scherzer   LP: DG LPE 17 058
April 1955

Verschling' der Abgrund meines Liebsten Hütte/Italienisches Liederbuch

Berlin   Raucheisen   LP: Acanta 40 23581
June 1943   CD: Voci della luna VL 2003

Berlin   Weissenborn   LP: Electrola E 80565-80566/
1959   STE 80565-80566
                                LP: Vox (USA) SLDL 5532

Wolf Lieder/continued

Das Vöglein

Berlin	Raucheisen	LP: Acanta 40 23581
July 1943		CD: Voci della luna VL 2003

Waldmädchen/Eichendorff-Lieder (Bin ein Feuer)

Berlin	Raucheisen	CD: Pilz 44 10372
1942-1945		CD: Voci della luna VL 2003

Waldmärchen/Mörike-Lieder

Berlin	Raucheisen	LP: Acanta 40 23580
October 1942		CD: Voci della luna VL 2003

Wandl' ich in dem Morgentau/Alte Weisen

Berlin	Raucheisen	LP: Acanta 40 23581
1942-1945		CD: Voci della luna VL 2003

Was soll ich fröhlich sein?/Italienisches Liederbuch

Berlin	Weissenborn	LP: Electrola E 80565-80566/
1959		STE 80565-80566
		LP: Vox (USA) SLDL 5532

Wenn du, mein Liebster, steigst zum Himmel auf/Italienisches Liederbuch

Berlin	Raucheisen	LP: Acanta 40 23581
June 1943		CD: Voci della luna VL 2003
Berlin	Weissenborn	LP: Electrola E 80565-80566/
1959		STE 80565-80566
		LP: Vox (USA) SLDL 5532

Wenn du mich mit den Augen streifst/Italienisches Liederbuch

Berlin	Weissenborn	LP: Electrola E 80565-80566/
1959		STE 80565-80566
		LP: Vox (USA) SLDL 5532

Wolf Lieder/concluded

Wer rief dich denn?/Italienisches Liederbuch

Berlin June 1943	Raucheisen	LP: Acanta 40 23581 CD: Voci della luna VL 2003
Berlin 1959	Weissenborn	LP: Electrola E 80565-80566/ STE 80565-80566 LP: Vox (USA) SLDL 5532

Wie lange schon war immer mein Verlangen/Italienisches Liederbuch

Berlin 1959	Weissenborn	LP: Electrola E 80565-80566/ STE 80565-80566 LP: Vox (USA) SLDL 5532

Wiegenlied im Winter (Schlaf' ein, mein süsses Kind)

Berlin July 1943	Raucheisen	LP: Acanta 40 23581 CD: Pilz 44 10372 CD: Voci della luna VL 2003

Wir haben beide lange Zeit geschwiegen/Italienisches Liederbuch

Berlin June 1943	Raucheisen	LP: BASF 10 223175/BB 22317 LP: Acanta 40 23581 CD: Pilz 44 10372 CD: Voci della luna VL 2003

Wohl kenn' ich euren Stand/Italienisches Liederbuch

Berlin 1959	Weissenborn	LP: Electrola E 80565-80566/ STE 80565-80566 LP: Vox (USA) SLDL 5532

Zitronenfalter im April/Mörike-Lieder (Grausame Frühlingssonne!)

New York November 1952	Gurlitt	LP: Victor (Japan) JAS 272
Berlin April 1955	Scherzer	LP: DG LPE 17 058

CARL ZELLER (1842-1898)

Der Vogelhändler, potpourri

| Berlin | Patzak | 78: Grammophon 10248 |
| 1934 | Orchestra | LP: Preiser LV 1318 |

CINEMA FILMS WITH ERNA BERGER (SELECTION)
Compilation by Mathias Erhard

Ave Maria
Germany 1936/directed by Johannes Riemann
Cast also includes Käthe von Nagy/ Beniamino Gigli/Paul Henckels/ Harald Paulsen
Berger and Gigli perform an extract from Act 2 of Verdi's La Traviata

Die schwedische Nachtigall
Germany 1941/directed by Peter Paul Brauer
Ilse Werner/Joachim Gottschalk/Karl Ludwig Diehl/Emil Hess/Aribert Wäscher
Music by Franz Grothe: Berger synchronises for Ilse Werner (see discography)

Wen die Götter lieben
Germany 1942/directed by Karl Hartl
Irene von Meyendorff/Winnie Markus/ Paul Hörbiger/Walter Janssen
Berger synchronises for Irene von Meyendorff

Year given is the year in which film was released; filmed or televised performances of opera are listed in main discography under the respective composers

Konzertdirektion Robert Kollitsch, Berlin W 30, Geisbergstr. 38 • Telefon: 25 31 03

Philharmonie Sonntag, 26. Dezember 1943
11 Uhr

Kammersängerin

ERNA BERGER

Am Flügel: **FERDINAND LEITNER**

Vortragsfolge:

Händel	Aus der Oper Semele Arie der „Semele"
Mozart	Mia speranza adorata
Schubert	Aus Metastasio' „Didone" Arie der „Didone"
Weber	Arie der „Ines de Castro"

Lotti	Pur dicesti
Donizetti	Aus der Oper Don Pasquale Arie der „Norina"
Verdi	Aus der Oper Der Maskenball Arie des Pagen „Lasst ab mit Fragen"
Verdi	Aus der Oper Der Corsar Arie der „Guilnara"

KONZERTFLÜGEL STEINWAY & SONS

Bitte beachten Sie die Rückseite